André Maurois

DEUX FRANÇAIS SUR TROIS

Paru dans Le Livre de Poche :

DÉMOCRATIE FRANÇAISE.

VALÉRY GISCARD D'ESTAING

Deux Français
sur trois

Préface inédite
1985

FLAMMARION

Que mon pays, à la semblance
du beau Phénix, s'il meurt un soir
le matin voie sa renaissance.

d'après Guillaume APOLLINAIRE.

Ne vous souvenez plus d'autrefois,
ne songez plus aux choses passées,
voici que va se faire du nouveau
qui apparaît déjà. Ne le voyez-vous pas ?

Livre d'ISAIE, XLIII, 18 et 19.

SOMMAIRE

LA CHANCE LIBÉRALE

AUJOURD'HUI, au moment de présenter mon livre *Deux Français sur trois* dans l'édition de poche, mon éditeur suggère que je le fasse précéder d'une préface «importante». Et moi, je pense à une préface qui pourrait être utile à cette échéance du printemps de 1986 où la France va reprendre toutes ses cartes dans sa main, même si on en a biseauté quelques-unes, compter celles qui lui restent, et décider du jeu qu'elle va jouer.

Beaucoup d'entre vous attendent cette échéance avec une impatience qui leur fait mal : ceux qui n'ont pas voulu de l'expérience actuelle et qui en subissent malgré eux les effets néfastes ; ceux qui l'ont souhaitée et qui sont déçus par ses résultats ; et ceux qui entrent chaque année dans l'existence active, ou malheureusement passive, et qui voudraient pouvoir vivre autrement.

Essayons de transformer cette force d'impatience en ressort du succès pour le lendemain. Tout se prépare à l'avance. Pendant que le ciel de la nuit reste sombre, le soleil poursuit son mouvement au-dessous de l'horizon. Rien ne s'aperçoit, pas la moindre lueur, et pourtant il chemine, jusqu'à ce qu'il jaillisse, qu'il éclaire, et qu'il réchauffe.

Que puis-je dire pour contribuer à ce que cette occasion devienne une chance pour nous tous ? Dire, parce que tout événement se prépare d'abord dans les esprits : de la même manière que les mères portent leur enfant, il se forme lentement, loin de la lumière, par une accumulation d'impressions, de mots, de jugements qui le prédéterminent, avant qu'il ne se manifeste au grand jour.

Nos réflexions pendant l'année qui vient, nos observations sur les décisions prises quotidiennement par le gouvernement, sur les attitudes et les postures des acteurs de la scène politique peuvent servir, si elles sont attentives et justes, à élargir la voie du succès de 1986.

J'ai la chance de ne plus rien devoir à personne, sauf à mes électeurs d'Auvergne, et surtout la chance, plus subtile à connaître, que personne ne me doive plus rien. Aussi je prends la liberté d'écrire, dans la pluie légère de l'hiver qui s'achève, comme on envoie de ses nouvelles au temps insouciant des vacances, ou comme on cherche les mots balbutiants et tumultueux des premières lettres d'amour.

C'est à vous que j'écris. Vous qui allez vous interroger, réfléchir, communiquer, et qui pèserez finalement par votre vote et par votre influence sur la décision finale, même si les lecteurs d'un livre ne sont au mieux que quelques centaines de mille dans notre pays.

J'écris ces pages pour m'interroger avec vous. Il y a sept ans, à l'automne de 1977, on se préparait déjà à une élection législative. Les sondages n'étaient guère encourageants. Je me suis dit qu'il fallait lutter pour renverser la tendance, convaincre et gagner. Autrement le programme commun serait mis en application. J'ai acheté un cahier d'étudiant à reliure en spirale et à couverture verte, et j'ai écrit en haut de la première page : «Six mois pour gagner. » J'ai commencé à le remplir, puis les obligations quotidiennes et la négligence se sont associées pour diluer l'effort et interrompre l'écriture.

Le cahier a été refermé. Mais nous avons mené le combat, et nous avons gagné.

UNE RENCONTRE AVEC LA CHANCE

1986 : une rencontre avec la chance pour la France ! Pouvoir adapter sa manière de vivre aux exigences de notre monde en mouvement, donner l'exemple d'un peuple capable de conduire sa mutation en restant enraciné dans ses fidélités culturelles et terriennes.

Une chance, avec ce que ce mot comporte d'incertitude, de quitte ou double, de rancœur si l'échec l'emporte sur la faveur du sort. Mais aussi l'ivresse de la nouveauté, des mille possibles enfin libérés, de ces printemps allègres dont chacun ne connaît que quelques-uns au cours de sa vie, où tout semble léger, facile, accessible.

Quand je pense à ce printemps prochain, que beaucoup prévoient de juger à partir des résultats électoraux, claironnés par les dirigeants de partis, je me souviens de deux printemps où tout paraissait s'ouvrir comme les fleurs des marronniers : celui de 1945 dans la France libérée, et celui de 1958 où, à travers l'écran de poussière noire qui montait du décor écroulé de la IVe République, on apercevait les traits dessinés sur le sol d'un pays neuf à reconstruire.

Ceux qui n'ont pas connu ces moments ont de la peine à imaginer la différence que représente pour la simple vie quotidienne, pour la respiration et le sommeil de tous les jours, le fait de participer à l'action d'un pays en progrès, inventif, enthousiaste, rajeuni, plutôt que de subir comme aujourd'hui le cours cahoteux et déprimant d'événements qui cherchent dans les tourbillons à rejoindre le fil de l'eau.

Ne confondons pas cette chance avec l'évocation, un peu grandiloquente, du « choix de société », qui a contribué à la mystification de l'opinion. L'État, sauf s'il est totalitaire, n'a pas à prendre en charge les choix de société ! Ceux-ci sont sécrétés, dessinés par la vie de la société elle-même.

Ce que nous pouvons attendre de 1986, c'est surtout un changement d'attitude : passer d'une attitude et de moyens de gouvernement qui accroissent le poids et les contraintes des structures collectives à une attitude et des moyens de gouvernement qui dégagent et libèrent l'individu, qui élargissent sa sphère de vie et ses possibilités créatrices.

Passer de la respiration artificielle, où l'on contraint et conduit le jeu des poumons, à la respiration libre, ouverte sur le grand air.

★

Pour la première fois depuis la dernière guerre, la France sera en état de choisir la modernité et prête, si elle le veut, à en franchir le seuil.

Je ne reviendrai pas sur le passé. J'y ai consacré les premières pages de ce livre. Il me semble que ce passé glisse désormais sur l'autre versant, sans utilité pratique pour ce qu'il y a à faire désormais, et qu'il va aller chercher sa place dans le jugement de l'Histoire, pour le peu que notre temps sans mémoire lui prêtera d'attention.

Mais je rappellerai d'une phrase le fait que notre pays va disposer enfin de sa pleine liberté de choix. Dégagé des tâches de la reconstruction et de la décolonisation qui l'ont accaparé pendant les vingt premières années de l'après-guerre, puis des deux crises pétrolières mondiales qui ont occupé la dernière décennie, et enfin de la seule expérience socialiste en vraie grandeur qu'il ait vécue depuis un demi-siècle, il se trouve maintenant en position de libre décision.

Il peut, sans subir la contrainte d'une idéologie harcelante ni la pression d'événements extérieurs qui entraînent inévitablement des réactions centralisées et puissantes, opter pour la modernité libérale.

Je pressens d'ailleurs qu'il va le faire. On en aperçoit, ici et là, les signes annonciateurs, les évolutions significatives. Mais le chemin est encore encombré de beaucoup d'obstacles : préjugés venus d'un autre âge, confusion des débats politiciens, jeux personnels.

Comment pouvons-nous faciliter ce cheminement, jusqu'au franchissement final du seuil ?

LE PAYSAGE

Le plus grand événement qui se soit produit en 1984 est le départ des ministres communistes du gouvernement. Comme on l'a vérifié au moment du vote du budget, puis au cours du 25e Congrès du parti communiste, il consacre en fait la rupture de «l'union de la gauche».

La gauche est arrivée au pouvoir à la suite de la décision prise en 1964, il y a vingt ans, par François Mitterrand, de conclure un accord avec le parti communiste. L'histoire politique a été dominée depuis cette date par l'existence de cet accord. Quand il a mal fonctionné, comme en 1978 où j'ai appelé les électeurs à faire «le bon choix pour la France», la majorité libérale l'a emporté. Quand il a bien fonctionné, du fait des dirigeants ou des électeurs, comme en mai et en juin 1981, le «programme commun» a gagné.

Désormais, les cartes vont être redistribuées pour longtemps. La stratégie des socialistes pour garder ou reconquérir le pouvoir ne pourra plus s'appuyer sur une alliance étroite avec les communistes. S'ils recherchent cette alliance, ils devront renier leur «réalisme» récent et souscrire à un nouveau programme idéologique qui fera fuir leurs électeurs échaudés. Et, sans cette alliance, ils n'ont aucun espoir d'être à eux seuls majoritaires.

La rupture entre les communistes et les socialistes, qu'il faut appeler ainsi puisqu'elle a été décidée par les dirigeants communistes, s'inscrit dans la continuité du déclin de ce parti. J'avais annoncé qu'on le verrait descendre à 15 p. 100 du corps électoral à la fin de mon septennat.

Cette évolution n'est pas due au hasard ou seulement à des erreurs tactiques, mais à des causes profondes et permanentes : l'élévation continue du niveau de vie et du niveau d'éducation de la population; l'échec visible des économies socialistes face à la crise; la mise en cause des droits politiques et syndicaux dans les pays socialistes, particulièrement dans une Pologne que les Français considèrent comme proche de leur mode de vie et de leurs croyances; enfin l'attitude rigide et autoritaire d'un parti marxiste qui entend conserver une vue immobile de la société et du monde, alors que chacun perçoit qu'ils sont en plein mouvement.

Fin du type d'alliance entre les communistes et les socialistes qui les a amenés ensemble au pouvoir; poursuite du déclin historique du parti communiste en France : deux traits nouveaux qui vont marquer en profondeur la succession des prochains événements.

Il s'y ajoute le fait que la France est entrée dans

l'expérience socialiste au moment même où le message marxiste se disloquait dans les sociétés industrielles. Les idéologues ont senti la banquise craquer sous leurs pieds.

Rien ne pourra plus être comme avant. La situation que nous vivons actuellement est en effet caractérisée par deux données : un gouvernement socialiste homogène, s'appuyant sur une majorité absolue socialiste à l'Assemblée nationale. *Elle n'a aucune chance de se reproduire dans les années à venir.*

Ce changement des données, au fur et à mesure qu'il sera davantage perçu, va faire ressentir ses effets en posant de nouveaux problèmes aux dirigeants socialistes, notamment ceux de la jeune génération dont les ambitions ont été éveillées et mûries par la découverte d'un pouvoir dont ils ne souhaiteront pas s'éloigner pour vingt ans.

★

Le second événement des années 80 est l'échec du socialisme, vécu au quotidien. Pour l'élu local, cet échec est plus visible et plus émouvant qu'il n'est perçu dans la capitale.

On le mesure dans les « permanences » tenues dans les mairies, où les visiteurs sont pratiquement tous à la recherche d'un emploi. Venus isolément ou dans le petit groupe familial des parents et des enfants dont les difficultés ont resserré la solidarité, ils vous scrutent du regard pour savoir si vous serez capable de « faire quelque chose » pour eux. Et, à l'instant de partir, dans les quelques secondes où ils s'interrogent sur l'utilité de leur démarche et pour savoir s'ils ont le droit d'emporter avec eux un brin de réconfort et d'espoir, beaucoup vous demandent, dans une pulsion instinctive : « Est-ce que ça va durer encore longtemps ? »

Sur la toile de fond des mutations industrielles aux données bien décrites par les économistes, la gestion improvisée et imprudente des premières années socialistes a développé le jeu du chômage et fait réapparaître la pauvreté. La meurtrissure que les gens ressentent est d'autant plus profonde qu'on leur avait fait espérer tout autre chose.

Pour mieux la comprendre, on peut rapprocher cette déception de la vie d'un couple. Si l'on pardonne à la rigueur une promesse faite imprudemment et mal tenue, on pardonne beaucoup plus difficilement une promesse faite sciemment, préparée de loin et calculée pour vous tromper.

Le socialisme, ça ne marche pas ! Mais, si l'expérience socialiste a engendré la déception, son tort le plus grave aura été de blesser l'être dans la partie sensible et vulnérable où il abrite sa générosité et ses espoirs.

LES FAUX ENJEUX

Bien que l'élection prochaine soit celle des députés, on la fait tourner plus ou moins autour de la fonction présidentielle.

Cela tient au fait que l'élection du président de la République au suffrage universel n'est pas encore complètement assimilée par notre culture politique.

Rien d'étonnant à cela. Les États-Unis d'Amérique pratiquent cette forme d'élection depuis deux siècles et ont assisté à la nomination de quarante présidents ! Ils se sont habitués au déroulement des campagnes, à la longue sélection des candidats, aux réactions qui suivent l'arrivée de la nouvelle équipe au pouvoir, ainsi qu'aux élections législatives tenues à mi-parcours, dont l'expérience leur a appris qu'elles étaient presque toujours défavorables au parti du président en place.

Chez nous, cette forme d'élection date de moins de vingt-cinq ans. Nous avons connu seulement quatre présidents élus de cette manière. Nous n'avons pas eu le temps d'assimiler le déroulement d'un processus compliqué et massif. Et comme il occupe, à cause de sa nouveauté, le centre de nos interrogations, nous avons du mal à raisonner en dehors de lui.

Il s'y ajoute le fait que l'élection présidentielle est devenue une sorte de jeu électronique pour les médias et pour les instituts de sondage. Alors que la future élection présidentielle américaine aura lieu la même année que la nôtre, en 1988, aucun sondage n'est encore publié aux États-Unis sur son issue possible, pas plus d'ailleurs que sur les candidats, dont j'ai pu dénombrer, sur place, en décembre dernier, qu'il y en avait au moins cinq pour les républicains et quatre pour les démocrates...

Faute d'expérience suffisante, nous vivons dans la crainte du trop-plein de candidats, en oubliant que nous avons eu à choisir entre douze d'entre eux en 1974, et dix en 1981. La réponse pratique à apporter à cette inquiétude consiste, à la lumière des expériences vécues ailleurs, d'abord à observer longuement le comportement des candidats éventuels afin de mieux les connaître et de mieux les sélectionner, puis à imposer le respect scrupuleux de la règle du jeu qui découle de nos deux tours de scrutin : définition claire de son camp avant le premier tour, solidarité agissante en faveur du candidat placé en tête par les électeurs pour affronter le second tour.

Mais le problème de 1986 n'est pas celui-là :

c'est celui d'une élection « off », où les électeurs choisiront leurs députés à une date que nos institutions ont fixée comme distincte de celle de l'élection présidentielle. Ce ne sera d'ailleurs pas nouveau, car cette circonstance s'est rencontrée sous chacun des anciens présidents en 1967, 1973 et 1978.

La seule chose utile à dire aujourd'hui est d'affirmer que cette consultation, dans sa préparation, son déroulement et ses conséquences, devra respecter scrupuleusement les règles posées par nos institutions. Si chaque acteur est évidemment libre de son jeu, c'est-à-dire libre de tirer des futurs événements les conséquences qu'il estimera justes pour lui-même, personne ne peut, ni pour les autres, ni pour soi, vouloir imposer d'autres obligations que celles qui résultent des règles en vigueur. On peut regretter l'existence de certaines de ces règles, et notamment le décalage entre les dates des élections. Si on les juge mauvaises on pourra proposer de les modifier. Mais d'ici là, à moins de vouloir donner de notre pays l'image d'une république décadente, changeant d'attitude au gré de ses humeurs, il est fondamental que la vie démocratique de la France se déroule strictement selon les modalités fixées par sa Constitution.

Le nécessaire sera fait pour y veiller.

★

Le second faux enjeu est celui de la revanche.

On va chercher à faire croire à nouveau qu'il existe un « peuple de droite » qui attend dans l'ombre de venir occuper le pouvoir, pour dépouiller le « peuple de gauche » de ses conquêtes et le réduire au mieux à sa situation d'autrefois. C'est ainsi qu'on essaiera sans doute de détour-

18

ner le débat et de masquer la réalité du choix.

Cette manière de faire est typique du passéisme. Elle s'évertue, par tous les moyens disponibles, à enfermer la réflexion dans de faux dilemmes, et elle contrarie le mouvement en avant de la société française. Tout l'effort à accomplir consiste précisément à sortir du pugilat latéral, où l'on échange des coups avec ses voisins sans que personne ne progresse, pour entrer dans la discussion sur *la route à suivre.*

L'alternance sera réussie si elle sait être une alternance raisonnable, ce que n'a pas su être celle de 1981.

Et cette alternance sera durable si elle sait être convaincante, c'est-à-dire si elle est capable, *après avoir commencé par rassembler autour d'elle tous ses vrais partisans*, notamment pendant la période difficile de 1986-1988 où il faudra engager la politique de la France dans une direction nouvelle, de développer ensuite une force d'entraînement réunissant une majorité croissante.

Pour y parvenir, elle doit prendre position sur les vrais enjeux du débat, tels qu'ils sont ressentis par les gens à partir de leur vie quotidienne, et pour lesquels on peut définir des propositions répondant à l'attente de deux Français sur trois.

LES VRAIS ENJEUX

Les vrais enjeux sont aujourd'hui économiques et sociaux.

Le pouvoir socialiste sera battu par les chômeurs. Et les déclarations sur «la baisse des impôts» n'ont pas besoin d'autre démenti que celui qu'apportent à domicile les feuilles d'imposition nationales et locales, si on les compare d'une année sur l'autre.

On affirme souvent que le soutien perdu par la majorité ne profite pas directement à l'opposition. Je le pense en effet. Il y a à cela plusieurs explications.

D'abord, il est normal qu'avant d'exprimer un point de vue contraire à celui qu'on a manifesté trois ans plus tôt on commence par passer par un stade d'attente et d'observation.

Pour ceux qui ont été traumatisés dans leur vie personnelle par certains aspects de la gestion socialiste — je pense en particulier aux artisans et aux commerçants et à ceux qui ressentent le plus fortement l'insécurité personnelle et culturelle —, on peut également comprendre pourquoi ils commencent par exprimer la position la plus violemment «opposante», même si elle n'était pas habituellement la leur, avant de rechercher une solution réaliste et juste.

Mais le ralliement à ce que j'appellerai *l'opposition créatrice* ne sera franc et massif que du jour où celle-ci aura convaincu l'opinion qu'elle est capable d'apporter une réponse crédible aux deux problèmes ressentis comme prioritaires : le problème du chômage et celui de la baisse des revenus.

Le pouvoir socialiste fait tout pour embrouiller ces sujets. Il mélange les références à la crise, en faisant croire qu'elle se prolonge partout ailleurs dans le monde, et les appels à la modernisation entraînant des compressions d'effectifs. Dans quelque direction qu'elle se tourne, on ne présente à l'opinion que des voies sans issue. Elle est conduite à craindre que le chômage soit devenu une fatalité inexorable devant laquelle tous les dirigeants à venir lâcheront successivement pied.

Il est essentiel pour l'opposition d'apporter une réponse authentique à cette angoisse.

D'abord en développant une argumentation réaliste et convaincante, qui ne peut évidemment pas se contenter d'être une promesse chiffrée mais doit être un ensemble d'actions à conduire. Puis en acceptant de considérer elle-même que son œuvre sera jugée sur sa capacité d'inverser progressivement la tendance du chômage.

Ce n'est pas la peine de fabriquer en rêve des manœuvres politiciennes pour asservir l'opinion publique au sort de l'opposition de 1986 à 1988! Il suffit de se convaincre qu'un résultat obtenu par elle dans la lutte contre le chômage balaierait toutes les arguties et toutes les surenchères.

Ce résultat est-il possible?

Oui, si l'action est engagée simultanément sur plusieurs fronts.

Il ne m'appartient pas de décrire cette action en détail, car sa conception doit résulter d'un travail mené en équipe, ouvert à toutes celles et à tous ceux qui, en raison de leur connaissance directe du terrain, ont leur mot à dire et doivent être attentivement écoutés.

Mais je soulignerai certaines orientations qui me paraissent indispensables.

LE LIBÉRALISME ÉCONOMIQUE AUTHENTIQUE

La reprise du progrès de notre économie, si l'on veut qu'elle retrouve le dynamisme et la modernité, suppose un choix clair de politique, fondé sur un libéralisme économique authentique.

L'étatisme dispose en France de deux puissants alliés : le corporatisme, qui a souvent besoin de l'appui des administrations pour se protéger, et le mandarinat d'État, alimenté par le recrutement de la haute administration, qui n'accepte pas que les centres de décision de l'économie puissent lui échapper. Or, on voit actuellement, dans certains milieux de l'opposition influencés par l'étatisme, s'esquisser de prudents mouvements de recul.

Pourtant, les études conduites pour connaître en profondeur l'état de l'opinion publique confirment que le libéralisme économique est actuellement une idée en forte ascension. Elle gagne presque autant de partisans chez les ouvriers que chez les cadres. Elle s'exprime sur le terrain par l'affirmation que « les gens veulent désormais être libres de leurs décisions dans le domaine économique ». Il reste encore à approfondir cette idée, à lui donner un caractère plus concret, à la rapprocher des besoins et des attentes.

Il faut éviter d'affadir le projet par des hésitations et des demi-mesures. L'authenticité, c'est d'abord la fermeté. La valeur d'un projet se mesure à sa cohérence.

S'il est exclu de tomber dans le piège, aujourd'hui suranné et d'ailleurs récusé par l'opinion, du libéralisme sauvage, ce serait une erreur de rechercher un compromis impossible entre la libération des forces économiques et la poursuite de leur asservissement bureaucratique : un libéralisme couleur de pastel rose, ou pire, un libéralisme maintenu sous tutelle !

L'asservissement bureaucratique n'est pas seulement pervers, il est inutile. Le libéralisme à mettre en œuvre incorpore, naturellement, toutes les données de la société moderne et notamment *son niveau de conscience sociale*. Je reviens longuement sur ce point dans mon livre : les acteurs du libéralisme économique ne conduisent pas leur action en se dépouillant de leur conscience sociale. Au contraire, ils apportent eux-mêmes dans leurs attitudes, ils intègrent dans leurs décisions *le niveau de conscience sociale qui s'est développé dans notre société, et dont ils sont eux-mêmes imprégnés.*

Au lieu de chercher à «introduire» cette conscience sociale de l'extérieur par des interventions administratives ou par des réglementations, celle-ci doit se manifester de plus en plus directement dans l'inspiration du jeu de chacun des responsables, grâce au développement de la conscience sociale de l'ensemble du groupe. C'est ce qu'on observe déjà dans une partie de notre économie et dans beaucoup d'entreprises.

★

L'authenticité du projet a besoin d'être soulignée par des «temps forts».

Si le virage est à négocier calmement, pour ne pas risquer de perdre les passagers en route, la direction doit être nette et marquée par des décisions symboliques : éradication des fondements légaux du contrôle des prix et du contrôle économique, par l'abrogation des ordonnances de 1945; déculpabilisation de l'acte économique, qu'il faut déclarer nécessaire au progrès de la société française, alors qu'il est actuellement soupçonné de culpabilité par les textes; introduction de l'usage de l'écu dans la vie quotidienne, y compris par la création de comptes de dépôts individuels et de titres de paiement (eurochèques) rendant impossible le retour ultérieur au contrôle des changes; dénationalisation *achevée dans les deux ans*, selon une procédure juste et raisonnable des banques nationalisées en 1981 et des compagnies d'assurances (pendant que se poursuivra l'ensemble du processus de privatisation des entreprises concurrentielles).

★

Ce libéralisme économique sera mis en œuvre d'une manière qui réponde à la principale attente de l'opinion, celle qui porte sur le chômage, en favorisant la création de richesses et d'emplois, de façon à atteindre un taux de croissance plus élevé.

C'est une banalité de rappeler qu'il existe des contraintes d'équilibre extérieur, surtout pour un pays dont la monnaie n'est plus conservée par personne en dehors de ses frontières, et que ces contraintes imposent certaines limites à notre liberté d'action.

Mais cette affirmation doit être tempérée. D'abord, depuis le tête-à-queue effectué par la politique socialiste, une certaine remise en ordre a lieu dans notre économie. Même si elle est moins importante qu'on veut le faire croire et si elle privilégie le recours aux moyens coûteux en emplois de la déflation, elle n'est pas à négliger. Et il ne faut pas minimiser non plus la marge de manœuvre que pourra constituer le retour à la confiance.

L'objectif est de retrouver notre situation de longue période, c'est-à-dire un taux de croissance annuelle légèrement supérieur à la moyenne de nos partenaires, pour tenir compte du maintien de l'excédent de notre population active. Ce taux se situe actuellement dans la zone des 3,5 p. 100 à 4,5 p. 100.

L'instinct des gens précède leur raison. Leur instinct les conduit vers le libéralisme économique. Mais ils n'aperçoivent pas encore comment le libéralisme économique pourra ajouter des emplois.

Dans cette démarche, une idée peut servir de fil conducteur : celle qui distingue les moyens qui aboutissent à la création de richesses et de services et ceux qui entraînent des créations d'emplois.

On dit souvent, et c'est incontestable, qu'on pourra produire davantage de richesses manufacturières en employant moins de personnel. On en déduit qu'il n'y a plus lieu de favoriser le développement d'une industrie manufacturière, puisqu'elle ne sera plus créatrice d'emplois. Ce serait une erreur mortelle. Les productions industrielles du Japon et des États-Unis, rapportées à la référence de l'année 1970, atteignaient respectivement le niveau de 185 et de 153 à la fin de 1984, là où la nôtre était seulement de 133, inférieure au niveau qu'elle connaissait en 1980!

La production industrielle reste le support nécessaire du développement de l'ensemble de l'économie. Aussi, son progrès doit être facilité par un libéralisme dépouillé d'interventions administratives, notamment vis-à-vis des technologies nouvelles appelées à se développer sur le marché.

La diminution des effectifs industriels peut être partiellement compensée au sein des entreprises par le développement nécessaire des services d'études de marché, de commercialisation et de service après-vente.

Le réseau inextricable des aides, des interventions et des avis de comités, serait remplacé par des allégements uniformes de charges et de cotisations, et par un accès non pénalisé aux ressources d'épargne. Une mesure fiscale, simple et générale, d'une portée de deux ou trois ans, devra être prise dès le printemps de 1986 en faveur de la trésorerie des entreprises.

Les créations d'emplois viendront en effet d'ailleurs. Elles seront surtout le fait de la création et du développement d'entreprises petites et moyennes et s'effectueront principalement dans le secteur des services.

L'horizon à retenir est celui de la libération complète des travailleurs individuels et des petites entreprises de toutes les obligations réglementaires, autres que celles qui assurent la protection générale du citoyen et du travailleur.

Les discussions sur les divers aspects de la flexibilité, en particulier les aménagements d'horaires annuels et hebdomadaires, doivent être détachées du cadre national, où elles n'ont aucune chance sérieuse d'aboutir, et rapatriées dans l'entreprise.

De même, il faut supprimer, au moins pour les recrutements futurs, les obstacles qui empêchent à l'heure actuelle l'embauche par les petites entreprises, et que chacun peut constater sur place. Je pense à l'intervention de l'administration dans les procédures de licenciement, à l'effet des recrutements sur le niveau des cotisations sociales et sur le franchissement de certains seuils « légaux », eux-mêmes à relever.

Enfin, une action spécifique devra mettre fin à la situation aberrante faite à l'industrie du bâtiment. Les résultats ont été rendus publics : 283 000 logements construits en 1984, ce qui est le chiffre le plus bas depuis trente ans ! Et pourtant l'industrie du bâtiment consomme peu d'énergie, emploie une main-d'œuvre nombreuse, et répond à une attente prioritaire de l'opinion : celle de devenir propriétaire d'une maison individuelle. Les pouvoirs publics disposent de grands leviers de commande : taux d'intérêts, prêts d'accession à la propriété. Aux États-Unis, la reprise de 1982 a été largement soutenue par l'activité du bâtiment. En France, comme le veut le dicton populaire, le jour où le bâtiment ira, l'emploi recommencera à partir.

Dans le choix des mesures à prendre, je marquerai enfin ma préférence pour la création d'espaces de liberté, plutôt que de vouloir tout reconstruire. Le sens profond du libéralisme est de faciliter l'action des autres plutôt que de décider à leur place.

Si l'on veut imposer une règle de productivité, une obligation générale de créativité, il est vraisemblable qu'on échouera. Et au nom de quoi l'imposer ? Mais si l'on rend possibles, par la création d'espaces de liberté, l'accroissement de la productivité pour ceux qui veulent produire et l'augmentation de la créativité pour ceux qui désirent entreprendre, qui sera fondé à s'y opposer ? Si l'on permet à ceux qui choisissent de travailler et d'entreprendre de conserver la juste rémunération de leurs efforts, qui sera fondé à s'en plaindre ?

Il faut saisir l'occasion offerte par l'évolution des esprits non pour imposer de nouvelles obligations à l'ensemble, mais pour offrir une gamme de possibilités à ceux qui voudront les utiliser, et qui, j'en suis persuadé, seront très nombreux à le faire.

Plus le libéralisme économique sera proche du vécu, plus il sera convaincant. Les raisonnements officiels et les prévisions d'experts qui dénient à la France toute chance sérieuse d'accélérer son développement économique au cours des années prochaines oublient, comme toujours, de prendre en compte les aspects psychologiques des problèmes, et aussi le niveau des capacités individuelles. Il faut réintroduire dans les calculs les deux variables décisives qui sont la liberté et la confiance : l'as de pique et l'as de cœur !

La France est aujourd'hui un pays en attente de pouvoir entreprendre.

Les initiatives prises par les jeunes dans ce domaine, et leur volonté de créer eux-mêmes leurs entreprises, sont déjà stupéfiantes.

Déblayons les obstacles et disloquons les vieux

carcans. Les entreprenants régleront ensuite leurs comptes avec les experts.

LES GROUPES SENSIBLES

Dans les actions à proposer, il faut porter une attention particulière à la situation de trois groupes actuellement fragiles : les jeunes de dix-huit à vingt-cinq ans, les femmes et la génération des cinquante à soixante-cinq ans.

La nouvelle génération des jeunes a reçu de plein fouet la crise et le chômage. Elle connaît une rapide évolution culturelle. Les valeurs issues des événements de 1968, développées à cette époque par une prospérité qu'ils n'ont pas connue, sont maintenant en complète déroute à leurs yeux. D'autres valeurs progressent chez eux : un mélange de valeurs sécurisantes, comme la famille, la compétence, la responsabilité, et de valeurs d'expression, d'initiative et de liberté.

Cette combinaison d'une recherche d'efficacité et de besoin d'initiative, sans rejet pour autant des structures d'organisation modernes, et d'une nouvelle découverte des valeurs d'enracinement et de sécurité affective constitue une formule chimique valable pour notre société tout entière.

A la défiance vis-à-vis de la jeunesse, largement répandue dans les années 70, doivent succéder une attitude de large ouverture à ses valeurs et la multiplication des opportunités qui lui seront offertes.

★

Lorsque j'ai cherché à mettre à jour, avec des amis sociologues aux vues pourtant perspicaces, les observations de ce livre sur l'état social et culturel des femmes françaises, je n'ai trouvé que peu de réponses satisfaisantes.

Voici pourtant l'ensemble le plus nombreux de la société française — plus de la majorité à lui seul —, qui paraît défier l'analyse! J'en ai tiré la conclusion que sa situation consistait précisément à défier l'analyse.

L'ensemble des femmes n'accepte ni de se considérer ni de se laisser traiter comme un groupe distinct. Voulant exister à part entière, et partisan, quoique désormais d'une manière plus mesurée, d'une moindre différenciation entre les sexes, il ne supporte ni d'être ignoré ni d'être traité en dehors des autres.

Cet ensemble traverse une période de très rapide et puissante évolution, la plus forte sans doute depuis le fond des âges. Pour les femmes, la modification simultanée de leur vie professionnelle et de leur vie physiologique, provoquée par la contraception et la plus grande liberté sexuelle, entraîne un réexamen de l'acquis culturel et affectif de leurs relations avec les hommes, et le désir de conduire elles-mêmes — à l'abri des jugements et des interférences — une évolution dont elles ressentent comme inconcevable qu'elle puisse être réellement comprise de l'extérieur.

Surtout, il faut démassifier le jugement. Il n'est pas réaliste de vouloir traiter comme un bloc un ensemble d'êtres diversifiés par l'âge, par l'éducation, par les croyances religieuses, par l'expérience familiale et professionnelle. Depuis longtemps, on a pris l'habitude de fractionner la collectivité des hommes avant de lui appliquer des analyses ou des jugements. C'est le signe d'un retard persistant de la pensée que de globaliser la vue que nous portons sur les problèmes des femmes.

L'état social et culturel de leur évolution nous dicte la conduite à suivre.

Ne pas imaginer, d'abord, que qui que ce soit ait

à imposer ou même à piloter de loin cette évolution ; accepter qu'elle se fasse d'elle-même, de l'intérieur, signe d'une civilisation libérale.

Considérer ensuite que l'émergence du rôle des femmes dans la société est un enrichissement pour celle-ci, par les valeurs de compétence, de sensibilité et de réalisme qu'elles lui apportent. Faciliter partout cette émergence en la «rendant possible», c'est-à-dire en éliminant les obstacles résiduels, surtout psychologiques, qu'elle rencontre encore.

Améliorer enfin les conditions dans lesquelles s'orienteront les flux des différents choix qui composent le grand courant de l'évolution féminine : possibilité de développer une carrière professionnelle ; recherche d'une activité compatible, en durée et en aménagement, avec une vie familiale active ; priorité donnée à l'éducation et à la formation de plusieurs jeunes enfants, considérée comme une tâche à plein temps, assortie des droits équivalents.

La meilleure attitude me paraît celle du «laisser choisir», tout en en facilitant l'exercice. Les femmes sauront élaborer d'elles-mêmes les moyens d'équilibrer au mieux les valeurs et les données permanentes de leur vie avec les attitudes nouvelles issues de la modernité.

★

La génération des hommes et des femmes de cinquante à soixante-cinq ans est actuellement en situation de fragilité.

Après avoir aspiré pendant la plus longue partie de leur existence à une prochaine retraite, d'autant plus attendue qu'elle répondait souvent pour ceux qui venaient de la condition ouvrière à une pénible usure physique, voici que le jeu des circonstances leur donne aujourd'hui le sentiment d'être laminés, déclassés, inutiles.

Lorsque j'ai évoqué pour la première fois cette question devant un auditoire du Nord, j'ai été surpris par la nature du silence qui l'a accueillie. Elle m'a fait penser à la réaction du public de théâtre quand un mot d'acteur l'atteint et le touche. Il n'ose plus bouger, à peine respirer devant la justesse du trait qui lui révèle une émotion qu'il ne savait pas exprimer. Il était visible que ces hommes et ces femmes ressentaient profondément la manière dont ils sont peu considérés, et maltraités aujourd'hui.

Les formes diverses et quasi obligatoires de retraites anticipées, les pressions qui s'exercent pour retirer la liberté de choix à ceux qui voudraient opter pour la poursuite de leur activité, aboutissent à une situation psychologique qui veut qu'à partir d'un certain âge — la cinquantaine —, on ne se voit plus offrir de possibilité de carrière et qu'on se sent en sursis, avant d'être plus ou moins discrètement, plus ou moins fermement, « poussé dehors ».

Si l'on est chômeur à cet âge, que l'on soit homme ou femme, on sait que la chance d'obtenir un nouvel emploi qualifié est pratiquement inexistante.

Or, c'est désormais un moment de la vie où, en raison des progrès de l'hygiène, de la médecine, des sports, beaucoup d'hommes et de femmes sont dans la pleine possession de leurs moyens physiques. Ils ont acquis un savoir professionnel, un équilibre et une expérience qui leur permettent d'apercevoir les erreurs à éviter. Leur mise à l'écart prématurée est bien souvent une mauvaise chose pour eux et une mauvaise chose pour la collectivité.

Il faut leur rendre des chances, c'est-à-dire des choix, afin que ceux qui le veulent puissent à nouveau ressentir et exprimer leur utilité.

Je mentionnerai deux sortes de mesures.

L'une consiste à faciliter le choix entre la retraite et la poursuite de la carrière, en mettant en place un système de retraite par capitalisation. Celui-ci laisserait intact le système général de retraite dans tous ses aspects actuels et ne débuterait qu'au moment où l'on décide de poursuivre son activité à partir de l'âge où l'option est ouverte. Les cotisations personnelles, éventuellement complétées par l'employeur, auraient le même traitement fiscal que les cotisations obligatoires. Le système s'interromprait de lui-même lors de l'arrêt effectif du travail, et on peut calculer qu'il apporterait un complément très substantiel au montant de la retraite.

L'autre mesure part de l'idée *d'une seconde carrière utile.* Ce que j'observe, par exemple, des tâches des maires dans les villes moyennes et même désormais dans les petites communes, se rapproche d'un travail à plein temps, incompatible avec une activité professionnelle.

Beaucoup des responsabilités futures de la vie locale et de la vie associative, surtout si l'on se décide à mettre fin à l'indéfendable cumul des mandats, pourront être exercées par la génération active et expérimentée des hommes et des femmes de cinquante à soixante-cinq ans.

LES GESTES GAGNANTS : L'UNION

Dans une échéance politique, comme autrefois sur un champ de bataille, et aujourd'hui dans une compétition sportive, on remporte la partie si l'on fait au bon moment les gestes qui permettent de gagner : les gestes gagnants.

En 1985, l'opposition est à l'entraînement. L'opinion va l'observer, juger son niveau de préparation. Sur le fond, elle a encore un immense travail à accomplir pour se mettre en état de gagner, c'est-à-dire de gouverner.

★

La première condition est évidemment d'adopter une stratégie claire et de proposer à l'opinion un projet cohérent, moderne et vigoureux. Nous venons de le montrer : ce projet, c'est le choix du libéralisme économique, souligné par des « temps forts ».

Donner sa chance à la France en 1986, ce ne sera pas hésiter, ou rassurer par des ambiguïtés. Ce sera lui fournir l'occasion d'utiliser librement l'ensemble de ses forces créatrices à tous les niveaux de la vie économique.

LE RISQUE D'INGOUVERNABILITÉ

L'union c'est d'abord, fondamentalement et profondément, l'attitude qui permet de faire échec au risque le plus grand que nous courions : celui de l'ingouvernabilité.

Dans ce livre, je décris l'état naturel de la société politique française, celui vers lequel tend à la ramener le jeu spontané des forces et des acteurs de la vie politique. Cet état naturel reste, hélas ! celui de la division et de l'ingouvernabilité. C'est le plus grand péril placé devant nous, parce qu'il est à la fois le plus spontané et le plus probable.

Lorsque la société politique française a été livrée

à elle-même de 1946 à 1958, elle a élaboré un régime d'ingouvernabilité. Ce n'était ni le fruit du hasard ni seulement celui des institutions, mais la conséquence directe des traits de caractère qui marquent le milieu politique français. De même qu'Eschyle affirmait que «le caractère c'est la destinée», de même les traits de caractère du milieu politique définissent les institutions, qui entraînent à leur tour le jeu de ce qu'on pense être le hasard.

Ces traits de caractère sont malheureusement restés les mêmes. Depuis 1981, je les regarde développer leur jeu qui chemine régulièrement, et qui nous ramène d'un pas sûr vers l'ingouvernabilité.

Certains cherchent à se rassurer en voulant croire que nos institutions suffiront à nous protéger de l'ingouvernabilité. Malheureusement, non! Ces institutions ne pourront pas nous l'épargner, comme on l'a vérifié en mai 1968 où le président élu au suffrage universel et la majorité parlementaire avaient perdu toute prise sur le cours des événements. Les institutions de la Ve République nous donnent la possibilité de gouverner si les conditions politiques et la volonté d'agir sont réunies.

Les attitudes qui engendrent l'ingouvernabilité sont la division des esprits et le personnalisme des carrières politiques.

La racine culturelle de l'ingouvernabilité de la France me paraît être la suivante : chaque personne pense sincèrement qu'elle a raison sur tous les sujets et que les choses iraient mieux si on suivait son avis. Bref, *chacun pense qu'il a raison sur tout*.

J'en ai fait longuement l'expérience, non seulement l'expérience bien connue de l'élection présidentielle de 1981, mais l'expérience vécue des divisions de l'opposition, lorsque le gouvernement et une partie de sa majorité se sont affrontés de 1978 à 1981. Ils s'affrontaient sur le budget de 1981, à propos du chiffre des économies à réaliser que demandait le R.P.R., et que refusait le gouvernement. Ils s'affrontaient sur la défense, à propos du nombre de sous-marins nucléaires à construire. Ils s'affrontaient sur l'Europe. J'ai expérimenté et vécu le fait qu'à partir d'un certain degré de division l'action politique globale, même si le président de la République dispose du soutien de la majorité de l'opinion publique, ce qui était encore mon cas, ne peut pas avoir l'unité, la fermeté et la continuité nécessaires pour rassurer et convaincre l'opinion.

Je n'en suis pas venu à la nécessité de l'union à partir d'une déception personnelle, moins encore par calcul, mais par la constatation d'une exigence nationale. Cette exigence est encore renforcée par le piège que la représentation proportionnelle tend au milieu politique.

J'affirme — et je souhaite que les événements à venir n'évoluent pas de manière à me donner raison — que si l'on n'entreprend pas un puissant et patient effort pour fortifier l'union de l'opposition avant les élections de 1986, le risque le plus probable est celui de l'ingouvernabilité de la France.

Notre pays retrouverait des gouvernements faibles et changeants, en raison du fractionnement des majorités parlementaires. Il serait sans doute conduit plus tard à un conflit entre un futur président de la République et l'opinion, à la suite d'une dissolution maladroitement engagée, conflit qui remettrait en cause le rôle du président de la République, tel que la pratique, bien plus que les textes, l'a élaboré de 1958 à 1980.

L'unité de l'opposition libérale constitue le premier étage de la gouvernabilité de la France.

Le fait de disposer en 1986 d'une majorité forte et unie représente, dans toutes les éventualités, un atout positif pour l'évolution ultérieure de notre pays.

★

L'union à réaliser est d'une nature particulière : c'est une union pour gouverner.

Aux yeux de l'opinion, l'union pour gagner les élections est toujours suspecte. Elle est perçue comme une manœuvre, calculée pour obtenir un résultat électoral, en abusant plus ou moins les électeurs. Et ils ne sont pas toujours éloignés de la vérité.

L'union pour gouverner répond à une nécessité : celle d'agir et de décider. Lorsque l'échéance est facile, le besoin n'est pas évident. Mais, s'il s'agit de redresser la situation financière du pays, de prononcer un nouveau choix de politique économique, de l'engager par des réformes profondes et durables, chacun réalise que le résultat est totalement incompatible avec l'existence de rivalités et de divisions au sein de la majorité.

Un débat reste toujours nécessaire pour choisir l'orientation à prendre, mais c'est un débat qui est conduit à l'intérieur d'un ensemble solidaire pour déterminer la meilleure manière — la plus efficace et la mieux comprise de l'opinion — de mettre à exécution son projet.

L'union à réaliser se trouve placée à la rencontre de deux appels. Un appel venu de la base, instinctif, populaire, une forme de hantise : « Ne rouvrez pas la porte par laquelle le malheur est entré ! » Ce besoin est si fortement ressenti qu'il s'imposera à ceux des acteurs qui seraient tentés de jouer, sur le terrain ou dans les états-majors, le jeu pervers de la division. Ils verront fondre leurs troupes chaque fois qu'ils s'approcheront de la ligne de feu.

L'autre appel est issu de la nécessité de gouverner. Peu à peu, les décideurs, les responsables d'entreprise, les hommes et les femmes investis de responsabilités dans les institutions politiques et administratives, vont voir monter, au-dessus du bastingage du navire, l'iceberg des tâches futures du gouvernement. Les rivalités de personnes ou de clans apparaîtront pour ce qu'elles sont : des complications dérisoires au regard de l'enjeu. Progressivement, la discussion va se resserrer autour des vrais problèmes. La position relative des tendances s'ajustera en fonction des options à trancher.

Une action de gouvernement se prépare soigneusement. Quelque sévérité qu'on puisse avoir pour l'action de la majorité en place et pour la manière dont l'idéologie a faussé son approche des réalités, il faut constater l'ampleur du travail qu'elle avait accompli avant l'échéance, les nombreuses rencontres, les documents publiés, qui ont trouvé, hélas ! moins de lecteurs qu'ils n'ont égaré d'électeurs !

Le nouveau réalisme qui commence d'imprégner notre société, le développement du professionnalisme et de la compétence dans l'entreprise, qui vont s'étendre à la politique, invitent à avancer beaucoup plus loin qu'on ne l'a fait jusqu'ici dans l'analyse, la définition et la communication des objectifs de gouvernement pour 1986.

Je me réjouis que ce travail soit entrepris ensemble par les clubs et les structures de réflexion. C'est en approfondissant de tels échanges que l'union de l'opposition affirmera sa vraie nature :

une union faite pour gouverner et entamer le redressement du pays selon une approche nouvelle.

Ainsi conduite, ainsi perçue, l'union de l'opposition apparaîtra comme le signe annonciateur, l'avant-garde de l'union politique des Français. Nous devons continuer à avancer, avec une ténacité que rien ne décourage, vers un débat politique moins antagoniste, plus mesuré, faisant d'une alternance raisonnable la respiration régulière de notre société.

Appuyés sur l'unification progressive de la société française (s'accompagnant d'une action pour réduire les formes nouvelles de la pauvreté et de la marginalisation), soutenus par le besoin évident de renforcer la solidarité de notre équipe face à la compétition extérieure (un contre cent), nous luttons certes à contre-courant des tendances d'une partie du milieu politique encore en place, mais nous nous sentirons portés par la vague profonde des aspirations du pays.

Dernier trait de cette union : elle doit viser à réunir toutes les compétences et toutes les expériences. Notre société politique traditionnelle reste une société d'initiés, pratiquant l'exclusion. Sa base sociologique est trop étroite, et s'est encore resserrée depuis 1981 autour de quelques branches de l'administration et de l'enseignement. Les forces économiques et sociales au travail dans le pays en sont tenues à l'écart.

A la volonté de gouverner ensemble, il faut ajouter l'idée que *le Parlement et le gouvernement devront être une représentation authentique de la société française.* Comme ceux-ci ne viendront sans doute pas d'eux-mêmes, en raison des habitudes et des blocages, on devra faire l'effort de rechercher des hommes et des femmes ayant l'expérience vécue des activités économiques et sociales, pour renouveler les candidatures et étoffer les équipes.

★

Puisqu'il vaut mieux appeler un chat un chat, l'effort pour unir l'opposition risque d'être contrarié par les manœuvres d'approche de l'élection présidentielle.

Parlons sur ce sujet comme le fait tout le monde.

Il est normal, et personne ne peut s'en étonner, que ceux qui ont été Premier ministre aspirent à se voir confier la responsabilité la plus élevée du pays, qu'ils ont côtoyée et servie pendant plusieurs années. D'ailleurs, presque tous les anciens Premiers ministres de la V⁰ République ont été candidats à la présidence de la République, même si un seul a été élu.

Ces hommes ont, dans des proportions différentes, les compétences et les capacités politiques qui les qualifient pour la candidature. Mais cela ne signifie pas qu'il soit bon pour la France d'ouvrir la campagne présidentielle trois ans à l'avance, ni qu'il soit souhaitable pour l'opposition d'affaiblir ses chances de gagner en 1986 en inversant les échéances et en anticipant sur les rivalités encore incertaines de la future campagne présidentielle.

Il est parfaitement justifié, pour quelqu'un qui envisage d'être candidat à la présidence de la République, de s'y préparer en forgeant au-dedans de lui, comme eût dit Blaise Pascal, la culture, le caractère et l'expérience des hommes, nécessaires à la fonction.

Mais il faut éviter que cette démarche ajoute aux difficultés de préparation de la prochaine échéance nationale.

Ce ne sera pas facile. Mais l'opinion, attentive et

éveillée au péril, y trouvera un des éléments du jugement à porter sur la force de caractère et sur les sentiments de ceux auxquels elle confiera peut-être un jour le soin éminent de sa destinée.

LES INITIATIVES DE RÉFORME

Vous trouverez dans ce livre beaucoup de propositions de réforme. Je les crois nécessaires. Sur un grand nombre d'entre elles il existe l'accord d'une large majorité, parfois même de deux Français sur trois. Et pourtant on les retarde toujours.

En dehors des périodes vécues intensément, telles que les campagnes électorales nationales, l'intérêt pour les réformes se dilue. Le pouvoir arrivé en place s'habitue à l'état de choses qu'il a trouvé et évite de soulever des difficultés qui s'ajouteraient au harcèlement du quotidien. Ainsi va la routine.

Mon expérience personnelle me conduit à considérer certaines de ces réformes comme indispensables pour stabiliser notre vie politique et pour améliorer nos chances d'avenir : l'abrègement de la durée du mandat présidentiel, trop long pour l'intéressé, comme je peux en témoigner, et trop long aussi pour le pays ; la possibilité de consulter le pays par référendum sur les questions de société, seule manière de débrider des abcès persistants ; la garantie à apporter à la protection de certaines valeurs, telles que la famille, les libertés et la propriété, par la mise en place de procédures parlementaires rendant impossibles les improvisations.

Il est important de savoir que, si elle en a la volonté, la future majorité aura les moyens d'entreprendre elle-même ces réformes et de les mener à leur terme.

Contrairement à ce qu'on croit souvent, l'initiative des réformes constitutionnelles n'est pas un droit exclusif du président de la République. Il appartient également aux membres du Parlement. Il suffit que le texte soit voté conforme par la majorité des Assemblées pour qu'il soit soumis, sans intervention présidentielle, à la ratification d'un référendum populaire.

Il ne faut donc pas se résigner à l'idée que la future majorité ne disposerait, tout au plus, que de pouvoirs limités de gestion. Si elle est forte et unie, elle aura la possibilité d'entreprendre les réformes hardies encore nécessaires, pouvant conduire à un référendum conclu à son avantage au printemps de 1987.

Le grand silence réformiste qui s'abat actuellement sur une partie du personnel politique n'est pas à la mesure des changements qui sont indispensables pour moderniser notre vie publique.

La politique, c'est non des places à prendre, mais des choses à accomplir.

★

Je reviens à la préface.

Dans le texte qui va suivre, j'ai essayé de situer l'évolution politique de notre pays dans sa perspective à long terme.

Il me semble que, si les peuples pouvaient apercevoir la perspective historique qui les concerne, ils seraient faciles à gouverner. En réalité, ils se gouverneraient eux-mêmes ! Et que, s'ils ne l'aperçoivent pas, les hommes de gouvernement en sont réduits à utiliser des artifices pour les conduire.

Comme toujours, la vérité est entre ces extrêmes.

En présentant ces réflexions, je cherche à rapprocher notre débat politique de sa perspective historique. Il y a en effet des choses qui sont déjà certaines et que l'expérience et la réflexion permettent d'affirmer à l'avance; d'autres qui demeurent en question et dont on peut seulement éclairer la discussion.

Ce qu'il y a de pire dans la vie d'un peuple, c'est le recul, le retour en arrière, la régression. Quand ce mouvement s'amorce, toutes les forces de la décadence surgissent et s'étalent.

En sens contraire, on s'aperçoit qu'il existe à l'heure actuelle de puissants ressorts de progrès dans notre pays. Chez les jeunes, chez les entreprenants, parmi tous ceux qui ont une forme de talent et une envie d'agir. Mais ces forces se déploient en désordre et ne sont pas encore reliées entre elles.

De même, il existe, tracée quelque part, une voie d'avenir, une perspective de progrès pour la France. Sans prétendre la dessiner en détail, il est possible de situer assez exactement l'orientation qui sera la sienne, et son lieu de départ.

La France est en attente de sa mutation. Elle la ressent comme inévitable et souhaitable. Elle la craint et la désire à la fois, mais elle ne sait pas encore comment l'entreprendre.

Peut-on faire en sorte que les forces de la mutation libérale se rassemblent, qu'elles ordonnent davantage leur action et qu'elles s'engagent dans le chemin ouvert?

Peut-on y aider?

Essayons.

Chanonat,
mars 1985.

INTRODUCTION

Le livre *Démocratie française* a été écrit au pouvoir, pendant que j'exerçais la fonction de président de la République.

Celui-ci est écrit loin du pouvoir, dans la solitude et dans la réflexion, et dans le calme de la merveilleuse campagne française que l'hiver a dessinée en fins traits noirs et où maintenant les jeunes pousses commencent à verdir la transparence des bois.

Mon objectif n'est pas de raconter le passé. Sans doute le ferai-je plus tard. Mais ce passé est encore trop près de nous pour qu'il soit possible de tremper sa plume dans la seule encre qui convienne aux Mémoires, et qui est l'acide décapant de la vérité. La plupart des acteurs sont toujours en scène. Il ne serait pas convenable de publier ce qu'ils m'ont écrit, m'ont dit ou m'ont fait savoir, car lorsqu'ils le faisaient ils s'adressaient davantage à ma fonction qu'à moi-même. Ces éléments viendront compléter, le moment venu, les touches de leur portrait, tel que continue de le composer tous les jours l'impressionnisme de l'actualité.

Mon intention n'est donc pas de raconter le passé, mais de témoigner pour éclairer l'avenir, à l'aide de ce que j'ai vécu et de ce que j'observe aujourd'hui. Si l'expérience, déjà difficile à communiquer d'un être à l'autre, et davantage encore d'un être à un peuple, possède une chance d'être utile, c'est en nous faisant mieux voir la route ouverte devant nous, indécise, cahoteuse, mais cependant prévisible à partir du trajet déjà parcouru, fait de lignes droites, de virages ou d'ornières.

Les élections présidentielles ont eu lieu, voici près de trois ans. Les Françaises et les Français ont choisi, à une courte majorité, de prendre une autre voie que celle que je leur proposais. Si je pense que leur choix, quoique parfaitement légitime, n'était conforme, lorsqu'on le prend dans sa totalité et sa durée, ni à l'intérêt de la France ni à leur propre intérêt, j'éprouve une sorte de fierté qu'ils aient pu le prononcer ; qu'ils aient été libres de choisir dans un monde où si peu d'hommes, si peu de peuples ont le pouvoir de déterminer leur sort ; qu'ils se soient prononcés sans qu'aucune pression ne s'exerce sur eux, autre que celle de la parole, avec sa puissance de suggestion et aussi de déformation ; et même, ce qui n'est pas un paradoxe, qu'ils aient pu faire un choix que je crois erroné, signe dans lequel Baudelaire aurait aperçu l'expression ultime de la liberté.

★

Les motifs de ce choix ont été et seront analysés par les spécialistes, puis par les historiens. Pour moi, dans l'enchevêtrement des effets et des causes, dans le brouhaha qui accompagne et interprète le succès ou l'échec, je retiens trois motifs qui ont été déterminants : le goût traditionnel des Français pour le changement, les effets de la crise économique, et la pression idéologique accumulée depuis treize ans.

En premier lieu, le besoin de changement était profondément ressenti. Ce besoin est permanent chez les Français et leur fait presque toujours préférer la recherche de la nouveauté à ce qu'ils connaissent déjà. Or nous vivions une période où pendant vingt-trois ans le gouvernement avait été assumé par une même moitié de la France. Et le goût du changement venait buter, en ce qui me concerne, sur l'obstacle d'un nouveau contrat à conclure pour sept ans encore, après sept années d'exercice du pouvoir.

Ensuite les effets de la crise économique, laquelle tendait vers son point le plus bas puisque l'économie américaine venait de replonger dans la récession, étaient ressentis individuellement sous la forme de la hausse des prix et du chômage, et collectivement sous celle du ralentissement de la croissance. L'une et l'autre avaient pour effet de réduire à un mince filet, dans tout le tissu social, le flux des satisfactions nouvelles qui irriguait depuis les années d'expansion chacune des catégories sociales, et auquel celles-ci s'étaient habituées au point de les considérer comme un dû.

Enfin la pression idéologique s'était concentrée progressivement depuis 1968 dans les secteurs pilotes de l'éducation et de l'information ; elle avait convaincu une proportion importante des intellectuels, tentés depuis longtemps par ses idées ; puis, renforcée par une démagogie qui ne lésinait pas sur les moyens, et qui utilisait comme arguments toutes les déceptions entraînées par une crise dont elle continuait pourtant à nier l'existence, elle avait peu à peu gagné ou ébranlé une large partie de l'opinion.

A ces causes se sont ajoutées les données politiciennes de la campagne du premier tour, où l'ensemble des candidats a concentré ses critiques sur le président sortant. Les téléspectateurs entendaient ainsi neuf critiques pour une seule réponse. La convergence de ces critiques, émanant de groupes de sensibilités différentes, les faisait résonner comme des vérités. Qui n'entend qu'un son de cloche le juge pour ce qu'il vaut, mais qui entend un carillon le prend pour de la musique. Et l'électeur a formé ainsi son jugement au fil de la campagne électorale, pris entre la convergence des arguments et la montée de son désir de changement.

On voit qu'à la différence de 1974 le vrai débat, celui qui permet d'argumenter le choix et de situer exactement l'enjeu de l'élection, c'est-à-dire la comparaison réfléchie entre deux propositions de gouvernement définies par leurs moyens et par leurs objectifs, n'a pas eu vraiment lieu.

Or, dans les circonstances où nous nous trouvions, ce débat était essentiel car il comportait, comme on a pu le vérifier par la suite, une option fondamentale entre deux systèmes de pensée, l'un libéral et l'autre marxiste, ou plutôt socialo-étatiste, entre deux conceptions de l'organisation de la société et entre deux attitudes culturelles.

Ce débat, s'il avait eu lieu, aurait permis à l'opinion publique de savoir si elle éprouvait une préférence réelle et durable pour l'un ou l'autre de ces systèmes, et si elle en acceptait les conséquences aisément prévisibles. Il aurait d'ailleurs conduit à perfectionner ces deux propositions, en les ajustant de plus près aux données sociologiques récentes, à l'évolution des mentalités et aux aspirations concrètes que l'opinion aurait exprimées.

Je ne dis pas que l'issue des élections aurait été nécessairement différente, mais son interprétation eût été plus claire, et le mandat donné au nouveau pouvoir pour faire évoluer ou transformer la société eût été plus nettement défini, ou au contraire contenu dans des limites précises.

★

Mais les Français n'écoutaient plus, ou du moins n'entendaient plus. Leurs oreilles étaient fermées. Cela restera comme la singularité de cette période. La France était entrée dans un psychodrame depuis l'automne de 1980, jalonné par des événements apparemment divers, et qui avaient déclenché des réactions en vagues sourdes et prolongées.

J'en citerai quelques exemples : les suites de l'odieux attentat contre la synagogue de la rue Copernic ; l'importance donnée par la presse d'opposition et les instituts de sondage à la candidature du fantaisiste Coluche ; l'échec du président Carter et l'élection du président Reagan, l'un ébranlant le mythe de l'invincibilité du président sortant, l'autre créant dans certains milieux l'espoir d'une poussée vers la droite ; les campagnes de calomnie ou de dénigrement souvent contredites par la seule évidence, et auxquelles j'avais décidé, à tort, de ne pas répondre ; des incidents aussi minimes, mais décodés en termes symboliques, que la panne d'un moteur de l'avion de ligne que nous empruntions pour aller passer la soirée de Noël avec nos compatriotes antillais ; les fluctuations brusques et, en ce qui me concerne, descendantes des sondages d'opinion.

Ce psychodrame avait déplacé la faculté de perception des Français de la partie consciente du raisonnement vers des réactions ou des aspirations de caractère intuitif ou affectif. Rarement l'argument a pesé d'un moindre poids ; il irritait au lieu de convaincre.

J'ai aperçu pour la première fois la probabilité de

l'échec dans la bibliothèque des appartements privés de l'Élysée. C'est une pièce située au premier étage, le long de la rue de l'Élysée. Je l'avais fait décorer de la même tenture verte que la bibliothèque de l'appartement du ministère des Finances, parce que, au début de mon installation dans cette nouvelle maison que je ressentais comme distante et impersonnelle, j'avais cherché à conserver autour de moi le bien-être des années antérieures, en recréant le décor et l'atmosphère d'un endroit où je m'étais senti presque parfaitement heureux. C'était au mois de décembre. Je me tenais debout dans l'angle de la fenêtre. La lumière entrevue sur la façade d'en face, de l'autre côté d'un petit jardin à la terre brune, dénudée par l'hiver, était froide et plate. J'avais apporté depuis mon bureau le journal du soir qui publiait chaque mois la cote de popularité du président de la République et du Premier ministre : quatre points de moins pour V.G.E. (40 % de satisfaits, 46 % de mécontents), quatre points de moins pour Raymond Barre (27 % de satisfaits, 57 % de mécontents). J'ai eu le sentiment d'un vide creusé autour de moi, comme si la pièce était soudain désertée, et imprégnée d'un silence laineux. Rien de ce que j'avais pu dire ou faire dans les semaines précédentes, pourtant chargées en discours, en voyages ou en réunions, n'avait donc accroché l'opinion pour ralentir le glissement des chiffres. Je me suis dit que c'était ainsi que d'autres rencontraient la maladie ou le malheur : un sentiment de vide et d'inexorabilité, sur lequel rien n'a plus de prise. J'ai regagné mon bureau pour reprendre le cours du travail, car il restait bien entendu à se battre.

Quelle était l'origine de ce psychodrame ? Sur le moment, j'ai pensé qu'il avait été sinon déclenché, car ses racines étaient plus profondes, du moins largement amplifié par la brusque poussée du chômage enregistrée à l'automne de 1980, et dont les statistiques ne nous ont fait mesurer l'importance qu'avec un retard de plusieurs semaines. Cette poussée du chômage, ressentie par de nombreux jeunes qui venaient d'achever leur formation et qui cherchaient pour la première fois un emploi, faisait perdre sa valeur de crédibilité à notre raisonnement économique, au moment même où la situation recommençait à se détériorer.

La gravité du second choc pétrolier, provoqué par les événements d'Iran qui avaient entraîné une hausse nouvelle et massive des prix, passant des environs de seize dollars à trente-cinq dollars le baril, tenait à son caractère répétitif : les mêmes explications peuvent difficilement être écoutées deux fois. Pourquoi une opinion déjà lasse, et travaillée par les arguments de la démagogie niant constamment l'existence de la crise, consentirait-elle à reprendre les mêmes efforts alors que les résultats de ceux qu'elle avait déjà accomplis venaient d'être remis en question par un événement fortuit ? Cette perte de confiance dans la valeur de l'argument économique, allant même jusqu'à une forme de rejet, déplaçait le champ du débat : l'heure était venue des perceptions instinctives et irrationnelles.

Un de mes amis, analysant un soir cette évolution, alors que nous dînions tous les trois avec Anne-Aymone, les rideaux fermés, dans la lumière jaune des soirées d'automne, lui a donné la formulation qui me paraît la plus juste : « Les Français se sont dit : "Il faut essayer autre chose !" Quand ils sont malades et qu'un remède ne les a pas rapidement soulagés, ils vont chercher dans leur armoire à pharmacie, et ils en essaient un autre. Face à la deuxième crise économique de 1980-1981, qu'ils

ont ressentie comme une rechute, ils ont choisi
d'"essayer autre chose". »

★

A ce déplacement du débat vers les réactions
instinctives et affectives au détriment des arguments rationnels, il y avait, je crois, une raison
plus profonde, dont l'importance grandissait dans
la sensibilité française. C'était la contradiction et
donc la tension qui existaient entre une société
travaillée au fond d'elle-même par une évolution
puissante et rapide, apparemment aveugle mais
obéissant à ses propres lois, et l'apparente rigidité
des institutions et des attitudes politiques.

A cet égard, mai 1981 était bien un cousin lointain
de mai 1968. Il est important de le comprendre
si l'on veut éviter un contresens : de même que
les événements de 1968 se sont déclenchés en
dehors du pouvoir, apparemment tranquille et sûr
de lui, de même les réactions de mai 1981 n'étaient
pas uniquement liées à l'élection présidentielle,
mais représentaient le point d'arrivée d'une évolution souterraine, un remous qui se formait sur lui-
même, comme l'œil d'un cyclone.

J'avais observé depuis longtemps la force de ce
courant de changement. Je pensais que s'il heurtait certaines de nos habitudes et certains de nos
instincts, s'il bousculait et parfois blessait même
certaines de nos traditions, y compris mes profonds attachements personnels, il portait aussi en
lui des forces de progrès, de renouvellement et
d'ajustement à un nouvel état du monde. Qu'il
fallait donc agir en tenant compte de son existence, non pour le subir aveuglément ou le flatter,
mais pour rechercher un dialogue de compréhension réciproque permettant aux flux de la nouveauté

d'irriguer et de fertiliser les structures permanentes de notre société. Je n'aurais pas été élu en
1974 si je n'avais pas choisi délibérément la formule du «changement sans le risque». Et il
apparaîtra sans doute que l'anomalie historique,
celle qui donnait la chance de modifier le cours des
choses, a été mon élection en 1974, et non le succès
de François Mitterrand en 1981.

Ce changement en profondeur s'est poursuivi
pendant mon septennat. Il était devenu visible
pour chacun de nous, car il avait pris les formes
les plus apparentes en atteignant les habitudes, les
façons de penser, les mœurs, la manière de
s'habiller, les attitudes vis-à-vis de la société et de
l'environnement personnel, la pratique religieuse,
les rapports à l'intérieur de la cellule familiale. La
crise économique, loin de le ralentir, l'avait accéléré et il s'était orienté davantage vers des valeurs
de société ou de culture que vers le renforcement
de l'importance attachée aux données strictement
économiques.

Une grande partie du monde politique au pouvoir n'a ni accepté ni mesuré l'importance de ce
changement. Elle y a vu l'effet d'une mode, ou parfois même d'une complaisance de ma part, qu'un
geste d'autorité aurait suffi à balayer comme
une écume.

Et nous avons ainsi retrouvé un des débats traditionnels qui divise les sociétés humaines, depuis
l'origine de l'histoire. Face à un changement évident aux yeux de tous, faut-il essayer de le réprimer
et de le contenir, faut-il au contraire l'orienter et
le conduire?

Ma réponse personnelle était de le conduire. Ce
n'était pas de l'opportunisme de ma part, d'abord
parce que celui-ci n'est pas dans mon caractère,
ensuite parce que je savais qu'une telle attitude

ne serait pas nécessairement payante sur le plan électoral, car une partie de notre électorat traditionnel aurait préféré un rejet sans équivoque, mais cela répondait à ce que, devant un tribunal, j'aurais appelé mon intime conviction : libérale et chrétienne. J'ai toujours perçu le mouvement des sociétés comme allant, au total, dans une direction de progrès, même si l'on observe ici ou là des crispations négatives et souvent des régressions cruelles. Et j'ai toujours imaginé que le rôle de ceux qu'on appelle les «dirigeants» était bien de montrer la direction à suivre pour que ce mouvement ne soit pas dévié ou perverti, mais ramené autant que possible dans la voie du progrès.

D'autres pensent, depuis Confucius, que la perfection est derrière nous, qu'il faut tenter de revenir vers elle, ou du moins de ne pas s'en éloigner. C'est un débat ouvert où chacun a le devoir de respecter les convictions de l'autre. Dans l'ancienne majorité, on rencontrait les deux attitudes. En 1974, la première de ces attitudes — le choix de conduire le changement — était prépondérante. Après 1978, et surtout en 1980, sous l'effet du rebondissement de la crise, c'est la seconde — le refus du changement — qui l'emportait.

Entre ce puissant courant de changement et cette immobilité apparente, renforcée par la longue présence de la majorité en place et par l'impression de raideur qui accompagne inévitablement l'exercice prolongé d'une même fonction, s'était développée une tension qui est restée d'abord souterraine mais que l'approche de l'échéance présidentielle, c'est-à-dire la proximité du renouvellement du contrat, a fait remonter vers la surface.

J'écris intentionnellement «vers la surface». Car cette tension n'a pas été visible en tant que telle jusqu'à l'élection elle-même. Elle ne s'est manifestée qu'au moment des élections législatives de juin 1981, qui ont amplifié largement le succès de l'élection présidentielle, apparue ainsi comme la «dernière digue».

Elle a continué à développer ses effets dans l'opinion publique, ainsi que l'ont montré les stupéfiants sondages de juillet 1981. Cette opinion a alors été entraînée, portée par une satisfaction d'apparence authentique, même si elle devait se révéler éphémère, faite d'un mélange de rêve et de somnambulisme.

★

Pour serrer la vérité de plus près, il faut aussi constater qu'en France le fait, pour un président de la République en fonction, d'entrer dans la zone voisine du renouvellement de son mandat crée automatiquement une sorte de tourbillon dépressif, analogue à une situation connue de ceux qui pratiquent l'aéronautique, et notamment des pilotes d'hélicoptère, et qu'ils appellent «l'effet de sol» : lorsqu'on n'est plus qu'à quelques mètres de la surface d'atterrissage, le sol renvoie vers l'appareil une partie du flux d'air engendré par la rotation des hélices et déclenche des réactions d'instabilité.

J'ai observé cette situation en étudiant les sondages de popularité du seul président de la République qui ait connu avant moi le problème de la réélection populaire, et qui est le général de Gaulle. Pendant les quatre mois précédant sa réélection de 1965, le général de Gaulle a perdu 14 points d'opinion favorable et a enregistré une progression de 17 points du nombre des mécontents, ce qui représente un total de 31 personnes sur 100 qui ont changé d'opinion en quatre mois ! Au cours de la même période, pour moi qui étais parti d'un niveau plus bas, la perte a été de 7 points, et l'augmentation du nombre des mécontents de 4. On peut trouver dans certains traits de la psychologie française, et dans la durée du mandat à renouveler, l'explication de cet « effet de sol » qui se déclenche à l'approche de l'élection. Il est important, je crois, de le connaître.

J'en avais fait, d'ailleurs, l'observation anecdotique. Le mercredi qui précédait le premier tour de l'élection présidentielle de novembre 1965, j'étais venu, comme chaque semaine, rendre compte au général de Gaulle des faits les plus importants rencontrés dans ma gestion de ministre de l'Économie et des Finances. J'attendais dans son antichambre, en compagnie de deux de ses aides de camp, un aviateur et un officier de l'armée de terre. Ils étaient engagés dans un pari : « Je te parie que le Général sera élu au premier tour avec plus de 65 % des voix ! » « Non ! Il sera élu au premier tour, mais avec un peu moins de 65 % des voix ! » La porte du bureau du général de Gaulle s'est ouverte devant le ministre de l'Intérieur, Roger Frey, qui en sortait et que le général de Gaulle raccompagnait jusqu'au seuil, avec sa politesse parfaite. Pendant qu'il me croisait, Roger Frey a eu le temps de me dire : « Je viens d'apporter une bonne nouvelle au Général. J'ai reçu tout à l'heure le dernier rapport des Renseignements généraux. Le Général sera élu au premier tour avec une nette majorité, moindre pourtant que celle que nous espérions. J'étais soucieux parce que les informations récentes n'étaient pas bonnes, mais enfin il sera élu au premier tour, et c'est l'essentiel. »

Cinq jours plus tard, le général de Gaulle

recueillait 42 % des suffrages dans la France métropolitaine, et était mis en ballottage.

★

Ce déplacement du débat effaçait, escamotait les problèmes de fond. Ceux-ci étaient pourtant nombreux et pressants. Quelle était la politique économique qui pouvait améliorer durablement l'emploi : partage de l'effort de travail accompagné d'un partage des revenus, ou recherche de la compétitivité et de la productivité dans une économie libérée et ouverte ? La France avait-elle une chance de se placer dans le peloton de tête des pays technologiquement avancés ? La réduction isolée de la durée du travail était-elle compatible avec la stabilité de notre taux de change ? Le maintien du déficit budgétaire dans une zone proche de l'équilibre était-il nécessaire pour compenser la faible résistance de l'économie française au cancer de la hausse des prix ? La France avait-elle les moyens de conduire une politique étrangère réellement indépendante, et de poursuivre le dialogue direct au niveau des deux superpuissances, sans accepter un alignement sur la politique américaine pour équilibrer l'entrée des ministres communistes dans son gouvernement et compenser l'affaiblissement causé par l'étatisation de son économie et son endettement extérieur ? Quels sont les choix stratégiques nécessaires à la modernisation de notre défense, et en particulier de notre dissuasion nucléaire, à l'horizon des années 95 ? Comment réformer notre système d'éducation pour lui rendre son indispensable laïcité politique et lui permettre de fournir aux élèves un niveau culturel de base tout en les préparant à l'exercice d'une activité professionnelle ? Et tant d'autres problèmes, tant d'autres questions qui se posent et s'imposent à vous quand on s'interroge sur l'avenir de la France.

Il n'est pas exact d'affirmer qu'une majorité de Françaises et de Français aient choisi de vivre dans une société organisée selon la doctrine socialiste puisque ce débat a été très largement escamoté, et puisque le motif de la décision qu'ils ont prise n'a pas été la préférence donnée à un système politique, avec l'acceptation de ses conséquences prévisibles, mais l'essai d'un « autre remède », jugé plus facile et moins douloureux, pour sortir de la crise.

On a voté et on a choisi, mais le choix exprimé ne comportait pas l'option claire et consciente d'un changement de société.

★

Deux données particulières expliquent le caractère de malentendu de la décision du printemps 1981, ou du moins de l'interprétation qu'on lui a donnée, malentendu qui pèsera jusqu'à son achèvement sur l'expérience en cours.

La première donnée consiste en ceci : au moment où les électeurs émettaient leur vote final, une très nette majorité d'entre eux — environ 63 %, telle qu'on a pu la mesurer deux jours avant le second tour — prévoyaient ma réélection, même s'ils ne la souhaitaient pas. Beaucoup ont voté en pensant que leur décision n'affecterait pas le résultat, et qu'ils pouvaient exprimer sans risque leur irritation — le « ras-le-bol » —, leur mise en garde — « qu'il soit élu, mais de justesse » — ou leur ressentiment — « la punition du pouvoir ». Mais l'addition des calculs individuels est venue renverser la prévision collective.

La seconde donnée concerne la psychologie politique. L'opinion publique « préférait croire » qu'il existait une issue plus facile à la crise. Au fond d'elle-même, elle n'en était sans doute pas convaincue, mais elle retenait du langage volontairement imprécis et émotif de mon concurrent qu'il ferait son possible pour chercher une telle issue. Elle considérait les divers programmes — programme commun ou projet socialiste — comme destinés à réaliser l'accord des partis et à faciliter leur succès électoral. Elle n'en prenait qu'une connaissance lointaine et jugeait qu'ils étaient normalement teintés d'irréalisme et d'idéologie.

Elle était persuadée qu'une fois l'élection acquise, placés devant leurs responsabilités et le poids du réel, les nouveaux dirigeants prendraient leurs distances par rapport à l'univers rituel de la politique pour rechercher, de manière empirique et modérée, des solutions concrètes aux difficultés de l'heure. Pendant quelques mois la nouveauté de la victoire a évacué le réel. Mais le fait que les dirigeants aient maintenu leur dogmatisme après leur prise du pouvoir, et qu'ils soient demeurés dans l'univers fermé de l'idéologie politique au lieu de prendre en charge la réalité quotidienne du pays, était contraire à l'attente de beaucoup de ceux qui les avaient élus, et a alimenté leur premier mouvement de déception.

★

Fallait-il, dans de telles circonstances, tenter de convaincre les électeurs par l'explication, ou fallait-il essayer de gagner l'élection par le recours à tous les moyens, au besoin démagogiques ? Fallait-il utiliser les coups, hauts ou bas, compte tenu de l'importance de l'enjeu ?

La vraie question m'a paru être non seulement de savoir si l'on pouvait gagner l'élection, mais aussi de déterminer si la France serait ensuite en état d'être gouvernée d'une manière rationnelle, juste et évolutive, avec le soutien d'une majorité suffisante de sa population et de ses élus politiques.

Pour le savoir, le seul moyen était d'essayer de la convaincre. Si la persuasion échouait, certes l'élection serait perdue, mais en cas de victoire obtenue par des procédés démagogiques les chances de pouvoir conduire les affaires de la France d'une manière efficace n'étaient pas non plus suffisantes, même si ce second enjeu était moins apparent que le premier.

Tous ceux qui avaient étudié les faits, fût-ce le temps de la lecture des journaux, savaient que la crise économique était internationale ; que la situation de l'économie mondiale continuerait à s'alourdir jusqu'à la fin de l'année 1982, et sans doute pendant quelques trimestres au-delà ; que le niveau futur de l'emploi dans l'industrie dépendrait de sa compétitivité, elle-même fonction des frais généraux de la nation, du taux d'investissement et des coûts salariaux.

Promettre, dans ces conditions, une réduction du chômage, accompagnée d'un allégement de l'effort de travail, et la satisfaction financière de la plupart des revendications des catégories, c'était faire de la France la République des déficits : déficit budgétaire et déficit des régimes sociaux, se creusant au terme de la durée normale qu'il faut à une décision économique pour propager ses effets, c'est-à-dire de dix-huit mois à deux ans.

Déficit qui conduirait dans un premier temps à la surcharge fiscale des classes privilégiées, mais aussi très vite à celle des classes moyennes, qui détiennent la plus grande partie de la matière imposable ; puis à l'augmentation des cotisations sociales et à l'alourdissement de la fiscalité indirecte vilipendée dans les discours électoraux puisqu'elle constitue un prélèvement clandestin sur les ressources des humbles auxquels on adresse ses promesses : les personnes âgées, les familles, les chômeurs, mais qui est la seule à même de fournir des ressources massives ; déficit extérieur mesurant la baisse de la compétitivité de l'économie française, ponctuée par des dévaluations successives et rendues inévitables puisqu'elles ne font pas autre chose que de constater la baisse de notre niveau de vie par rapport aux nations voisines ; déficit financé par un endettement croissant, dont la charge d'intérêts et de remboursement viendra handicaper, d'année en année, les sacrifices faits pour rétablir l'équilibre.

Tous ceux qui devaient le savoir le savaient. Pouvait-on le dissimuler ? Pouvait-on taire la vérité et tromper délibérément un peuple impulsif et changeant, mais qui avait montré au cours des années récentes sa volonté de progrès, son effort progressif d'adaptation et sa capacité de courage ?

J'ai préféré risquer de perdre plutôt que de mentir.

Et j'éprouve un sentiment de fierté devant l'attitude de ces 48,3 % de Françaises et de Français qui, face à la tentation de la facilité, ont eu la force de caractère et la sagesse de comprendre ce que la raison et aussi l'intuition permettaient de prévoir, et que l'expérience, l'amère expérience, fera peu à peu connaître à tous.

Dans tout le bruit fait depuis trois ans autour de l'évolution politique de la France, observons la faible place et même le peu de considération donnés à ces 48,3 % de Français ! Ils constituent cependant pour notre pays une réserve précieuse d'énergie, de capacité de jugement et de confiance, qui se manifestera le moment venu avec une détermination et une vitalité qui surprendront.

J'ai préféré Blaise Pascal à Jean-Jacques Rousseau, et avec lui, tel que nous le révèle son masque cireux conservé à Port-Royal des Champs, paraissant refermé sur l'ordinateur de son cerveau et les percées fulgurantes qui éclairaient sa nuit spirituelle, marqué aussi de sa sensibilité fine et déchirée, j'ai perdu le pari de convaincre.

★

Là où la conviction a échoué, l'expérience est en train maintenant d'opérer son travail.

Ce sont les deux seuls moyens par lesquels une communauté humaine poursuit son progrès.

La conviction, la persuasion ont une supériorité sur l'expérience : comme elles précèdent l'événement, elles peuvent épargner les conséquences amères des décisions mal conçues. L'expérience est plus douloureuse. Si elle permet de vérifier après coup l'exactitude d'un raisonnement, elle pousse aussi à la révolte ceux qui ont le sentiment d'avoir été trompés.

L'expérience commence joyeusement, comme une fête : on l'a vu. Elle se termine souvent dans l'aigreur et dans la condamnation : nous y assisterons.

Notre effort à tous, cet effort auquel je voudrais apporter ma contribution, doit viser à ce que cette expérience se termine d'une manière honorable pour la France, et utile pour elle.

Honorable : c'est le problème de l'alternance.

Utile : c'est l'objet de la recherche que décrit ce livre.

★

L'élection d'un nouveau président de la République et le changement du gouvernement sont après tout des manifestations normales de l'alternance. Ils constituent la respiration du système démocratique. J'avais indiqué depuis trop longtemps que nos institutions devaient permettre le jeu de l'alternance, et le permettaient en fait, pour en condamner la première manifestation, pour le seul motif qu'elle me concernait.

Mais l'expérience actuelle s'éloigne de l'alternance normale sur trois points, qu'il nous faut souligner.

Le premier tient à une singularité du vocabulaire : on entend utiliser, avec un gonflement gourmand des joues, l'expression d'« ancien régime » pour qualifier la période antérieure. De quel autre régime s'agit-il ? En quoi les pouvoirs du président de la République, le recours aux ordonnances, l'utilisation des contraintes constitutionnelles pour faire approuver par une majorité, pourtant complaisante et homogène, des textes difficiles se distinguent-ils des pratiques de la période antérieure ? Et je rappellerai que le dernier septennat de l'« ancien régime » n'a jamais utilisé les ordonnances !

Cette expression traduit sans doute, en termes de psychanalyse, l'embarras à reconnaître que l'on fait un plein usage des moyens et des règles qu'on avait condamnés en d'autres temps, et contre lesquels on avait voté en 1958 et en 1962, se coupant ainsi de la majorité du peuple français. Le mot est malheureux dans la mesure où il exprime le refus de reconnaître la réalité de l'alternance de la part de ceux qui en ont bénéficié, d'une manière dont les témoins ont pu constater qu'elle était d'une correction démocratique parfaite.

Le deuxième point concerne la volonté de transformer la société française selon un modèle conforme à l'idéologie socialiste et communiste. L'alternance au pouvoir permet à ceux qui s'y trouvent de gérer le pays selon leurs vues, et aussi de conduire son évolution selon la préférence qu'il a marquée. Mais chercher à transformer son organisation sociale, passer d'un schéma libéral à un concept collectiviste, c'est sortir du rôle normal de l'alternance, à moins que l'opinion publique dûment informée ne vous ait donné un mandat explicite de le faire, par un contrat passé avec une majorité dont l'ampleur souligne cette volonté de transformation. Ce n'est pas ce qui s'est produit : le succès électoral, acquis de justesse, n'est pas venu de la netteté du choix proposé, mais bien de son ambiguïté. C'est l'interpréter au-delà de sa signification réelle que d'en faire un choix pour un changement de société.

Le troisième point porte sur l'usage de l'adjectif « irréversible », emprunté d'ailleurs dans sa répétition au vocabulaire communiste. On explique à longueur de mois, puis d'année, que le nécessaire sera fait pour rendre tel ou tel aspect du changement « irréversible ». Au nom de quel droit ? Ce qu'une majorité a choisi de faire, une autre majorité pourra choisir de le défaire ou de le modifier. A l'alternance succédera l'alternance, et on observe que celle-ci est déjà en mouvement dans la profondeur du pays. Comment la majorité d'aujourd'hui déciderait-elle de rendre captive la majorité de demain ? Je sais bien que l'intention des dirigeants actuels est d'agir pour rendre les situations irréversibles. Mais où l'histoire, et particulièrement la nôtre, enseigne-t-elle que ces situations le soient jamais ? Grâce au Ciel, la situation honteuse et piteuse de la télévision d'Etat en France sera réversible ; l'accroissement démesuré des charges frappant ceux qui travaillent et qui produisent sera réversible; la politisation et l'étatisation de l'enseignement seront réversibles; l'accumulation des contraintes et des contrôles, économiques, fiscaux et douaniers, dont l'inquisition agresse souvent l'espace sacré de la vie personnelle, sera réversible; le recul de la liberté de décider et de choisir sera réversible! Bref, le droit de choisir ce que l'on veut faire et être ne sera pas retiré à la France, sous le prétexte que l'action d'un moment l'aurait faite prisonnière.

Les Français feront eux-mêmes, par la voie démocratique, le tri entre ce qu'ils entendent conserver, modifier ou annuler. Et l'emploi du mot «irréversible» exprime en fait, chez les uns, un doute que l'on cherche à conjurer sur la durée de l'œuvre et, chez les autres, l'intention inavouable de retirer au peuple la liberté de choisir.

Le seul courant irréversible est celui que le général de Gaulle a respecté en 1969, devant lequel je me suis incliné en mai 1981, et que nos successeurs devront respecter à leur tour, même si son sens leur déplaît: celui de la volonté majoritaire de nos compatriotes, volonté qui a renversé toutes les grilles dans lesquelles on voulait jadis la garder enfermée, et qui fera sauter, par son bulletin de vote, le piège du vocabulaire où l'on tenterait de la retenir.

La France gardera intact et intégral le droit à l'alternance, avec les conséquences normales que son exercice entraîne.

★

Et maintenant il me faut aussi parler de moi, non pour me donner une importance particulière, mais parce que cela est naturel et que je ne dois pas esquiver la réponse à une question qu'il est légitime de me poser : Qu'est-ce que cet événement a représenté pour vous? Comment avez-vous réagi?

Je n'aurais pas su répondre à l'avance. Il fallait vivre directement ces circonstances, et constater les réactions de l'être. Car, devant des forces trop puissantes, c'est lui qui réagit tout seul, de sa vie instinctive.

J'ai connu d'abord l'effet de cette extraordinaire inadaptation que les conditions de la vie au pouvoir créent chez ceux qui l'exercent, inadaptation qui paraît surprenante quand on songe qu'après tout on ne vit au pouvoir, tout au plus, que cinq jours et demi sur sept, et que nous avions la chance, mes proches et moi, de conserver inchangée notre vie antérieure pendant chaque fin de semaine. Mais inadaptation profonde pourtant, coupure du tissu normal des actes vivants, qui explique que dans le passé les chefs d'État écartés du pouvoir ou les souverains en exil, réagissant comme des animaux détachés de leur environnement et privés de leur protection naturelle, mouraient ou plutôt s'éteignaient obscurément en quelques années.

La cause de cette inadaptation tient à ce que l'on désapprend, par perte d'habitude, tous les gestes simples et que la plupart des rapports humains sont déformés. On ne sait plus se déplacer soi-même : on vous transporte d'un point à un autre. On ne prépare plus sa valise. Les gares, les bâtiments d'aérodromes vous deviennent inconnus, comme les guichets des banques ou des bureaux de poste, où l'on n'imagine pas d'aller encadrer son visage. On ne sait plus se comporter dans une foule ou dans la queue d'une salle de spectacle, anonyme et isolé. On fuit la publicité, mais on souffre de l'indifférence. Le cercle constamment resserré autour de soi des projecteurs, des caméras et des flashes, aussitôt qu'on entre dans un lieu de réunion ou qu'on franchit le seuil d'une maison, crée une réaction de défense et de saturation analogue à celle de la pellicule surexposée à la lumière. Dans les rencontres, le dialogue authentique d'être à être, celui qui n'est pas faussé par la tension des muscles des épaules ou la présence d'antennes de nervosité au bout des doigts, est exceptionnel et ressenti comme une rareté. L'éloge sonne à vos oreilles aussi faux que la malveillance. On sait bien d'ailleurs que l'éloge ne s'adresse pas à vous mais à cet autre être, à ce double qui est l'idée que les autres se font de vous, idée formée à partir de l'importance prêtée à la fonction, à la solennité des lieux où vous travaillez, à la durée de l'attente, à tous ces mille détails que l'habitude fait vite oublier à celui qui reçoit, mais que la timidité ou la simple sensibilité de celui qui vient vous voir lui fait ressentir comme autant de morsures et de blessures calculées pour l'amoindrir et l'humilier.

Une autre forme d'inadaptation vient de l'attitude de l'esprit, qui a une tendance excessive à se tourner vers les vues globales ou lointaines, en rejetant le détail considéré comme négligeable. Il se détache ainsi du réseau fin des perceptions quotidiennes, celles par lesquelles se poursuit le dialogue avec les réalités vivantes et qui constituent la substance des préoccupations, des besoins ou des manques de nos compatriotes. Peu à peu, sans même qu'il le réalise, l'esprit lui aussi se déshumanise.

Il m'a donc fallu me réadapter. Il vaut mieux le laisser faire par un mouvement naturel. La vie connaît la manière de reconstituer les tissus de l'être, comme elle sait les renouer sur le vide, autrement cruel, creusé par la perte d'un proche parent. Tout cela est désormais passé pour moi, et la saison du soleil ramène désormais, comme autrefois, son impatience de bonheur.

Ai-je éprouvé du regret de la perte de la fonction, de la vie dans les palais nationaux ? L'Élysée que je n'aimais pas à cause de sa raideur conventionnelle, et de ses souvenirs de malheur — l'abdication de Napoléon dans le salon d'argent, au lendemain de Waterloo ; l'assassinat du duc de Berry ; la maladie et le décès du président Pompidou —, l'Élysée auprès duquel nous jouions enfants dans les jardins des Champs-Élysées, et que j'avais vu protéger en février 1934 par les gardes mobiles casqués de noir, devant une foule qui avait laissé le gravier des jardins jonché de boulons et de bancs tordus ; Rambouillet où je me sentais bien à cause de la proportion mesurée de ses pièces, des chaudes boiseries et de la vue ouverte sur le ciel au bout de sa longue pièce d'eau. Ai-je ressenti des regrets de ce qu'on appelle la griserie du pouvoir ? Je crois être sincère en répondant : aucun. L'éclat que j'ai voulu donner à la fonction, éclat modeste si on le juge par rapport aux autres grands pays dans lesquels je me suis rendu, ne répondait pas à une vanité personnelle mais au désir de maintenir à son rang, qui avait été le premier et auquel je pensais souvent, le passé glorieux de la France dont j'assumais l'héritage. Un être proche m'a exprimé cette critique : « Vous donniez en vous-même trop d'importance à la fonction. » C'était vrai, mais il faut se souvenir que j'avais été élu très jeune, à quarante-huit ans, et qu'en raison de l'abrégement du mandat du président Pompidou, dû à la douloureuse maladie qu'il avait affrontée avec un courage et une dignité admirables, j'avais le sentiment de succéder presque directement au général de Gaulle. J'avais connu sa haute stature et le respect, je dirais presque la révérence, qu'il irradiait.

Je ne voulais pas que le niveau de la fonction

s'abaissât de mon fait, et j'étais décidé à le maintenir, quoi qu'il arrivât, au niveau où je l'avais reçu.

Au moment qui est pour moi un des plus authentiques de la journée, celui où avant de s'endormir l'esprit se détache du lacis des choses et rejoint peu à peu le corps qui se détend et s'allège avant de glisser dans l'inconscient, je puis dire que je ne pense jamais à cet aspect de la vie passée, et que depuis trois ans mes rêves de la nuit ne m'ont pas reconduit une seule fois dans les palais nationaux.

★

Mais j'ai éprouvé, et j'éprouve toujours, un regret d'une autre nature, parfois lancinant et qui prend aujourd'hui la forme d'une profonde tristesse, le regret de ce que je crois être depuis le premier jour une occasion perdue pour la France.

J'ai craint d'abord que ce regret ne soit du remords de ma part. Je me suis demandé si je n'aurais pas dû être capable de mieux persuader les Français, de les entraîner, de leur faire sentir plus concrètement les conséquences redoutables de leur choix. Cette crainte du remords s'est dissipée après le résultat des élections législatives où j'ai vu, ainsi que cela était d'ailleurs prévisible, que la vague porteuse de la nouvelle majorité allait beaucoup plus loin que celle de l'élection présidentielle, et, plus tard, en observant le climat qui s'est instauré pendant l'été 1981 : le niveau exceptionnel de popularité des nouveaux dirigeants, la croyance que le chômage allait baisser et la hausse des prix se ralentir par le seul sortilège de l'incantation verbale.

Je me suis convaincu qu'il existait dans l'opinion publique, du fait des frustrations que la crise avait accumulées dans de nombreuses catégories sociales, du fait des espoirs et des rêves éveillés par le déferlement de thèmes démagogiques indéfiniment répétés, et aussi par la montée d'une générosité confuse où se rejoignaient l'espoir et la satisfaction des aspirations individuelles chez les uns et une authentique soif de justice chez les autres, notamment les plus jeunes, je me suis donc convaincu qu'il existait une bulle d'illusion ou une tumeur, selon qu'on est optimiste ou pessimiste, que l'expérience vécue pouvait seule dissiper ou traiter.

Il m'en est resté le regret de l'occasion perdue pour la France. J'y pense souvent. Grâce à l'impulsion donnée à son rang dans le monde et à sa réputation par la personnalité du général de Gaulle, grâce au travail en profondeur accompli par les gouvernements successifs de la Ve République, et grâce au réveil de l'activité créatrice de sa population, au sens nouveau de l'organisation qui se développait dans les entreprises, aux percées faites sur les marchés extérieurs, la France commençait à recueillir le fruit d'un travail de vingt ans. Certains pays venaient à redouter sa présence et sa capacité. Ses entreprises, au lieu d'être à vendre, achetaient certaines de leurs concurrentes étrangères. On éprouvait à l'occasion des voyages faits à l'extérieur une fierté nouvelle, largement partagée, d'être français.

Naturellement, les envieux et les jaloux qui ne nous aiment pas dans le monde, contrairement à ce que pense notre opinion intérieure, nous guettaient au tournant, comptant sur l'image ancienne et largement répandue d'une France désordonnée et incapable de soutenir une action prolongée. C'est ce que j'ai voulu exprimer dans mon dernier discours prononcé à la porte de Pantin où, en même temps que je lançais le slogan «moins d'État», je redoutais que, «sous l'effort, la main ne lâchât prise».

Peut-être, en effet, demandions-nous un effort trop soutenu à une époque où la crise économique usait les nerfs. Peut-être eût-il mieux valu détendre le rythme, marquer une pause, mais l'enjeu nous paraissait si important, l'objectif si proche de nous qu'on était tenté de maintenir la pression pour l'atteindre. Cela explique mon regret d'avoir vu les doigts se dénouer, et la main retomber. C'est un regret, mais ce n'est en rien une condamnation, car un peuple a le droit de choisir le niveau de l'effort qu'il accepte. Un regret profond et durable cependant, car il est sûr que l'occasion perdue ne se retrouvera pas dans des conditions identiques, qu'il nous aura fallu subir pendant plusieurs années l'affaiblissement de la France, et que l'avantage que nous avions acquis, et qui est aujourd'hui largement dissipé, devra être patiemment reconquis.

Avant de quitter pour le reste de ce livre l'aspect personnel des choses, je veux remercier celles et ceux qui m'ont écrit au cours de ces trois années pour l'immense bienfait qu'ils m'ont apporté. Je me suis efforcé de répondre à chacune et à chacun d'entre eux, mais je suis sûr de ne pas avoir réussi à leur exprimer la profonde reconnaissance que je leur dois. La sensibilité, l'extraordinaire compréhension qu'ils ont manifestées pour ce que je m'étais efforcé de faire, et qu'ils ont traduites chacun à sa manière, directement, sans fioriture ni flatterie, avec une bonté instinctive et une grande justesse de mots, feraient de ces lettres, si elles étaient réunies pour la publication, l'anthologie de la bienveillance d'un peuple.

Et je m'explique enfin sur une règle centrale de

ma vie concernant les rapports humains : je ne me sens inférieur à personne, et je ne me sens supérieur à personne, femme ou homme.

La Providence, les cultures grecque et chrétienne m'ont donné ce privilège de ressentir l'égalité des êtres comme une évidence. Je crois n'y avoir que rarement manqué, même si l'apparence physique ou la maladresse du geste pouvait donner parfois le sentiment du contraire.

Et c'est ainsi que je retrouve aujourd'hui la vie et les activités quotidiennes comme si je ne les avais pas quittées, et avec elles le grand courant porteur qui traverse les saisons, les plantes, les animaux, les êtres, et, tout au bout, moi-même.

★

Il faut aussi que cette expérience se termine d'une manière utile pour la France.

Ce sera le profit de la prochaine alternance.

La première condition est assurément qu'elle s'achève par un moyen démocratique, à l'occasion d'une consultation électorale. On peut tenir désormais pour quasi certain qu'à la première des élections nationales interprétée par les électeurs comme signifiant : «Faut-il poursuivre ou faut-il arrêter cette expérience?» leur réponse sera de l'interrompre. Les échéances actuellement prévues restent encore lointaines, bien qu'elles se rapprochent et qu'elles montent désormais à l'horizon. La combinaison des sondages, des résultats convergents des élections partielles et des élections régionales, si la crainte du suffrage ne les fait pas indéfiniment reculer, pourra rendre évident cet état de l'opinion avant la date prévue pour les élections législatives.

La question se posera alors de savoir s'il est

possible de poursuivre, de manière «irréversible», la transformation socialiste de la société française contre le sentiment majoritaire manifesté par l'opinion publique, sans risque de porter à un point de rupture les tensions internes de la société. La Constitution donne au président de la République, s'il le veut, le moyen de dénouer cette contradiction.

Je souligne à cet égard un caractère fondamental de la Ve République, qui paraît largement ignoré aujourd'hui. La Ve République est un régime démocratique fort, dont la politique a besoin d'être soutenue par une majorité populaire. La Constitution l'exprime dans son article 2 : gouvernement du peuple, par le peuple et pour le peuple. La contrepartie indispensable de la force et de la durée des institutions de la Ve République, reconnue internationalement comme un des régimes démocratiques où l'exécutif dispose du plus grand pouvoir, est que l'action menée bénéficie du soutien d'une majorité populaire.

Ce n'est pas un hasard si le général de Gaulle a fait un fréquent usage du référendum pour vérifier qu'il disposait de l'appui populaire dans sa conduite de la politique algérienne, ni que, devant le trouble de l'opinion en mai 1968, il ait dissous une Assemblée nationale dont la majorité lui était pourtant favorable. Il s'agissait pour lui de confirmer qu'il y avait bien accord entre l'exécutif qu'il représentait et la majorité du pays. Et c'est parce qu'il a ressenti que cette confirmation était équivoque après les élections législatives de juin 1968, car elle ne s'adressait pas expressément à lui, qu'il s'est lancé dans l'entreprise malheureuse du référendum de 1969.

Pendant les sept années de mon mandat, jusqu'à l'automne de 1980, le nombre des personnes satisfaites l'a emporté sur celui des mécontents pendant soixante-huit mois sur soixante-quinze. Et je m'étais fixé comme règle absolue de ne pas me représenter à la présidence de la République si, pendant la durée de l'année précédant ma décision, le nombre des mécontents s'était montré supérieur à celui des personnes satisfaites.

Il est naturel que dans la conduite d'une action politique, hier, aujourd'hui ou demain, on traverse des périodes où l'appui populaire est provisoirement refusé au pouvoir en place, en attendant que puissent être perçus les résultats d'une politique, mais ce serait manquer dangereusement à l'esprit fondamental des institutions de la cinquième République que de s'installer dans une telle situation, de s'y habituer au point de la considérer comme normale, sans chercher à rétablir, soit par un changement de politique, soit par une consultation populaire, l'accord entre la force de l'exécutif et le soutien de la majorité de l'opinion publique.

Je le répète : les fondateurs de la cinquième République ont établi un lien volontaire entre l'importance des pouvoirs donnés à l'exécutif et la constatation du soutien populaire dont il bénéficie. C'est de propos délibéré qu'ils ont introduit dans la Constitution deux mécanismes, le référendum et le droit de dissolution discrétionnaire du président de la République, pour vérifier, lorsque cela est politiquement nécessaire, l'existence de ce lien.

★

L'autre condition pour que cette expérience s'achève d'une manière utile, c'est que, au lieu de répondre seulement par la négative à la poursuite d'une politique dont ils auront constaté l'échec, les Français chargent leur vote d'une volonté positive; qu'ils choisissent la voie où conduire leur progrès futur; qu'ils aient le sentiment non de fermer une parenthèse et de retrouver le passé, mais d'ouvrir une perspective; qu'ils ressentent l'envie, l'attente heureuse d'un avenir qu'ils contribueront à appeler; qu'ils se prononcent pour un projet; qu'ils disent un oui au lieu d'un non!

Cette tâche est la responsabilité propre de l'opposition, puisque c'est elle qui constitue le noyau de la future alternance. Elle suppose de sa part un travail intense de préparation, qui n'est encore qu'imparfaitement entamé.

Beaucoup de difficultés du passé ont tenu à ce que l'opinion n'avait pas une conscience suffisamment claire de ce qui «allait venir». Elle l'apercevait assez exactement lorsqu'il s'agissait des thèmes de la grandeur nationale, de la défense, ou de la stabilité des institutions. Mais l'image lui paraissait floue pour la plupart des matières de société : la réduction des inégalités, l'efficacité de la liberté économique, l'exercice des responsabilités locales, le rôle de la justice, les relations humaines dans l'entreprise et dans la société, l'information et la culture. C'était la responsabilité de ceux qui ont gouverné, et donc la mienne, de rendre ces perspectives plus lisibles et plus sensibles à l'opinion publique. L'abondance des obstacles, des écrans, et aussi des déformations systématiques par les adversaires, ne constitue pas une justification suffisante. Puisque les circonstances nous conduisent à reprendre le travail depuis son point de départ, il faut ajouter à l'explication de nos intentions sur ces grands sujets une charge affective telle qu'elle permette à chacun, même s'il est peu informé, de saisir intuitivement le sens des enjeux.

Comme l'a écrit Pierre Teilhard de Chardin, je

crois qu'un acte essentiel de la vie de l'esprit, en tout cas celui qui vient en premier pour un individu comme pour un peuple, est celui d'identifier, de situer exactement le point à partir duquel il observe et il juge. Une réalité, quelle qu'elle soit, n'est pas vue de la même manière selon qu'on l'observe de l'intérieur ou de l'extérieur, de près ou de loin. Selon le point d'observation choisi, la perspective change.

Or mon espoir, qui est aussi l'objectif que je veux servir, est que l'opinion française choisisse d'entrer dans son histoire future, lorsque la parenthèse actuelle sera refermée, « à partir » d'une vision située dans son avenir, et non à partir de ses affrontements ou de ses frustrations du présent.

C'est la perception de l'avenir, l'intuition d'un futur souriant et meilleur, qui a manqué à la France dans les années récentes. Mais cette perception de l'avenir, la France ne la trouvera pas « à partir » des tensions que l'expérience actuelle suscite, et qu'elle va sans doute encore intensifier. Ces tensions plongent leurs racines dans des structures et dans des attitudes antérieures qui, de toute façon, ne pourront pas être reconstituées à l'identique.

Dans *Démocratie française*, je parlais de l'attente d'une nouvelle lueur civilisatrice. Cette lueur devra éclairer la période qui suivra l'expérience en cours, si nous voulons que son achèvement soit autre chose qu'une simple revanche, qu'un épisode de plus dans le règlement de compte séculaire qu'une moitié de la France poursuit avec l'autre, et dont l'actuel président de la République a commis la faute de faire un élément central de son système politique, en faisant appel au seul « peuple de gauche » et en cherchant à ranimer, par une lecture hâtive de Karl Marx les cendres mourantes de la lutte des classes.

Tout cela paraîtra sans doute compliqué à certains lecteurs. Qu'ils m'en excusent! Et qu'ils veuillent bien en retenir seulement ceci : pour que l'expérience actuelle s'achève d'une manière utile pour la France, il faut que sa sortie soit organisée à partir d'une vision de l'avenir, et qu'elle comporte une dimension de réconciliation, ouverte à tous les Français.

Ce sera la recherche de ce livre.

★

Cette recherche, je la conduirai comme un homme politique, ou plutôt comme un homme qui a exercé des responsabilités de gouvernement.

Elle sera suivie d'un œil sourcilleux par les experts en science politique et par les philosophes de l'histoire contemporaine. J'ai pour eux d'autant plus de respect que certains d'entre eux comptent parmi les meilleurs du monde, que je suis un des lecteurs assidus de leurs écrits et que j'ai ressenti profondément la perte du grand Raymond Aron. Mais nous rencontrons ici un conflit de compétences habituel.

Le malheureux Heinrich Schliemann, bien qu'il eût découvert les sites de Mycènes et de Troie, fut traité en amateur et brocardé par les archéologues professionnels de son temps, sous prétexte qu'il avait commencé sa carrière dans le commerce des épices et qu'il n'appartenait pas au petit nombre des initiés dont le savoir est acquis par le cursus des honneurs traditionnels. Le titre d'écrivain ne s'acquiert pas par le seul fait de savoir écrire, mais par un usage professionnel de l'écriture, consacré par la reconnaissance de son droit à siéger dans un cénacle restreint.

Or je pense que les approches des philosophes de l'histoire et de ceux qui ont à conduire l'action sont complémentaires, et qu'elles gagneraient beaucoup à une rencontre réciproque.

L'attitude des experts en politique est analytique : ils dissèquent pour comprendre et pour expliquer. Ils recherchent les causes et les intentions, ils identifient les tendances. Mais leur refus de l'engagement les tient à distance de la décision politique.

L'effort intellectuel de l'homme de gouvernement est déterminé tout entier par l'obligation de décider. Ses raisonnements, ses réflexions aboutissent nécessairement à cet acte unique et simplificateur : la décision. L'homme de gouvernement est une machine à décider.

Je dirai, sans paradoxe, que le dialogue entre les philosophes de la politique et les hommes de gouvernement qui ont une vision conceptuelle de leur action serait plus fécond si les philosophes acceptaient de résumer leurs conclusions en quelques pages et si les hommes de gouvernement s'imposaient de faire connaître le détail du raisonnement qui les a conduits à leur décision.

J'écris ainsi de manière consciente en tant qu'homme de gouvernement, avec son expérience, son obligation de décider, et aussi les limites de son savoir.

Mais il est temps, grand temps d'aborder l'ouvrage !

CHAPITRE PREMIER

DEMAIN, LA RENAISSANCE

DE même qu'il y a eu, en une tout autre époque, une magnifique renaissance italienne, de même je souhaite que nous connaissions une renaissance française, fragment de la renaissance de l'Europe.

Depuis la dernière guerre, les forces de la renaissance et celles de la décadence sont aux prises en Europe. Dans les années récentes, en France, ces forces se partageaient en deux moitiés approximativement égales : cinquante, cinquante. Il serait inexact et injuste de décrire ces deux moitiés comme coïncidant avec les limites actuelles de l'opposition et de la majorité. La renaissance a des partisans dans les deux camps, et les forces de la soumission et de la démission sont présentes aussi dans les deux. Mais nous constaterons que les forces de la décadence inspirent largement le choix des thèmes idéologiques de ceux qui exercent actuellement le pouvoir.

Au cours de la période où l'entente franco-allemande a été étroite et créatrice en Europe, les forces de la renaissance ont marqué un avantage. Elles ont réussi, sur la plupart des sujets, à faire ressentir qu'il existait des possibilités de progrès et de succès.

Si ces forces ont été ainsi sensiblement à égalité de nombre, les forces de la renaissance expriment une volonté, une capacité, une ardeur supérieures. Elles doivent donc finalement l'emporter.

Mais il leur faut avoir conscience de l'enjeu historique du combat qu'elles mènent. Elles ne luttent pas en premier lieu pour s'assurer des avantages matériels, ou pour défendre des privilèges. Leur objectif est de mettre fin au déclin historique de l'Europe et d'aboutir à l'instauration d'un modèle de société démocratique sur notre continent, s'appuyant sur les deux ressorts de la liberté pour créer et de la fraternité chaleureuse pour répartir, et capable d'éclairer, par sa recherche et par son exemple, sans prétention impérialiste, l'évolution tourmentée du monde à venir.

La France peut y apporter une contribution irremplaçable. Il se trouve qu'elle doit faire face à la plupart des problèmes qui se posent dans les pays modernes, et elle dispose de toutes les «lumières» nécessaires, intellectuelles et culturelles, pour les résoudre. Je souhaite qu'elle y parvienne. Si je pouvais y contribuer et si j'avais le bonheur d'y assister, le résultat serait beaucoup plus important que les satisfactions d'ambition que peut nourrir chacun de nous.

J'appelle de tous mes vœux la renaissance française. Cet espoir, à mi-chemin de l'expérience et de l'illusion, est celui qui va traverser les pages de ce livre. Je souhaite que vous le ressentiez autant que moi. Gustave Flaubert, lorsqu'il écrivait à Louise Collet pour tenter de corriger la médiocrité de ses poèmes, lui donnait pour conseil : «Il faut sentir une force qui parcoure un livre d'un bout à l'autre; c'est la condition pour qu'il soit bon.» Cette force sera, au long de ces pages, la croyance au redressement futur de la France, fondé sur la réconciliation des Français. Je veux servir la cause d'une France libérale et réconciliée.

★

Les circonstances que nous traversons, même si elles sont gravement dommageables pour notre pays, donnent une chance exceptionnelle à cette renaissance.

Il se peut en effet que l'addition de la crise économique et de l'expérience socialiste ait été nécessaire pour débloquer enfin la société française.

Il va devenir possible aujourd'hui de concevoir un dessein national conciliant la générosité et l'efficacité, et répondant aux aspirations de deux Français sur trois. Ce dessein était présent dans la recherche qui se poursuivait depuis plusieurs années au sein de la société française, et qui prenait successivement la forme du projet de participation du général de Gaulle, de la nouvelle société du Premier ministre Chaban-Delmas, puis du libéralisme avancé vers lequel j'ai voulu faire progresser notre pays, mais la maturation de l'opinion publique n'était pas suffisante, et la présence en toile de fond de l'alternative socialiste, qui n'avait pas été expérimentée en vraie grandeur depuis quarante ans et qui utilisait tous les ressorts de l'illusion, voire de la tromperie, freinait constamment le mouvement d'adhésion des esprits.

Si ces deux messages sont exacts, celui de la renaissance et celui de la réconciliation, alors l'espoir est en train de frayer son chemin parmi les craquements et les tensions en cours.

CHAPITRE II

LA TENTATIVE ET LES OBSTACLES

Pour le bonheur des Français
et le rayonnement de la France.

QUAND j'essaie de formuler ce que j'ai cherché à accomplir pendant les années où nos compatriotes m'avaient confié le pouvoir, je l'exprime ainsi : «J'ai voulu faire entrer la France dans la modernité, en la conduisant comme un grand pays, et en faisant appel à l'intelligence de son peuple.»

Et je souhaitais aussi, dans des temps troublés, lui apporter des années de tranquillité.

Cela appelle des explications.

Un grand pays ?

Je connaissais bien entendu les limites de son étendue, et ses trop rares ressources naturelles. Je savais que, par sa population, la France n'occupait que le quatrième rang dans la Communauté européenne, et le douzième dans le monde. Le calcul montrait que, dans moins de vingt ans, il n'y aurait qu'un Français sur cent habitants de la planète. Quand j'ai cité ce chiffre, il a déclenché un concert de protestations dans une partie du monde politique : je voulais humilier, abaisser la France ! Le chiffre était incontestable, tiré des meilleures sources, et personne ne songeait d'ailleurs à le nier. Mais on préférait faire de la France un peuple d'autruches auxquelles la connaissance de l'arithmétique serait interdite, croyant lui assurer ainsi l'illusion de la grandeur.

Je me souviens d'une conversation, dans l'avion qui nous conduisait de l'ancienne capitale de Xi-An (la paix de l'Ouest) à Chengdu, avec le ministre des Affaires étrangères de Chine. Je lui disais que, forte de son milliard d'habitants et de son étendue continentale, la Chine serait l'une des superpuissances du deuxième millénaire. Il me répondit, avec cette politesse rafraîchissante qui consiste à ne jamais vous contredire : « Nous sommes une puissance moyenne, et nous le resterons encore longtemps. Nous avons beaucoup à faire pour développer nos ressources et pour élever le niveau de vie de notre peuple. Et d'ailleurs nous ne sommes pas intéressés à être classés comme un des Grands. »

Je me suis dit qu'il valait mieux être un Grand sans le croire que le croire sans se donner les moyens de l'être !

La langue française, qui était au siècle dernier reconnue comme indispensable à la culture international, et d'un usage si répandu dans le monde que les fonctionnaires russes l'utilisaient quasi exclusivement dans leur correspondance administrative et même policière, puisque les innombrables querelles entre Pouchkine et ses surveillants policiers étaient rédigées en français, est aujourd'hui la septième par le nombre de ceux qui l'emploient.

Lorsqu'on réside dans telle ou telle partie du monde, occidental aussi bien qu'oriental, dans une province de l'Ouest canadien ou dans une des grandes villes de l'Inde, il peut s'écouler plusieurs semaines avant que les journaux locaux ne publient une seule nouvelle de la politique française. Et les médias internationaux ont ignoré, récemment, les conférences de presse faites par les hauts dirigeants français.

Mes adversaires me guettent. Ils se frottent les mains à l'avance : nous le tenons, il reconnaît l'abaissement de la France ! Mais non ! Car j'affirme hautement que la France peut être, quand elle le veut, et si elle s'en donne la peine, un grand pays, et c'est ainsi que j'ai agi vis-à-vis d'elle.

Son effort récent l'avait portée, sans nous encombrer de chiffres, aux tout premiers rangs du commerce mondial. Le niveau de sa technique, de sa science, notamment médicale, s'était élevé au point de la placer souvent en tête. Son programme d'indépendance énergétique, d'une conception largement nationale, était reconnu par tous mes interlocuteurs comme étant le premier du monde.

Elle a fourni des hommes d'action ou de pensée qui ont façonné l'histoire et l'esprit de l'espèce humaine.

Et surtout elle a une vocation à l'universel que je crois unique. Cela tient-il à ses paysages — aucun pays du monde n'en rassemble sur une même surface d'aussi variés et d'aussi contrastés —, à l'accumulation des civilisations sur son sol, où se superposent plusieurs étages de populations sédentaires, recouvertes par d'innombrables invasions, ou plus simplement à la structure mentale et culturelle de ses habitants où s'inscrivent toutes les interrogations et où cohabitent toutes les contradictions ? Ce n'est pas à moi de rechercher ici l'explication. Simplement je constate :

La France est un « modèle universel », au sens

où la science économique emploie ce mot. Elle peut tirer de ce qu'elle essaie ou imagine, de ce qu'elle entreprend ou propose, de ses succès comme de ses échecs, un enseignement utilisable par les autres.

Et sa chance de grandeur tient aussi à la qualité de son histoire. Nous sommes le seul peuple du monde qui ait le malheur d'avoir parfois à sa tête des dirigeants iconoclastes, tronçonnant à leur gré l'histoire de France pour la faire débuter au 1er janvier de leur choix. C'est un malheur qui est épargné aux Russes, malgré la révolution soviétique, aux Japonais, malgré la désacralisation de leur empereur, aux Britanniques, aux Grecs ou aux Égyptiens. Mais l'histoire de France est si forte en couleurs, en hommes et en femmes de puissant caractère, en événements pacifiques ou sanglants — qu'il nous est indispensable de connaître pour comprendre les déchirements spirituels ou intellectuels de notre tissu social — qu'elle peut traiter avec indifférence les affectations d'ignorance ou les trous de mémoire historiques de ses dirigeants actuels.

Oui, un grand pays, à condition de vouloir l'être, et de se donner les moyens de l'être.

De ce caractère de grand pays j'avais tiré une conséquence quant à mon attitude politique : respecter les dates des consultations électorales, ne pas manipuler les lois qui les régissent et ne pas faire ce qu'on appelle des «coups», qui sont la marque des démocraties de second niveau. Les Français savent-ils que la date des élections est toujours fixée selon les règles en vigueur dans les grandes démocraties, et que le changement de loi électorale pour des raisons d'opportunité n'y est *jamais* envisagé ? Le recours à ces procédés suffit à marquer d'un signe indélébile les pays à «petite» politique.

★

J'avais choisi de faire appel à l'intelligence.

Il m'avait semblé que, dans les circonstances que traversaient la France et le monde, un peuple n'avait de chances de suivre une politique juste que s'il comprenait la nature exacte des problèmes posés, et que s'il apercevait les motifs d'adopter telle solution de préférence à telle autre. C'était donc largement une affaire d'intelligence.

Nous vivions en état de crise économique. La crise est, par nature, une situation compliquée, avec des exigences contradictoires entre ceux qui produisent, et qui demandent à juste titre qu'on allège leurs charges, et ceux qui sont victimes de la crise, chômeurs et entrepreneurs en faillite, qui attendent à un titre non moins justifié un effort de solidarité, dont la conséquence est d'alourdir les charges. Il faut à la fois lutter contre la hausse des prix, pour pouvoir vendre à l'extérieur, et subir des déficits, car les impôts liés à l'activité économique rentrent moins bien. Pour expliquer la politique suivie, qui comportait du fait même de la crise des aspects négatifs ou pénibles, il fallait faire appel à l'intelligence.

De même l'évolution, ou plutôt la transformation du monde, qui s'est accélérée au cours des dernières années et qui joue largement contre nous en raison de la valorisation des ressources naturelles des autres régions du globe et de l'apparition de nouveaux concurrents, devait être bien analysée et comprise si nous voulions pouvoir nous y adapter à notre avantage.

Enfin les problèmes de l'équilibre mondial des forces entre l'Est et l'Ouest, qui comportent une contradiction interne puisqu'il faut à la fois éviter une guerre destructrice de l'humanité, et en tout cas de l'Europe, et l'emporter dans une compétition idéologique entre deux systèmes tendant à s'exclure — ce qui crée inévitablement un risque d'affrontement —, supposaient aussi que l'intelligence l'emportât sur les attitudes irraisonnées ou instinctives.

Pour tous ces motifs, j'ai choisi de faire appel à l'intelligence, c'est-à-dire à un effort de compréhension et de recherche des solutions les mieux adaptées.

Est-ce dire que nous avons, pour autant, cherché à étouffer les battements du cœur, le nôtre et celui des autres ?

C'est ce que les polémistes et les démagogues ont voulu faire croire.

Il y aurait beaucoup à dire sur l'usage du cœur en matière politique, sur le sort de ce malheureux cœur humain, si secret et si digne, qu'on sert en tranches feuilletées sur l'assiette électorale. Il ne faut pas nier que la générosité, l'élan, l'émotion ont leur place, qui est même la première, dans le message politique. Mais il faut exiger aussi que leur emploi ne soit pas frelaté !

Mon problème dans ce domaine ne tient pas à l'insuffisance de ma sensibilité, mais à son excès. Les téléspectateurs les plus attentifs ont observé qu'il y avait des sujets que je ne pouvais aborder sans être obligé de contenir mon émotion.

C'est pourquoi j'ai pensé que la place du cœur dans l'inspiration de la politique devait se manifester par des signes. Lorsque j'inscrivais en priorité, malgré la crise, la transformation du sort des personnes âgées — jusque-là injurieusement qualifiées de vieux —, pour leur témoigner notre affection et notre reconnaissance, lorsque nous citions, les uns et les autres, la loi sur l'amélioration du sort des handicapés comme une des réalisations les plus importantes du septennat, lorsque nous accueillions, comme aucun autre pays ne l'a fait, les malheureux réfugiés chassés du Sud-Est asiatique ou les exilés chiliens, lorsque je demandais qu'on laissât vides les places des blessés et des morts dans les rangs du 2e régiment étranger de parachutistes que je passais en revue sur la place de Bastia à son retour de Kolwezi, nous faisions des signes du cœur dont je pensais que chacun pourrait aisément les apercevoir.

Sans doute notre langage, au fil des années, s'était-il chargé à l'excès du vocabulaire économique que la crise nous imposait ; et par un paradoxe singulier, alors que le marxisme est par essence une doctrine matérialiste, la campagne de nos adversaires finissait par avoir un parfum spiritualiste, tandis que la nôtre, pourtant inspirée de l'humanisme helléno-chrétien, prenait un relent matérialiste !

L'appel à l'intelligence répondait à la logique de la situation. C'était aussi une marque de considération pour ceux auxquels il s'adressait. Il n'était pas, et il n'aurait pas dû être perçu comme contraire à la pulsation du cœur.

Il est vrai qu'une évolution s'était produite dans l'attitude culturelle des Français, évolution qui rendait souhaitable, non de renoncer à faire appel à leur intelligence, mais d'utiliser des moyens nouveaux de communication et de persuasion.

Cette évolution est celle qui donne la préférence à la perception affective sur l'argument rationnel, et qui remplace l'attitude consistant à vouloir persuader son interlocuteur en lui imposant de suivre le même raisonnement que vous par un comportement qui l'invite à conduire — à éprouver — le raisonnement par lui-même.

Ma forme personnelle d'explication et celle du

gouvernement, dans ses meilleurs porte-parole, étaient restées du premier type : trop fondées sur l'argument rationnel. Elles avaient perdu au fil des années leur puissance de persuasion, d'autant plus que la transformation des sensibilités se poursuivait. Un autre langage, plus chaleureux, faisant davantage appel à l'intuition et à l'affectivité, aurait sans doute permis de mieux faire comprendre l'argument et partager la conviction.

★

Dans son effort pour être un grand pays, la France se heurte à deux limites : l'insuffisance de son développement économique, surtout industriel, et la profonde division de ses forces politiques et sociales, qui s'épuisent à se combattre.

Toute l'histoire de la Ve République est marquée par une volonté sans précédent, depuis le début du siècle, pour accélérer le développement économique de la France. Cet effort a comporté des phases différentes. Sous la présidence du général de Gaulle, l'accent était mis sur le rétablissement financier et les grands travaux d'infrastructure. Pendant celle de Georges Pompidou, la priorité portait sur le progrès de l'industrie.

Me trouvant à mon arrivée devant une France en crise, j'ai retenu cinq objectifs :

1. La recherche de l'indépendance énergétique pour nous libérer, dans un premier temps, de la pression extérieure sur nos approvisionnements, et pour mettre ensuite à la disposition de nos producteurs une électricité beaucoup moins chère — près de moitié — que celle de nos concurrents. Cet effort avait conduit à définir et à mettre en œuvre, grâce aux ministres et aux techniciens concernés, le programme électro-

nucléaire le plus ambitieux du monde, qui s'est déroulé d'une manière régulière, sans incidents techniques.

2. L'équipement téléphonique de la France, pour mettre fin à une lacune grave, et d'ailleurs paradoxale, de notre infrastructure. Nous y sommes parvenus, grâce à un effort remarquable de nos techniciens et de nos industriels. En sept ans, nous avons pu installer dans notre pays plus de lignes téléphoniques qu'on ne l'avait fait depuis l'invention du téléphone ! Nous abordions enfin, et pour la première fois, les marchés de la grande exportation. Et le recours aux techniques électroniques allait nous faire prendre l'avantage sur nos concurrents.

3. Le développement des industries de pointe aux terminaisons invariablement formées en «ique», informatique, robotique, bureautique, électronique, en pensant que les qualités d'abstraction de l'esprit français nous y prédisposaient, et que nous améliorions les chances d'un haut niveau d'emploi en cherchant à prendre une avance systématique et en nous plaçant dans des branches «ouvertes» de la compétition mondiale.

4. Notre retard, enfin, paraissait sévère dans le domaine des industries mécaniques. A côté de quelques spécialités excellentes, automobiles, avions, engins, nos lacunes étaient éclatantes, et notre infériorité, vis-à-vis de l'Allemagne, se révélait cruelle. Un ensemble d'actions étaient en cours sous l'active impulsion du ministre de l'Industrie.

5. La liste de ce qui était entrepris ne serait pas complète si je ne mentionnais le soutien apporté pour la première fois, au niveau gouvernemental, aux industries agro-alimentaires, pour mettre fin

à ce paradoxe qui veut que les produits transformés de la première puissance agricole d'Europe figurent rarement sur les rayons des épiceries et des supermarchés du monde.

Tout cela apparaissait comme un effort régulier, soutenu, organisé, pour compenser notre retard historique et rejoindre, comme je le proposais, le peloton de tête.

La seconde orientation visait non à faire disparaître — prétention sans doute inaccessible —, mais à atténuer la division de la France.

Le plus singulier dans cette division, dont les manifestations sont pourtant apparentes dans la vie quotidienne à l'occasion de chaque élection, et dans la polémique qui caricature et déforme chaque acte et chaque intention de notre vie publique, est que l'opinion n'est aucunement consciente du tort que cette division lui cause.

Si elle apercevait, sur l'écran coloré de sa télévision, une équipe de football ou de rugby dont les avants et les arrières s'affronteraient en bataille rangée, et dont le capitaine appellerait à intensifier son pugilat interne, ou si elle voyait les escrimeurs d'une équipe nationale tourner leurs fleurets les uns contre les autres, elle connaîtrait à l'avance le résultat du match. Elle saurait que l'équipe adverse n'a qu'à attendre, les bras croisés, de recueillir l'avantage qu'on se charge de lui fournir.

Dans la vie politique et sociale, cette évidence disparaît. Et l'on redouble d'ardeur pour s'exclure, dénoncer la nocivité ou l'inutilité des autres, ridiculiser leurs efforts et leurs propositions. Le résultat en est une déperdition considérable de nos forces économiques et intellectuelles, luxe que pouvait sans doute s'offrir jadis une nation privilégiée et protégée, mais qui devient un handicap sévère — à la limite mortel — dans la compétition du monde nouveau où nous sommes entrés.

J'ai essayé d'atténuer cette division par une série d'initiatives, en facilitant la saisine du Conseil constitutionnel par les partis de l'opposition de l'époque, en m'interdisant toute polémique personnelle quelle que soit la vulnérabilité de mes adversaires, et en reprenant des habitudes de rencontres et de contacts avec les grands dirigeants de l'opposition, malgré leurs manœuvres tactiques, contacts interrompus par la force des choses pendant les septennats précédents, et dont mes souvenirs à venir publieront les comptes rendus détaillés.

Mais j'ai surtout cherché à favoriser l'émergence de ce groupe central, décrit dans *Démocratie française*, qui, par son attitude culturelle, son mode de vie, le caractère plus direct et plus fraternel de ses relations, sa situation de propriétaire individuel de son logement et demain, je l'espère, d'une partie de son outil de travail, réduira les tensions de notre société et la fera apparaître davantage comme un ensemble homogène qui oscille, lentement et modérément, autour d'un point d'équilibre que comme un groupe qui se fractionne en deux camps irrémédiablement agressifs et hostiles.

★

Cette France, dans sa vocation de grand pays, est le partenaire naturel du monde de son temps.

J'ai cherché, de manière systématique, à la faire participer à l'organisation des formes nouvelles du monde — je pense ici à l'Europe — et à la placer au carrefour des grands problèmes auxquels est suspendu notre avenir, qui sont les rapports

Est-Ouest, pour la paix militaire, et les rapports Nord-Sud, pour la paix économique.

Ayant vécu de loin, en raison de mon âge, les débats idéologiques sur l'Europe des années 50, qui ont culminé avec le rejet du projet de Communauté européenne de défense en 1954, mon attitude a consisté à faire progresser la réalité de l'unité européenne par tous les moyens concrets possibles, en évitant de ressusciter les obstacles théoriques sur lesquels elle risquait de buter par des propositions ou des mesures prématurées qui auraient ravivé les querelles.

Le Conseil européen, devenu l'institution centrale de l'Europe, est né d'un accord discret, intervenu en décembre 1974, sur les fauteuils dorés du salon du rez-de-chaussée de l'Élysée. Le président Pompidou avait déjà appelé à la réunion systématique de ce qu'on appelle les chefs d'État et de gouvernement. Mais le pas décisif a été franchi lorsqu'il a été convenu que ces réunions seraient régulières, tenues au moins trois fois par an, et que cette périodicité débuterait aussitôt.

Simultanément, nous décidions de saisir nos parlements du projet d'élection au suffrage universel de l'Assemblée parlementaire européenne de Strasbourg, mesure dont l'annulation n'est plus réclamée par ceux qui l'ont alors violemment combattue, et dans laquelle certains avaient vu, à tort, comme l'a montré l'expérience, la menace d'une extension arbitraire des compétences de cette Assemblée.

La création du système monétaire européen, en 1979, procédait de la même méthode. La première initiative m'en revient, au cours d'un entretien en tête-à-tête le 23 juin 1978, à Hambourg, avec le chancelier Helmut Schmidt. Je souhaitais que ce soit lui qui en développât ensuite le dispositif, afin que les réticences des milieux financiers allemands et notamment celles de la Banque centrale en fussent atténuées. C'est ce qu'il fit, avec l'attention et l'application qu'il apporte aux sujets qu'il traite. L'accord fut accueilli par un concert d'exclamations sceptiques. Je n'aurai pas la cruauté de rappeler en note de bas de page les déclarations péremptoires qui furent faites sur sa fragilité et sur la certitude de sa dislocation à court terme. Mais il constituait pour nous l'amorce d'un mouvement à poursuivre, pour rapprocher systématiquement l'action des banques centrales et introduire dans la vie quotidienne la pratique d'abord, puis le signe lui-même de l'écu (j'en avais suggéré l'appellation technique — European Currency Unit — dont les initiales rétablissaient le nom de l'ancienne monnaie française...).

J'avais réservé pour une action ultérieure une question qui me paraissait essentielle, celle de la personnalisation européenne du concept de sécurité. Il me semblait imprudent d'aborder ce problème, délicat et explosif par nature, dans une période qui commençait à être celle de l'achèvement de mon mandat, et qui n'avait pas la durée suffisante pour permettre d'aboutir à une conclusion. Mais j'avais tenu à dire au chancelier Schmidt, avant les élections allemandes de l'automne de 1980, qu'au cas où nos fonctions seraient reconduites à l'un et à l'autre c'était une question que nous avions le devoir d'examiner ensemble. Le sort en ayant décidé autrement, j'en parlerai plus loin.

★

La confirmation, et aussi la vérification, de l'aptitude de la France à tenir son rang de grand pays se constate au fait qu'elle est estimée être un interlocuteur important par chacune des deux superpuissances, les États-Unis et l'Union soviétique, en leur parlant à égalité de droits sinon à égalité de moyens.

Lorsqu'on lit, dans le remarquable ouvrage qu'Arthur Conte a consacré à la conférence de Yalta, tenue en février 1945, le récit hallucinant du dernier dîner des trois participants, Roosevelt, Staline et Churchill, où ils se livrent à un bavardage cosmique, la seule allusion à la France réside dans une phrase de Roosevelt, que je cite intégralement : « En 1940, il y avait en France dix-huit partis politiques. Il m'est arrivé, en une seule semaine, de traiter avec trois présidents du Conseil différents. »

On mesure le chemin que le général de Gaulle a fait parcourir à la France pour qu'elle ait été considérée, à vingt ans de distance, comme un interlocuteur valable. Il m'a paru indispensable de la maintenir à ce rang. C'est pourquoi tous les grands événements du monde ont donné lieu jusqu'en 1981 à un échange de vues direct, tantôt aisé, tantôt âpre, entre la France et les superpuissances.

Certains ont contesté, avec des arguments dignes de considération, l'opportunité de continuer ces rencontres en cas de tension ou d'initiative condamnable, telle que l'entrée des forces soviétiques en Afghanistan. Comprenant leur réaction, je ne partage pas leur conclusion. Une rencontre n'est pas une festivité, un dialogue n'aboutit pas nécessairement à une concession. La rencontre est, selon le cas, l'occasion d'un accord ou celle d'une mise en garde. C'est le contenu qui doit être jugé, et non la circonstance. Dans le cas des entretiens de Varsovie, un haut diplomate soviétique indiquait récemment qu'il ne comprenait pas l'exploitation politique à laquelle ils avaient donné lieu, ayant eu connaissance du côté soviétique de ce qu'on avait été plusieurs fois au bord de la rupture, en raison de l'âpreté des discussions.

J'affirme, à la lumière de l'expérience, que les rencontres entre les principaux dirigeants du monde, à condition de ne pas verser dans le spectacle dont on les affuble trop souvent, constituent un des seuls moyens de réduire la part du risque — et ce risque pourrait être mortel — qui tient à la méconnaissance des intentions ou des réactions réciproques.

Les exigences du rang de la France, aussitôt remplacée par l'Allemagne fédérale dans son rôle d'interlocuteur des États-Unis et de l'Union soviétique lorsqu'elle cesse de le jouer comme nous le constatons aujourd'hui, aussi bien que le désir d'exercer une influence nécessaire sur les risques que telle évolution ou telle aventure nous ferait courir, m'invitaient à maintenir notre pays, non seulement dans la forme mais surtout sur le fond des problèmes, comme un interlocuteur qualifié et actif des deux superpuissances.

★

C'est à l'automne de 1975, dans un monde dont l'économie était désorganisée par la hausse brutale des prix du pétrole, que j'ai proposé la réunion d'une conférence où les problèmes du nouvel équilibre économique international seraient abordés en commun par les pays riches et par les pays pauvres, par les États producteurs et les États consommateurs de pétrole. L'idée du dialogue Nord-Sud était lancée par la France.

Dix-huit mois plus tard, à l'invitation conjointe

de l'Arabie saoudite et de la France, et après une négociation ardue pendant mon voyage officiel à Alger où le président Boumediene donnait finalement son accord, la conférence Nord-Sud se réunissait à Paris.

Le premier objectif était atteint : celui de substituer une approche concertée à l'affrontement qui couvait.

Les objectifs suivants, ceux d'un accord réciproque comportant des concessions de part et d'autre, exigeaient manifestement des délais. Ils étaient hors d'atteinte aussi longtemps que les pays producteurs de pétrole se sentiraient en position de force et n'apercevraient pas l'utilité de concessions, c'est-à-dire tant que les pays consommateurs n'auraient pas réduit leurs besoins et développé leurs sources nationales de production pour mieux équilibrer le marché.

Cette tendance commençait à être perceptible à partir de l'automne de 1980. Au mois de mars de la même année, le ministre saoudien du Pétrole m'avait annoncé à Riyad la perspective d'une baisse prochaine des prix.

L'heure venait donc où de nouvelles initiatives seraient possibles. Aussi j'avais proposé, à la conférence des pays industrialisés de Venise, en juin 1980, que le problème de l'aide aux pays en développement soit placé au centre des délibérations de la prochaine réunion prévue au Canada.

La France restait ainsi en position d'agir, avec son influence propre et dans la connaissance de ses moyens réels, sur les deux équilibres autour desquels s'articule l'avenir du monde.

★

Décrire une tentative, c'est aussi, bien entendu, reconnaître les obstacles qu'elle a rencontrés.

J'en ai évoqué certains au long de ces pages, dont le plus grave a été l'impossibilité d'atténuer suffisamment la profonde division de la France. D'autres ont tenu aux limites de mon action personnelle : les observateurs extérieurs en sont de meilleurs juges que moi.

Mais j'en viens à l'obstacle central, celui qui se trouve depuis deux cents ans au cœur du débat politique, économique et social français, et qui est la difficulté, et même l'impossibilité, de conduire une évolution progressive et régulière, avec le consentement réfléchi du corps social, évolution qui puisse éviter les secousses révolutionnaires ou les tentatives, comme celle en cours aujourd'hui, de changer le modèle de société. Tout se passe comme si la France préférait accumuler en son sein les changements qu'elle sait inévitables, en s'opposant à leur mise en œuvre progressive, jusqu'à ce que la digue cède sous leur poids et qu'elle en subisse la réalisation dans le désordre, et le plus souvent dans l'excès.

Il y a longtemps que je m'interroge, avec beaucoup d'autres, sur les causes de cette attitude propre à la France. La question prend différentes formes : la Révolution française pouvait-elle être évitée et la transformation nécessaire de la société française de l'époque pouvait-elle s'accomplir de manière pacifique ? Tocqueville, déçu par les événements de 1848 dont il avait été témoin et acteur, et rendu quelque peu acide par sa seule rencontre avec la réalité du pouvoir, s'est interrogé sur ce thème dans son ouvrage sur *L'Ancien Régime et la Révolution*. Comment l'Angleterre a-t-elle pu passer, sans secousse grave depuis le XVIIe siècle, de la monarchie absolue au régime parlementaire intégral, du capitalisme le plus sauvage aux excès du *welfare state*, et comment a-t-elle réalisé, sans déchirure intérieure, la décolonisation du plus grand empire du monde ? De son côté, Alain Peyrefitte a conduit sa pénétrante recherche de l'origine du *Mal français*.

Nous avons touché du doigt pendant ces dernières années les obstacles qui s'opposent à l'action réformatrice en France.

Le premier, et nous le trouvons à nouveau, découle de la profonde coupure de la France en deux moitiés presque égales.

Le réformisme est en effet perçu, pour l'essentiel, comme transférant des ressources et des « chances » des groupes avantagés vers les groupes moins bien pourvus.

Si le signe distinctif de la droite, comme l'écrit le philosophe Alain, est « d'avoir peur pour ce qui est », un tel transfert est ressenti négativement par la partie « possédante » du corps social, tandis que la partie bénéficiaire, qui a le sentiment de ne recevoir que son dû, se refuse à mettre ce transfert à l'actif des dirigeants réformistes, associés idéologiquement à ses yeux à la moitié possédante. Si bien que le réformisme s'aliène le soutien des uns sans rallier les autres.

C'est ce qu'on a exprimé, dans mon cas personnel, en me reprochant de ne pas avoir fait la politique de mes électeurs.

Il y a là une ambiguïté qu'il faut trancher.

Veut-on dire par là que mon attitude, à la tête de l'État, n'a pas été de me fixer pour premier objectif la défense des privilèges ou des avantages de telle ou telle catégorie sociale qui m'avait apporté son soutien ? C'est évident : cela n'était pas, et cela ne devait pas être mon premier objectif, en tant que responsable de l'intérêt général de la France.

Si je l'avais fait, j'aurais enfoncé davantage

encore la France dans la bataille des possédants et des démunis, qui creuse un fossé de haine et d'envie entre les groupes sociaux, et qui n'est pas autre chose que l'envers de cette lutte des classes que les dirigeants actuels cherchent à intensifier pour consolider leur pouvoir.

Veut-on dire, au contraire, que j'ai cherché à conduire une évolution qui soit contraire aux principes et aux conceptions de société de ceux qui m'avaient élu ? Catégoriquement non ! Ma réponse est que j'ai cherché à conduire l'évolution de la société française au nom de ceux qui m'avaient élu, c'est-à-dire à partir de leurs croyances et des valeurs auxquelles ils sont attachés. Je suis resté d'un bout à l'autre un libéral déterminé.

Pour définir mon attitude, je dirai que je suis un traditionaliste réformateur. Traditionaliste, parce que je crois qu'il existe des valeurs que notre histoire et notre civilisation ont accumulées et formées, et qui constituent le « fonds » culturel et social de la France ; réformateur, parce que je sais que la vie est un renouvellement, une poussée biologique continue que nous avons la responsabilité d'accompagner et, lorsque les obstacles la contrarient, de faciliter et de diriger.

Dans le débat entre la réforme et la révolution, beaucoup pensent de bonne foi que le résultat final est le même, et que la réforme est une démarche plus insidieuse et hypocrite qui mène au même état social que la révolution. Ils reprochent aux réformateurs de rendre acceptable et apparemment indolore une évolution dont le stade ultime est identique.

Ma conviction et mon expérience vont en sens contraire. Je suis persuadé que pour toutes les sociétés évoluées, arrachées au paupérisme des premières conditions sociales, l'« état libéral de progrès» est celui qui répond le mieux aux aspirations de la plus grande partie de la population, y compris en France à l'heure actuelle, à condition qu'il soit jugé comme contenant en lui — en activité, dirait-on en parlant de volcans — les forces nécessaires pour répondre au besoin de justice correspondant à son niveau de développement historique et pour maintenir vivante la capacité d'adaptation, qui est le trait auquel on reconnaît les sociétés en progrès. L'attitude réformiste est alors le «signe du futur», qui garantit le maintien des sociétés de liberté.

★

Une difficulté supplémentaire est venue de la crise économique, qui ralentissait la progression des ressources disponibles.

En période d'abondance, le réformisme peut se contenter de «déformer» la répartition du surplus disponible qui apparaît chaque année en l'orientant vers certains groupes sociaux défavorisés, sans qu'aucune autre catégorie voie son revenu amputé. En période de rareté, au contraire, les ressources qui sont transférées à ceux dont le besoin est le plus grand — chômeurs, personnes âgées, handicapés, travailleurs aux bas salaires — s'imputent, au moins en partie, au revenu des autres. Faut-il pour autant renoncer complètement à le faire, ou faut-il poursuivre l'effort de solidarité, tout en le maintenant dans les limites supportables?

Le véritable motif qui s'oppose à la possibilité de conduire en France un réformisme évolutif est l'absence de consensus parmi les catégories dirigeantes ou influentes sur la responsabilité qui leur revient, en cas d'exercice du pouvoir, de conduire l'évolution du pays. En Grande-Bretagne, par exemple, la situation est inverse. Le pouvoir a été constamment assumé à la fin du siècle dernier et au début de celui-ci par des dirigeants recrutés au sein des classes possédantes, et même largement privilégiés, qu'ils fussent libéraux ou conservateurs. Or ceux-ci étaient pleinement conscients de la nécessité de guider et d'accompagner l'évolution.

Le reproche qui m'était adressé s'expliquait par le fait qu'une partie du corps social ne reconnaissait pas la nécessité de cette évolution et pensait qu'elle pouvait être évitée. Pourtant les scrutins nationaux successifs, gagnés dè justesse de 1967 à 1978, les élections cantonales perdues en mars 1976 et les élections municipales perdues en mars 1977, où les alliés du programme commun conquéraient un nombre impressionnant de grandes villes, comme de leur côté les mouvements de rue de mai 1968, en pleine période de pouvoir du général de Gaulle, en avaient souligné l'évidence.

De cette attitude j'ai observé trois exemples, parmi d'autres, qui m'ont fait mesurer l'épaisseur de l'obstacle :

Le programme commun des socialistes et des communistes qu'avaient ratifié les radicaux de gauche, revenus depuis sur leur approbation, comportait la nationalisation de nombreuses entreprises, industrielles et bancaires. La liste en était publique. Les sondages d'opinion, effectués à la veille des élections législatives de 1978, montraient que, quels qu'en soient les effets néfastes, une nette majorité du public — plus de 60 % — approuvait ces nationalisations. Au lendemain de notre succès électoral de mars 1978, j'ai proposé, dans une conférence de presse, la distribution aux salariés des grandes entreprises, qui étaient pour la plupart les entreprises nationalisables, d'une partie de leur capital de l'ordre de 5 %. Le raisonnement était simple : la réponse à une opinion publique qui souhaitait l'appropriation par l'État d'une partie du secteur productif consistait à associer directement les salariés à la vie de ces entreprises en faisant d'eux des propriétaires individuels. En même temps, si l'on agissait ainsi, on renforçait le groupe central de la société française. Il n'y avait pas matière à crier à la spoliation pour les actionnaires, puisque le résultat des élections améliorait les cours de Bourse de bien plus de 5 %, en fait de 15 % en 1978.

Et pourtant le barrage s'est organisé contre cette proposition, le barrage le plus puissant de tous, celui de l'inertie. On a renvoyé indéfiniment le projet, discuté de son financement, lié son sort à d'autres projets qui n'étaient pas mûrs. Il a fini par aboutir, trois ans plus tard, mutilé dans son élan, réduit à 3 % du nombre des actions et assorti de formalités telles qu'aucune distribution n'avait eu effectivement lieu au printemps de 1981. Et, six mois après, les mêmes entreprises étaient nationalisées à 100 %.

Des contacts que le Premier ministre et le ministre du Travail avaient avec les organisations syndicales «réformistes», de ceux que j'avais eus moi-même, il ressortait que les revendications qualitatives portant sur l'organisation et les conditions de travail l'emportaient peu à peu sur les revendications quantitatives, tempérées par la crise.

Une de ces revendications concernait l'expression des travailleurs sur le contenu de leur travail. On visait par ce terme la possibilité pour les travailleurs d'un atelier de faire connaître, à certaines échéances et selon des modalités convenues, leur appréciation sur la manière de réaliser les travaux qui leur étaient confiés. Le gouvernement avait suggéré que des conversations exploratoires s'ouvrent sur ce sujet. Refus catégorique : ce serait politiser les ateliers, on introduirait inévitablement les syndicats dans le débat, l'autorité de la hiérarchie serait sapée, affirmait-on. Si les difficultés étaient réelles et justifiaient en effet une approche prudente et une discussion serrée, s'il convenait de circonscrire la réforme aux seuls participants de la vie de l'atelier, bref si des conditions devaient être légitimement posées, le refus d'envisager le problème laissait perplexe.

Comment croire que dans une société où les jeunes s'expriment librement dans leur famille, où ils ont accès à tous les moyens d'information, où ils participent dans l'enseignement à d'innombrables instances de consultation, où le milieu politique national et local prône les mérites de la concertation, comment croire qu'un jeune de dix-huit ans puisse entrer dans une entreprise sans qu'il ait l'occasion de faire connaître, pendant les quarante-deux ans qu'il y passera, son avis sur le contenu du travail qu'il effectue ?

Parmi les thèmes que certains voulaient voir retenus dans la campagne des élections présidentielles, figurait l'assouplissement des conditions de licenciement des travailleurs.

Le raisonnement ne manquait pas d'arguments. Les obstacles systématiques apportés par l'Inspection du travail à certains licenciements rendus inévitables par la situation des entreprises, bien qu'ils aient été patiemment atténués par l'action du ou plutôt des ministres du Travail, créaient une situation de blocage du recrutement dans beaucoup d'entreprises. Persuadés de ne jamais pouvoir licencier, les chefs des entreprises dont le niveau d'activité futur restait incertain en raison de la crise refusaient de prendre le risque d'accroître leurs effectifs, même pour faire face à une commande immédiate.

Il y avait donc un problème important à traiter, ou plutôt une action à poursuivre.

Mais de là à en faire un thème électoral, il y avait loin ! Dans un pays qui comptait plus d'un million et demi de chômeurs, et dont les perspectives économiques prévoyaient l'accroissement de ce nombre, choisir comme sujet d'appel à l'opinion une mesure qui serait interprétée, même à tort, comme l'aggravation d'une menace sur l'emploi individuel, c'était déclencher à coup sûr dans le corps social, hanté par le besoin de sécurité économique, un réflexe négatif.

★

On ne peut espérer surmonter cet obstacle et mettre fin à ce parcours de changements réalisés par saccades, qui disloquent la société française, que dans la mesure où la conscience collective retiendra l'idée qu'elle a la responsabilité de conduire sa propre évolution ; où elle mettra fin à cette notion, héritée du lointain absolutisme, selon laquelle on trouve d'un côté ceux qui décrètent l'évolution, selon leurs caprices ou leurs préjugés, et d'un autre ceux qui la subissent malgré eux, et qui doivent lutter pour en limiter les effets ; où cette conscience ressentira que la communauté française est une collectivité qui doit évoluer dans son ensemble, comme un être vivant dont l'organisme tout entier s'adapte aux changements de climat.

Aussi longtemps que l'évolution sera subie comme un acte arbitraire que les dirigeants infligent à l'opinion, ou comme la contrainte qu'une moitié de la France veut imposer à l'autre, les rouages resteront bloqués.

L'évolution doit être ressentie, et même attendue, comme une forme nécessaire du progrès collectif. Et les dirigeants doivent considérer sa conduite comme un de leurs premiers devoirs, à assumer avec le sens de la mesure, la compréhension et les explications nécessaires pour que le corps social, dans sa totalité et à l'exception des seuls égoïsmes caractériels, puisse la percevoir comme un bien.

Pour y revenir une dernière fois, l'évolution, c'est-à-dire l'adaptation progressive de la société française aux données du futur, ne doit pas être un enjeu que deux camps hostiles s'arrachent et se renvoient, mais une attitude commune du corps social, qui s'interroge sur ses modalités les plus justes.

Jusque-là, la société française restera une «société d'intérêts», fractionnée en autant de groupes antagonistes qu'il y a de catégories d'intérêts, et donc incapable de ressentir le bien-être d'un devenir commun, et de le conduire sans secousse. Alors que, pour retrouver un élan collectif qui lui donne l'intuition d'un avenir meilleur, elle doit se percevoir elle-même comme un ensemble, comme une unité biologique qui porte en elle et qui a la capacité de mener sa propre évolution.

CHAPITRE III

PEUT-ON ARRÊTER
LA DÉCADENCE HISTORIQUE DE L'EUROPE ?

J'AI parlé de renaissance. Pourquoi ce mot ? Parce que la décadence historique de l'Europe se déroule sous nos yeux, depuis une centaine d'années, et que seule une renaissance peut en interrompre le cours.

C'est l'interrogation préalable à toute action politique significative.

Si cette décadence est une fatalité, si son mouvement est inexorable, tout ce que nous entreprenons est de peu d'importance. De quel poids a pesé l'action des empereurs du Bas-Empire romain, ou celle des hauts fonctionnaires de Byzance ? De quels résultats ont-ils pu se targuer ?

Je me suis souvent interrogé sur la nature de la fatalité historique. Je me la représentais de la manière suivante : pour une période donnée, la fatalité historique revêt la forme d'un plan incliné. Sur ce plan, la volonté humaine, celle des dirigeants ou des peuples, permet de suivre une trajectoire plutôt qu'une autre, mais cette trajectoire respecte toujours l'inclinaison du plan : ascendante ou descendante. Les trajectoires de tous nos pays d'Europe occidentale, quels qu'aient été le mérite et même le génie de ceux qui les conduisaient, se sont inscrites depuis un siècle sur un plan incliné descendant, épousant même la ligne de plus grande pente pendant la durée des guerres.

L'inclinaison du plan peut-elle changer, et devenir ascendante ? Cela ne dépend pas d'une volonté individuelle, juste suffisante pour modifier un tracé, mais d'un mouvement collectif, une sorte de sursaut biologique de l'espèce, éclairé par une volonté consciente. C'est ce que j'appelle une renaissance.

★

Les signes de la décadence historique de l'Europe sont trop visibles et trop connus pour qu'il faille les détailler. Mais ils recouvrent deux réalités distinctes : le déclin de la puissance et de la population, et la décadence proprement dite de « l'esprit » européen.

On connaît les chiffres.

En 1880, l'Europe assurait plus de la moitié de la production industrielle du monde. En 1980, le quart.

La Grande-Bretagne était, de loin, le premier commerçant du monde. La production de charbon, donc d'énergie industrielle, était assurée à hauteur de 76,23 % par la seule Europe. Sa flotte marchande représentait environ les trois quarts du tonnage mondial.

Le soleil ne se couchait pas sur l'Empire britannique. Je me souviens, lors du premier voyage que je fis à Singapour, en 1973, d'avoir survolé pendant les heures du trajet de retour des territoires qui étaient tous, jusqu'à la guerre, sous l'influence britannique : Malaisie, Birmanie, Bengladesh, Inde et Pakistan, Afghanistan, Iran, Irak, Syrie et Israël, jusqu'à Chypre.

L'Empire français coloriait en rose la moitié

de la carte d'Afrique. Les possessions britanniques, françaises, italiennes, belges et portugaises recouvraient la quasi-totalité du continent.

La population de l'Europe occidentale représentait en 1900 le quart de la population du monde. Elle représentera moins de 5 % en l'an 2000! Il est vrai qu'il s'agit ici de deux mouvements de sens contraire : d'un côté l'explosion démographique du tiers monde, due à des causes propres, notamment alimentaires et médicales, et à la régression de la mortalité infantile; mais, de l'autre, l'essoufflement démographique de l'Europe. Depuis qu'on le mesure avec exactitude, le taux de fécondité n'a cessé de baisser, enregistrant une plongée brusque en 1964, qui l'a fait passer dans la plupart des pays européens à un niveau inférieur à celui qui serait nécessaire pour assurer le simple maintien de la population.

Cette tendance s'observe malgré des facteurs qui jouent en sens contraire, tels que l'amélioration constante des soins médicaux apportés à la mère et à l'enfant, et elle paraît indifférente aux législations nationales qui affectent la vie du couple.

Il n'est pas arbitraire d'y voir un mouvement de l'espèce, qui a certes des causes particulières, mais qui se manifeste comme un phénomène d'ensemble, une sorte d'essoufflement biologique. Les dernières données statistiques, relatives à la France de 1983, confirment tragiquement cette tendance.

★

La décadence proprement dite concerne l'état de civilisation et de vie collective. Elle est trop bien décrite par les historiens pour qu'il soit utile de la compléter, à l'exception de quelques traits qui éclaireront notre recherche.

Constatons d'abord que l'essoufflement démographique s'est accompagné d'un autogénocide sans précédent dans l'histoire. Les entre-tueries des peuples de l'Europe de l'Ouest ont porté, de 1870 à 1945, sur plus de dix millions de personnes, dont la plupart étaient des hommes en plein âge d'activité. La répétition, le caractère systématique et l'échelle de cette destruction en font un événement unique. La dévastation de l'Asie par les Tatars, qui a ruiné à jamais l'Asie centrale et l'Occident chinois, lui est seule comparable. Encore s'agissait-il d'un déferlement extérieur, et non d'une succession de guerres intercivilles.

Au cours de cette période, l'espace spirituel de l'Europe de l'Ouest s'est vidé d'une grande partie de son contenu. Le mouvement de recul des religions traditionnelles a été pratiquement ininterrompu. Le relais par les doctrines scientifiques, puis sociophilosophiques, comme le marxisme, n'a été que partiel. Et la puissance d'adhésion de ces doctrines est elle-même en déclin.

Le déclin de la vitalité biologique coïncide avec l'affaiblissement des valeurs morales de la société européenne. Les attitudes dominantes sont épicuriennes ou hédonistes. Le socialisme, tel qu'il est pratiqué aujourd'hui, est une philosophie de la satisfaction matérielle, voire du plaisir. Les comportements qui s'observent dans des États-continents tels que l'Union soviétique et la Chine, où l'idée de se sacrifier pour l'intérêt du pays est largement acceptée, paraîtraient ridicules à beaucoup de nos compatriotes et seraient tournés en dérision. La décadence de l'Europe est autant morale que biologique.

L'esprit européen, belliqueux et impérialiste pendant le XIXe siècle, a glissé vers une sorte de résignation, de soumission. La sécurité de l'Europe est assurée par la protection américaine, à laquelle elle s'est habituée comme une donnée permanente. Première puissance commerciale du monde, aussi peuplée que les États-Unis et bien davantage que la partie européenne de l'Union soviétique, elle se perçoit elle-même comme une puissance de second ordre, incapable de peser sur les grands enjeux du moment, même s'ils la concernent directement.

★

De cet état de décadence, la vie politique des États de l'Europe de l'Ouest offre trois signes : la primauté donnée aux intérêts particuliers sur l'intérêt national dans les grandes orientations du pays, la recherche systématique de la déresponsabilisation, et le neutralisme.

Il est apparent que dans les consultations électorales récentes, notamment en France, le sort de la collectivité prise en tant que telle, à la fois dans sa dimension extérieure d'influence et d'autorité, et dans sa structure intérieure, c'est-à-dire son besoin d'unité et son évolution perçue comme un tout, a pesé d'un poids restreint et, à la limite, nul. Ont été essentiellement prises en considération les conséquences que ces choix pouvaient avoir sur les situations individuelles, perçues isolément ou par groupes professionnels, à une échéance rapprochée, de trois mois à un an.

Cette attitude est une manifestation de la décadence du groupe. Chaque fois qu'on l'observe dans l'histoire, elle exprime l'éclatement de la conscience sociale, comme nous le constaterons en France, et elle accompagne le mouvement propre de la décadence.

La déresponsabilité de la société fournit une indication parallèle. On la rencontre sous la forme d'une baisse du goût du risque et de l'initiative dans les comportements individuels, et sous celle de la préférence donnée collectivement à tout type d'organisation qui masque ou qui annule la mise en cause de la responsabilité personnelle.

Elle exprime un repli général de la vitalité créative, et le passage d'une société tournée vers l'invention et la conquête à une société retournée vers le repli et la protection.

Le développement de la pensée neutraliste constitue l'expression la plus achevée de la décadence. Enjambant dans sa foulée l'aspiration profonde et justifiée à la paix, elle la transforme en volonté explicite de soumission et de démission. Son slogan germanique — *eher rot als tot* (plutôt rouge que mort) — l'exprime cyniquement : peu importe l'attachement aux valeurs fondamentales ; si la menace qui les vise est trop dangereuse, nous nous soumettrons. C'est la plainte, murmurée à l'avance, d'une société d'esclaves. L'évaluation rationnelle de la menace, l'examen des moyens de la conjurer, le jugement sur les valeurs de civilisation en cause, tout est balayé par cet acquiescement préalable, cette doctrine du consentement à tout subir, fustigée dans le passé quand il s'agit de l'esprit de Munich, et comprise, analysée, disséquée quand elle se manifeste aujourd'hui.

La lecture historique de ce comportement est claire : c'est un signe infaillible de décadence ! Devant la ville apeurée dont les habitants ouvrent eux-mêmes les portes, les guerriers des grandes invasions n'ont qu'à seller leurs montures.

★

A ces manifestations de décadence s'opposent, dans nos sociétés complexes, d'évidentes preuves de vitalité.

On les rencontre dans la vigueur avec laquelle ont été reconstruites les ruines urbaines et industrielles de la guerre, dans le maintien d'un haut niveau de créativité artistique — à l'intérieur duquel on observe un mouvement de la littérature en direction des arts plastiques, accompagnant celui qui va de l'écrit vers l'image — et, à un degré inégal, d'invention scientifique.

L'intensité du renouveau spirituel peut donner lieu à des interprétations contradictoires : réveil de la foi collective, ou bien repli dans les monastères du haut Moyen Age, où elle sera conservée dans l'attente de temps nouveaux.

C'est dans la jeunesse que les signes de vitalité sont les plus apparents. Les générations se succèdent, à un rythme décennal. A la génération des années 1970, marquée des contradictions de la société de consommation, abreuvée et dégoûtée à la fois par l'insolence du matérialisme publicitaire, succède une génération nouvelle, celle des années 1980. N'ayant pratiquement connu que la crise, n'ayant entendu prononcer, pendant la période de sa formation, que les mots de chômage, de déficit et de récession, alertée sur la difficulté de trouver un emploi puis de poursuivre une carrière, consciente de la raréfaction des ressources et des chances, mondialiste dans sa recherche d'expériences et d'horizons, elle est culturellement vigoureuse. D'un style ouvert et détendu, elle est plus dure et moins agressive. Elle a le sens intuitif de l'organisation selon des méthodes nouvelles. Elle sait travailler et aime agir. Elle dégage un parfum de prérenaissance.

Dans la société française comme dans la société

européenne, les forces de la décadence et de la renaissance sont aux prises. Il s'agit moins d'un affrontement que d'un foisonnement, comme lorsque dans le milieu végétal deux variétés de graines et de pousses sont en concurrence et qu'avec le printemps l'une d'elles prendra le dessus. Si l'on dénombre ces forces, le fait singulier est qu'elles paraissent être égales en quantité. Nous avons noté qu'elles se partagent à 50 %.

Ce partage n'est pas identique à celui qui se manifeste dans les élections, où le mouvement tactique vers l'électorat à gagner au centre et le jeu naturel des coalitions de partis aboutissent presque toujours à un chiffre voisin de 50 %. Je veux dire que sur les grands sujets où s'affrontent les deux jeux de forces, et qui varient d'une année à l'autre, d'un lieu à l'autre — indépendance énergétique, soutien concret à apporter aux pays européens oppressés, liberté d'expression et sens des responsabilités dans les médias audio-visuels —, on retrouve cette même proportion. Elle s'alimente d'hommes et de femmes qui sont puisés de manière variable dans les différents groupes socioculturels, mais il est manifeste que les forces de la renaissance sont les plus vigoureuses dans les catégories populaires.

Alors qu'il y a cent trente ans Marx allait chercher dans le prolétariat européen la ressource humaine décisive de la future révolution, il semble que ce soit désormais dans trois groupes que se trouve concentrée celle de la renaissance : le peuple européen des ouvriers, des employés et des producteurs individuels, moins atteint par les contradictions de la société de consommation, moins directement concerné par la déresponsabilisation sociale, moins ébranlé par les formes perverses de l'autodestruction culturelle ; le groupe des Européens déracinés, vivant provisoirement à l'étranger, ouverts aux comparaisons et à la mondialisation; et le groupe formé par la nouvelle génération de la jeunesse de quinze à vingt-cinq ans.

★

S'il est arbitraire d'identifier les forces de la décadence et celles de la renaissance à telle ou telle formation politique, c'est une donnée d'observation que ce qu'on appelle aujourd'hui le socialisme en Europe choisit ses thèmes dans l'éventail des propositions de la décadence.

Je dis « ce qu'on appelle aujourd'hui le socialisme en Europe » pour souligner que je ne cherche pas à porter un jugement sur le corps de doctrine que constitue le socialisme. Ni sur la doctrine historique, dont l'évolution et souvent les contradictions appellent une étude objective et critique que je souhaiterais faire, mais qui serait ici hors de propos. Ni même sur ce que pourrait être le socialisme européen, s'il privilégiait d'autres thèmes que ceux qui sont actuellement retenus en Grande-Bretagne, en France et désormais en Allemagne fédérale.

Je prends en exemple celui de la réduction de la durée du travail au-dessous de quarante heures, pour les travaux jugés non pénibles. Cette question peut être abordée sous l'angle de la meilleure répartition du travail dans une société en sous-emploi. Nous en avions discuté avec nos partenaires européens, d'idéologies variées. Des études et des recherches avaient été conduites. La conclusion en avait été que, pour que la réduction de la durée du travail ait un effet positif sur l'emploi, il était nécessaire qu'elle soit accompagnée d'une réduction équivalente, ou du moins significative, du coût salarial. Dans le cas inverse, elle a un effet nul, ou même négatif sur l'emploi, en alourdissant les coûts salariaux et en réduisant d'autant la compétitivité. La première approche, difficile à mener, avait une signification sociale : celle d'un effort de répartition du travail. La seconde, si elle est décidée sans référence à l'évolution des pays concurrents dans les mêmes secteurs, peut paraître d'une intention généreuse. Elle ne s'inscrit pas moins dans une perspective de décadence.

Le développement des thèses neutralistes dans les partis socialistes — de manière ouverte en Grande-Bretagne, et dans une mesure qui n'avait été contenue en Allemagne fédérale que par l'engagement personnel du chancelier Schmidt, et avec l'exception notable de la France — et la pratique générale de la déresponsabilisation aboutissent à ce que l'expression des partis socialistes en place amplifie les thèmes de la décadence.

C'est pourquoi il est essentiel qu'une autre pensée politique, qui n'a nulle raison de rejeter les mêmes objectifs sociaux mais qui doit partir d'une inspiration différente, lui soit substituée.

Une des conditions de l'arrêt de la décadence historique de l'Europe est celle du changement des thèmes politiques, et donc de la réflexion qui les alimente.

Étant donné le rôle particulier que joue le couple franco-allemand dans la destinée, favorable ou funeste, de l'Europe, il faut souhaiter que l'on assiste, dans les prochaines années, à la substitution simultanée de thèmes nouveaux, tournés vers la renaissance, dans la conduite politique des deux pays.

★

Pour arrêter la décadence historique de l'Europe, trois lignes d'action me paraissent prioritaires dans les années à venir : faire ressentir l'Europe par tous ses habitants comme constituant un espace unique; considérer que la personnalité européenne doit recouvrir la totalité des notions où s'exprime la personnalité d'un groupe : unité de l'espace certes, mais aussi sentiment de l'unité du mode de vie et de l'attitude culturelle; enfin percevoir de façon commune le problème de sa sécurité.

★

Un territoire, c'est d'abord tout un espace, avant même d'être un sol, lui-même fragmenté par la diversité des paysages. Nous ressentons la France comme un espace unique, quel que soit son enche-vêtrement de montagnes et de plaines, alors que notre perception mentale de l'Europe est celle d'un ensemble d'unités séparées, entre lesquelles on s'efforce d'établir la communication ou d'apla-nir des barrières.

Dans le passé, l'esprit français ressentait lui-même la France comme un espace fragmenté, composé de provinces, de duchés et de villes rassemblés dans un même royaume. C'est seule-ment au siècle dernier que la perception unitaire s'est développée dans les esprits.

Le jour où l'esprit des Européens «verra» l'Europe comme un espace unique, une trans-formation capitale sera accomplie.

Pour y parvenir, il faut déblayer cet espace de tous les obstacles qui y arrêtent la vue. La méthode d'approche est fondamentale. Alors qu'aujour-d'hui, et encore en laissant de côté des mouve-ments aussi rétrogrades et historiquement extravagants que le renforcement du contrôle des changes entre la France et ses partenaires européens, l'objectif reste de faciliter le franchissement des barrières, la vraie dimension à poursuivre est celle de l'élimination de ces barrières, de leur éradication complète, pour que les esprits apprennent à en ignorer l'existence. Il y a une différence radicale entre le maintien d'un octroi à tarif nul et la démolition du pavillon d'octroi ! Dans le premier cas, l'esprit ressent la fragmentation ; dans le second, il perçoit l'unité de l'espace.

S'il doit assurément subsister des entités nationales, et j'y suis profondément attaché, elles doivent être ressenties de l'intérieur, je veux dire de son propre intérieur, comme on sait que l'on appartient à une famille, à une association, ou au groupe de ceux qui professent une même religion, et non à partir d'une vision fragmentée de l'espace qui vous renferme et vous renvoie sur cette association ou sur ce groupe.

Cette conception oriente un ensemble d'actions politiques.

Il faut recenser ce qui, dans la vie quotidienne de l'individu, est perçu comme une fragmentation de l'espace européen, et en prévoir l'élimination progressive sur un délai de quelques années.

On trouve, évidemment, toutes les opérations effectuées matériellement au franchissement des frontières, qu'il s'agisse des contrôles de police ou de ceux des douanes. Il est clair qu'une certaine surveillance doit être organisée pour des raisons de sécurité, ou de stabilité des échanges. Mais, pour en déterminer la nature, il faut partir de l'idée qu'elle ne peut pas, en tout état de cause, prendre la forme d'une intervention physique aux frontières intérieures de l'Europe.

Pour les mouvements de personnes, elle doit

donc prendre une forme nouvelle, celle d'un échange régulier d'informations entre les services, selon une procédure précise, et d'une action conjointe de surveillance des frontières externes de la Communauté.

Pour les marchandises, on aboutit à la nécessité d'une égalisation des taux de la taxe à la valeur ajoutée sur les produits susceptibles d'être transportés, en laissant de côté ceux des «services» qui sont localisés par nature.

Cette disposition, qui paraîtra à beaucoup audacieuse ou chimérique, tant nous sommes enfoncés dans les routines de pensée, ne poserait aucun problème d'application réellement insurmontable. Pourquoi donc une chaîne de haute fidélité japonaise doit-elle acquitter un impôt sur la consommation différent en Allemagne, en France ou en Belgique, où les conditions de vie sont identiques ? Et pourquoi le rapprochement de quelques points des taux d'impôts portant sur des produits semblables serait-il une entreprise utopique alors que ces mêmes impôts ont été mis en place il y a peu d'années, en leur fixant des taux nouveaux d'un ordre de grandeur sans commune mesure avec les rapprochements limités qu'il nous faudrait effectuer ? On mesure ainsi le degré d'immobilisme dans lequel nos structures administratives et notre pensée politique se sont enlisées. En matière d'échanges commerciaux, le contrôle aux frontières extérieures de la Communauté doit être assuré d'une manière efficace et homogène pour que ces frontières ne soient pas plus poreuses à un endroit qu'à un autre.

Dans le domaine monétaire, il faut abolir la notion qu'on doit «échanger» une monnaie contre une autre, ce qui, là encore, fragmente l'espace. La seule solution est l'usage simultané dans les transactions, au moins pendant une période intermédiaire, des monnaies nationales et d'une monnaie commune. Il conviendrait que cette monnaie européenne, dont la détention serait libre, puisse être utilisée pour toutes les transactions courantes, parallèlement aux monnaies nationales, aussi bien sur le territoire de son État national que dans l'ensemble de la Communauté ; par exemple que l'on puisse payer son essence, son hôtel, son journal, ou même sa maison, soit dans la monnaie nationale du lieu, soit dans la monnaie communautaire. Sur ce point encore, l'audace effraiera. C'est pourtant la situation qui existe dans une très large partie du monde, y compris dans les pays de l'Est, où le dollar est utilisé quotidiennement en concurrence avec les monnaies nationales.

Cela suppose évidemment la poursuite du progrès du système monétaire européen, caractérisé par le passage à la seconde étape de l'accord initial et par l'inclusion de la livre sterling dans le dispositif.

Il existe d'autres domaines à explorer pour atteindre cet effacement de la perception des frontières intérieures de l'Europe. Le choix de l'objectif permet d'orienter les solutions. Prenons le cas des postes et du téléphone. S'agissant du téléphone, il ne se pose aucun problème puisque la tarification est faite en dehors de la connaissance de l'intéressé. Il suffit qu'elle soit désormais établie en fonction du seul éloignement. Pour les postes, le taux de l'affranchissement à partir d'un pays en direction de tous les autres pays européens deviendrait uniforme, en sorte que l'expéditeur n'ait pas à se préoccuper de savoir là où il écrit dans la Communauté. Un seul timbre pourrait être utilisé pour l'envoi de lettres dans tous les pays d'Europe.

N'entrons pas dans tous les détails. Retenons l'importance et la signification de l'objectif : voir l'Europe autour de soi comme constituant un espace unique. Et observons que les mesures à prendre, même si elles doivent secouer quelques routines, sont à la portée d'une action gouvernementale imaginative et résolue.

★

On peut ressentir son appartenance à une communauté humaine comme dérivant de ses rapports avec l'État. On appartient à la communauté des Français parce que l'ensemble de nos relations sociales verticales — de bas en haut et de haut en bas — a lieu avec un même État, l'État français. C'est l'approche du XIXe siècle. Il est clair qu'elle ne s'applique pas à l'Europe puisque de nombreuses relations sociales « verticales » des individus avec leurs régions, avec leurs États nationaux n'aboutissent pas, et ne doivent pas aboutir, à une relation finale avec un «État» européen.

Mais cette approche n'est pas la seule possible. Les Allemands de l'Ouest et les Allemands de l'Est perçoivent qu'ils appartiennent à une même communauté, alors que leurs relations sociales s'établissent avec deux États différents, à systèmes politiques et sociaux opposés. Et les Auvergnats se savent auvergnats, bien qu'ils ne parlent pas une langue distincte, qu'ils soient souvent établis hors de leur région et qu'ils ne songent pas, à ma connaissance, à se doter d'une structure étatique.

Quels peuvent être les sentiments, les perceptions qui conduiront les habitants de l'Europe à se sentir membres d'une même communauté ? Ils se puiseront à deux sources : l'identité actuelle de leur mode de vie et de leurs relations avec l'activité sociale ; et la différenciation politique vis-à-vis du monde extérieur.

On voit que je ne retiens pas, au premier abord, l'origine historique commune. Celle-ci est enchevêtrée, mal connue de beaucoup ; elle a alimenté de nombreux conflits internes et des guerres fractionnistes, dont les cicatrices ne sont pas toutes fermées, et ne seront pas oubliées. Enfin cette origine historique tend à se mouler dans la forme des États nationaux, dont elle a inspiré la naissance.

Au contraire, l'identité actuelle des modes de vie, des formes d'activité économique, des structures de production et d'échange, des loisirs alimentera la prise de conscience d'une communauté de sort. C'est pourquoi les objets usuels, la signalisation des routes, les supports publicitaires devront être rendus aussi semblables que possible. Il faut encourager la publication simultanée de magazines, de feuilletons télévisés, l'édition de cartes routières identiques, bref tout ce qui peut confirmer dans la vie quotidienne l'existence d'un mode de vie commun. Et nous reviendrons sur le thème essentiel de la renaissance culturelle.

Vis-à-vis de l'extérieur, il faut à l'opposé accentuer la différenciation, de manière à souligner la personnalité de la Communauté. Cela va en sens contraire de la pratique trop souvent suivie par les autorités de Bruxelles, qui vise à aligner sous des formes diverses — traités d'association, rencontres périodiques entre les hauts dirigeants, ambiguïté de l'attitude concernant l'adhésion de pays extérieurs à l'Europe ou appartenant à une tradition culturelle et religieuse distincte, telle la Turquie — les relations vis-à-vis de l'extérieur sur celles qui lient entre eux les partenaires de la Communauté.

Bien qu'il y ait lieu de prévoir, au moins pour le proche avenir, la poursuite de politiques extérieures divergentes sur certains sujets, en raison d'attitudes ou d'intérêts historiques différents, comme ceux issus par exemple des anciens liens coloniaux, il doit être visible pour tous que ces liens sont d'une autre nature que ceux qui s'établissent entre les partenaires de la Communauté.

Les membres d'une même famille ne confondent pas et n'assimilent pas les liens existant entre eux, même sur le plan du vocabulaire, avec les relations d'amitié que chacun d'entre eux peut entretenir avec des personnes extérieures.

La recherche constante de positions communes, expliquée chaque fois comme étant la conséquence naturelle de l'appartenance à la Communauté, la distinction toujours soulignée entre la nature des relations à l'intérieur de la Communauté et celles qui régissent les autres rapports internationaux renforceront le sentiment d'appartenir à un ensemble nettement différencié des autres.

★

Toute communauté, enfin, qu'il s'agisse d'un groupe animal ou humain, réagit ensemble aux menaces qui visent sa sécurité.

Depuis le troupeau dont l'instinct le rassemble devant le danger jusqu'aux hommes qui « serrent les rangs », il existe une correspondance étroite entre l'appartenance à un groupe et la solidarité d'attitude devant la menace.

Les enquêtes d'opinion font apparaître que la perception du danger extérieur, du risque de guerre, reste vive dans les pays d'Europe occidentale, et qu'elle a même augmenté au cours des années récentes. Comme on a pu le constater, des mouvements d'opinion puissants sont directement inspirés par la peur de la menace extérieure.

Or, la réaction vis-à-vis de ce danger, au lieu de resserrer et d'unifier le groupe des Européens, le divise et lui fait mesurer davantage la diversité des situations.

Après la dernière guerre, l'Europe de l'Ouest était divisée entre vainqueurs et vaincus, les uns occupant le territoire des autres. Puis, devant la pression soviétique des années 50, une conception commune de la sécurité s'est installée dans les esprits, sous la forme d'un protectorat militaire américain, renforcé par des contributions nationales. Il existait alors en Europe de l'Ouest une certaine identité de sentiments, fortement consciente de la responsabilité particulière des États-Unis.

Les années 1970 ont modifié en profondeur cette identité d'attitudes.

La sortie de la France de l'Organisation atlantique, le développement de sa force indépendante de dissuasion, la détérioration progressive, à partir de 1978, des relations psychologiques entre les dirigeants de l'Allemagne fédérale et ceux des États-Unis, et le développement des attitudes neutralistes dans certains États tels que le Danemark et les Pays-Bas, ont contribué à cette évolution. Mais, en toile de fond, l'événement le plus important a été le renversement des rapports de forces nucléaires entre les États-Unis et l'Union soviétique.

Dans les années 60, la supériorité nucléaire des États-Unis — qu'il faut toujours mesurer en nombre à la fois de « têtes », c'est-à-dire de bombes, et de moyens de lancement — était telle qu'elle interdisait en fait toute velléité d'agression de l'Union soviétique, à partir du moment où il était clair que les États-Unis utiliseraient, si nécessaire, leurs moyens nucléaires.

Cette supériorité était un des motifs pour lesquels le général de Gaulle avait décidé la construction de la force de dissuasion française. Il s'agissait pour lui, comme je l'ai entendu le répéter à plusieurs reprises, d'«obliger» les États-Unis à employer leurs armes nucléaires dans une situation de crise où, les intérêts vitaux de la France étant menacés, les États-Unis hésiteraient, pour des raisons nationales, à déclencher l'affrontement nucléaire. L'emploi par la France de ses propres moyens de dissuasion, en portant le conflit au niveau nucléaire, mettrait en évidence la supériorité américaine. Cela assurerait la survie de nos intérêts, ou plutôt conduirait l'agresseur, par l'enchaînement du raisonnement, à renoncer à son projet.

Ce raisonnement a été bouleversé, comme beaucoup d'autres, par l'arrivée à parité des moyens soviétiques vis-à-vis des moyens américains. Que cette égalité soit ou non assurée d'un point de vue comptable, comme cherchent à l'établir les négociations SALT, l'événement historique est celui de l'achèvement de la supériorité «écrasante» des États-Unis. Désormais, le recours à l'arme nucléaire n'est plus le moyen de pression qui peut être invoqué par l'une des parties pour aboutir au recul plus ou moins camouflé de l'autre, comme ce fut encore le cas lors de la crise de Cuba, où les Soviétiques ont dû démonter les fusées dont ils avaient entrepris l'installation. C'est désormais une menace réciproque, gravement destructrice pour l'un et pour l'autre, et dont l'emploi, au lieu d'être un moyen de pression, ne devient plus que l'ultime recours d'un pays menacé dans son existence même.

C'est cette évolution qui explique le changement du paysage de la sécurité en Europe.

★

Le premier changement est d'ordre psychologique.

Aux yeux de l'opinion publique, la supériorité nucléaire américaine a longtemps exclu le risque de «finlandisation» de l'Europe de l'Ouest. L'enjeu, qui était le contrôle du continent ouest-européen, de sa population et de ses puissants moyens industriels, était trop important pour que les États-Unis s'en désintéressent, d'autant plus qu'il leur suffisait de faire jouer le ressort de leur supériorité nucléaire. Mais, quand ce ressort ne peut plus jouer, la «finlandisation» ne peut être évitée que par un conflit.

Quel conflit? Une bataille menée avec des moyens classiques? L'opinion pense qu'elle serait perdue par l'Occident. Un conflit nucléaire stratégique entre les deux superpuissances? Mais prendraient-elles le risque de leur destruction réciproque pour un enjeu qui, quelle qu'en soit l'importance, n'est pas directement vital pour elles? Ou alors ne risque-t-on pas d'assister à l'emploi des moyens nucléaires limité au territoire disputé, c'est-à-dire à la seule Europe, avec la certitude de sa dévastation, et sans doute de sa destruction?

Ce raisonnement implicite est présent dans beaucoup d'esprits en Europe. Même s'il comporte d'évidentes inexactitudes, il entraîne avec lui la force de la conviction. Il inspire la conduite de ceux qui s'interrogent sur l'utilité de l'installation de nouveaux lanceurs nucléaires dans les pays de l'Europe de l'Ouest, et il alimente la crainte de ceux auxquels s'adresse la propagande neutraliste.

★

Cette même évolution comporte aussi des conséquences sur l'attitude des États.

En éloignant l'éventualité d'un affrontement stratégique et en accentuant le caractère «nucléaire» du champ de bataille européen, elle souligne la différence entre les pays dotés d'un armement nucléaire national, telle la France, et ceux qui en sont démunis, telle l'Allemagne fédérale. «Il vous est impossible de comprendre, vous qui disposez d'un armement nucléaire, me disait un jour le chancelier Helmut Schmidt, le point de vue de ceux qui, comme nous, n'en ont pas. Ce sont deux attitudes et deux sensibilités complètement différentes.»

Sans aller aussi loin, car il existe des solidarités et, hélas! des communautés de destin évidentes, c'est un fait objectif que le déplacement vers le théâtre européen du principal risque nucléaire accentue la différence de comportement entre les pays dotés de moyens nucléaires nationaux et les autres, face aux problèmes de sécurité.

L'égalité des moyens stratégiques nucléaires des deux superpuissances entraîne un effet direct sur le rôle de la force française de dissuasion. On aperçoit d'abord que son effet de «détonateur» de l'arsenal américain devient beaucoup plus incertain. On observe ensuite que l'européanisation des dispositifs avancés soviétique et américain donne à nos propres moyens un caractère double : ils constituent, certes, un système «central» destiné à assurer la sécurité ultime de la France par le jeu de représailles massives, et comparable à ce titre aux systèmes américain et soviétique ; mais il s'agit aussi d'un système localisé en Europe et directement affecté par les évolutions nucléaires de notre continent : déploiement de moyens nouveaux, distinction entre les lanceurs intercontinentaux et les lanceurs dont la trajectoire parcourt uniquement l'espace européen, de l'Atlantique à l'Oural. On constate enfin, au prix de manœuvres soigneusement préparées et analysées, que les conditions d'emploi et le rôle de nos armes nucléaires tactiques sont profondément affectés par ces changements. C'est un problème dont l'exposé conduirait à des développements sortant du cadre de cette analyse.

Nous retiendrons de ces observations le fait que les données traditionnelles de la sécurité européenne, telles qu'elles étaient acquises depuis les années 1950, ont été profondément modifiées, et que cette modification, au lieu de rapprocher la situation des principaux pays, accentue la différence entre eux, selon leur position géographique et selon qu'ils sont dotés ou non d'armes nucléaires.

Ainsi cette évolution, au lieu de resserrer et d'unifier la personnalité européenne de défense, tend à la distendre.

On en voit une illustration dans l'attitude populaire vis-à-vis du neutralisme. Le soutien d'une partie de l'opinion allemande au mouvement pacifiste s'explique par le sentiment que face à une menace nucléaire croissante en Europe, abondamment décrite par les dirigeants comme étant la conséquence de l'installation de nouvelles fusées soviétiques[1] pouvant atteindre le territoire de l'Allemagne fédérale, celle-ci ne dispose pour s'en

1. Connues sous le nom de SS 20.

protéger ni du bouton ni du bouclier : le bouton du détonateur est entre les mains des Américains, qui peuvent seuls menacer de représailles l'U.R.S.S. pour écarter le danger; le bouclier, c'est-à-dire la disposition de moyens nucléaires nationaux dissuasifs, est inexistant.

La situation est inverse en France, puisque nous disposons à la fois du bouton et du bouclier. C'est pourquoi même la partie de l'opinion publique qui était initialement hostile à la force française de dissuasion a approuvé sa modernisation et l'accroissement de sa puissance, comprise comme un moyen adéquat de protection vis-à-vis du péril nucléaire.

★

L'évolution récente invite à une réflexion commune des Européens sur les problèmes de leur sécurité. Cette réflexion, si elle s'engageait au niveau de compétence et de persévérance nécessaire, conduirait à une prise de conscience progressive de la personnalité européenne de défense.

Les difficultés sont immenses. Il ne servirait à rien de les nier. Mais l'enjeu est tel qu'il appelle à les surmonter.

Ces difficultés sont de nature technique, politique et diplomatique.

Les systèmes de défense sont les héritiers d'anciennes traditions nationales. Les méthodes d'entraînement, de commandement, le choix des matériels, les traditions des régiments ont été jalousement définis et préservés dans chaque pays. Il suffit de rappeler la difficulté à rapprocher, dans les armées d'un même État, l'armée de terre de la marine ou de l'aviation pour mesurer les obstacles techniques qui s'opposent à une coopération étroite entre des armées européennes, réputées étrangères. Disons seulement qu'aucun de ces obstacles n'est insurmontable, à condition d'aborder le problème avec patience et détermination. C'est ainsi que nous avions convaincu les responsables militaires et industriels de l'intérêt de doter les armées française et allemande, dans les années 1990, d'un même char de combat, décision qui entraînait par elle-même un puissant effet d'unification.

Les difficultés politiques sont concentrées sur le sujet nucléaire. Les autres questions peuvent, en effet, recevoir une solution inspirée des alliances étroites qui ont existé entre les armées de nos pays, par exemple entre les armées britannique et française à la veille de la guerre de 1914-1918, à condition de poursuivre sans défaillance les efforts financiers et humains requis.

La difficulté particulière à l'arme nucléaire tient à ce que, la décision de l'employer entraînant un risque considérable de représailles directes — et sans doute mortelles — pour celui qui l'utilise, on imagine mal comment un pays européen prendrait ce risque en faveur de la sécurité d'un autre — concrètement la France pour assurer la sécurité de l'Allemagne fédérale —, quelle que soit l'étroitesse de leur solidarité. Toutes les réflexions sur la personnalité européenne de défense viennent buter sur cet obstacle.

C'est sur ce point qu'un examen approfondi est nécessaire. Tous les cas que j'ai étudiés, toutes les hypothèses que nous avons faites à l'occasion de manœuvres portant sur une crise militaire en Europe m'ont montré qu'il n'existait pas de situation où la sécurité de la France — sa sécurité globale, préservant toutes ses libertés, et exclusive de sa «finlandisation» — pouvait être assurée si celle de son alliée ouest-allemande était détruite. J'emploie le mot «alliée» pour écarter l'hypothèse où l'Allemagne fédérale romprait son alliance avec l'Ouest, ce qui ruinerait à jamais toute chance d'arracher notre continent à son déclin historique.

Si cette observation est juste, il faut reprendre un par un l'examen de ces cas et de ces hypothèses, et voir comment la France serait conduite à envisager ou à décider l'emploi de ses moyens nucléaires. S'il ne peut pas y avoir de contradiction entre l'exigence ultime de sécurité de la France et celle de l'Allemagne fédérale — ce qui doit être soigneusement examiné et vérifié par des conversations directes —, alors l'emploi des moyens nucléaires français, sans être soumis à une décision conjointe, peut être «approuvé» *a priori* par nos partenaires. Sans revenir sur l'interdiction pour l'Allemagne fédérale de se doter d'un armement nucléaire — interdiction imposée de l'extérieur par les alliés de la guerre, et de l'intérieur par la loi allemande elle-même —, on parviendrait ainsi à une situation où le parapluie nucléaire français protégerait en fait de manière identique les deux rives du Rhin, et où les populations allemande et française percevraient de manière voisine, et progressivement semblable, le risque et la protection nucléaires.

J'ai souvent imaginé qu'une telle initiative aurait pu être prise par le général de Gaulle, dans la ligne des grandes avancées de ses conférences de presse : la détente Est-Ouest et la reconnaissance de la Chine. Je recherchais même la formulation qu'il lui aurait donnée, marquée comme le veut le sujet par une certaine ambiguïté : «Dans l'état des relations de toute nature qui se sont développées entre l'Allemagne fédérale et la France, celle-ci jugerait sa sécurité et ses intérêts vitaux mis en danger par toute attaque dirigée contre le territoire de l'Allemagne fédérale. Elle réagirait donc comme s'il s'agissait d'elle-même. »

On comprendra que je m'en tienne à cette esquisse, car j'écris pour des lecteurs qui n'ont pas nécessairement le désir d'entrer dans le détail d'analyses particulièrement complexes. Je dirai seulement que cette position, entièrement nouvelle par rapport à celle des années 70, a été préparée par nos réflexions et nos manœuvres militaires des dernières années. J'ai pensé que sa mise en œuvre, sous la forme d'une première discussion franco-allemande, ne pouvait être entreprise que par des partenaires assurés de la durée de leurs pouvoirs. Ce sont donc des dirigeants français et allemands disposant d'une assise politique stable qui pourront aborder l'examen de cette question, vitale pour la personnalité européenne, mais dont les difficultés diplomatiques seront considérables.

Il faut d'abord ne pas perdre de vue qu'au stade final — celui d'un accord sur la personnalité européenne de défense — tous nos partenaires seront concernés et qu'ils devront donc être associés à la discussion. Je pense en particulier à la Grande-Bretagne, dont on admire l'éminente tradition militaire et qui est dotée d'armes nucléaires nationales, et à l'Italie, qui fait preuve, dans toutes les questions de défense, d'une remarquable fermeté d'attitude. Il est inévitable de débuter par un dialogue franco-allemand, car l'échec de ce dialogue viderait le projet de sa substance.

J'avais envisagé la signature d'un traité d'alliance militaire franco-allemand dont j'avais évoqué le projet avec le chancelier Helmut Schmidt afin de déclencher le processus et de sensibiliser l'opinion publique, et qui aurait constitué un événement de portée historique si nous avions pu le conclure en 1983, vingt ans après le traité d'amitié franco-allemand de l'Élysée.

Mais il doit être entendu et clairement exprimé que le progrès des entretiens concerne directement l'ensemble de nos partenaires. A l'image de l'accord qui a établi le système monétaire européen, on peut imaginer un accord ouvert à tous ceux des membres de la Communauté qui souhaiteraient rejoindre la personnalité européenne de défense.

Une difficulté diplomatique viendra des rapports avec les États-Unis. Ceux-ci sont habitués au fonctionnement de l'Alliance atlantique qui leur donne globalement satisfaction. Une modification des règles habituelles de cette Alliance leur apparaîtra, au premier examen, inutile et pleine de risques : remettre en question une structure délicate, c'est ouvrir un débat dont on n'est pas sûr de maîtriser l'issue. Une explication approfondie sera nécessaire. Elle ne peut avoir lieu qu'au plus haut niveau et, au lieu d'être « soigneusement préparée » par des discussions administratives qui ne feront que recenser les obstacles, l'explication au sommet devrait précéder les conversations d'experts. Elle porterait sur trois points : l'évolution du paysage historique entre 1950 et 1990 rendant nécessaire une nouvelle organisation de la sécurité ; l'affirmation de la personnalité européenne de défense, constituant le complément nécessaire de l'union de l'Europe et apportant la réponse européenne au développement du neutralisme ; la réorganisation de l'Alliance atlantique, maintenant l'intégralité de son dispositif politique, mais substituant aux rapports bilatéraux existants une articulation nouvelle entre les États-Unis et le groupe des pays constituant la personnalité européenne de défense.

Ces trois sujets peuvent être abordés dans un esprit d'intérêt commun, là encore en choisissant la circonstance de telle manière que l'ensemble puisse être achevé sans courir le risque d'une interruption politique.

L'obstacle le plus redoutable viendra assurément de l'Union soviétique. Celle-ci y verra, ou feindra d'y voir un procédé détourné pour doter l'Allemagne d'un armement nucléaire. Elle prendra conscience également que l'apparition d'une personnalité européenne de défense fermera la voie à une «finlandisation» fragmentée de l'Europe.

Sur le premier point, sa crainte sera injustifiée et ne pourrait être avancée que pour des raisons tactiques, car aucune ambiguïté ne peut être admise sur ce point. Mais elle pourrait servir de prétexte à une pression directe sur l'Allemagne fédérale, sous la forme d'une action concernant Berlin ou les relations interallemandes. C'est pourquoi une explication au sommet sera également nécessaire pour clarifier le sujet, et pour montrer la détermination des pays de l'Europe de l'Ouest à s'opposer, par l'usage de leurs puissants moyens, économiques et financiers, à toute pression sur les Allemands. On mesure ici l'importance qu'il y a à ne pas laisser se créer, pour des motifs à courte vue, une situation de dépendance vis-à-vis de l'Union soviétique, en particulier dans le domaine énergétique.

Sur le second point, il est exact que la mise en place d'une personnalité européenne de défense rendrait le groupe des États de l'Europe de l'Ouest moins vulnérable à une pression ou à une menace s'exerçant sur eux tous, ou sur l'un d'entre eux. Comme c'est précisément l'objectif poursuivi, il n'y a pas lieu de le dissimuler! La conversation avec les Soviétiques viserait à préciser l'intention : ne pas subir de menace, mais ne pas menacer. Diplomatiquement, cette position serait difficile à combattre. Peut-être les circonstances du moment permettront-elles de la rendre parallèle — sans la coupler — à la recherche d'une parité à un niveau réduit des armements nucléaires sur l'ensemble du théâtre européen.

Si l'on mesure les difficultés techniques, politiques et diplomatiques que rencontrerait la constitution d'une telle personnalité européenne de défense, on voit aussi que ces difficultés ne sont rien d'autre que celles qui s'opposent toujours au mouvement légitime visant à concilier l'organisation que les sociétés veulent se donner avec les situations de fait préexistantes.

Tous ceux qui ont parlé depuis dix ans de l'union de l'Europe — dont je rappelle qu'on s'était proposé de la réaliser pour 1980 — ont toujours su, consciemment ou inconsciemment, que celle-ci devrait s'accompagner de l'apparition d'une personnalité européenne de défense. S'ils ne l'ont pas dit publiquement, ou s'ils ne se le sont pas avoué à eux-mêmes, c'est qu'ils ont mesuré le poids des contraintes que les conséquences de la dernière guerre font encore peser sur notre continent, poids si lourd qu'il défie la volonté des hommes d'État, et aussi l'extraordinaire difficulté de la manœuvre à conduire vis-à-vis des superpuissances.

Je dis seulement que cela est possible et nécessaire. Possible à condition que les dirigeants y consacrent les ressources de leur intelligence et de leur volonté. Nécessaire parce qu'il n'y aura pas d'Europe sans personnalité européenne de défense, et que, s'il n'existe pas d'Europe, la décadence historique de nos États, même si elle s'interrompt ici ou là par de brillants sursauts, poursuivra son cours inexorable, au bout duquel l'histoire, qui a vu décliner tant de civilisations, la guette comme le fruit qui se détache et tombe.

★

Concernant les institutions, une initiative me paraît décisive : celle qui permettrait de personnaliser l'exécutif européen. Elle se situerait dans la ligne d'une action marquée par la création en 1974 d'un Conseil européen aux réunions régulières, puis en 1979 par la première élection au suffrage universel du Parlement européen. Et j'avais cette nouvelle proposition en tête depuis l'origine, comme étant leur complément naturel, sachant cependant que le temps était nécessaire à sa maturation.

La faiblesse du Conseil européen tient aux conditions d'exercice de sa présidence. Celle-ci est tournante tous les six mois, et elle est assurée par le chef d'État ou de gouvernement dont le pays assure pour la même période la présidence des institutions européennes. La rupture de continuité tous les six mois interdit toute inspiration suivie. Quant à celui qui exerce la présidence, et qui s'en est toujours acquitté depuis l'origine avec conscience, il sait que son pays ne la retrouvera que dans cinq ans, puisque la Communauté compte dix membres ; il a donc tendance à considérer cette responsabilité comme secondaire par rapport aux problèmes qui l'assaillent sur le plan intérieur, à moins qu'il n'y voie l'occasion d'avantages publicitaires, qui ne coïncident pas nécessairement avec le progrès régulier de la Communauté. Enfin cette rotation des personnes décourage les pays extérieurs d'attacher de l'importance aux points de vue exprimés par celui qui se trouve être, provisoirement, le président de l'exécutif européen.

Les dirigeants qui ont constaté cette faiblesse ont cherché des remèdes ou plutôt des palliatifs : rotation plus lente de la présidence, secrétariat assurant la continuité de l'action. Ils n'ont pas réussi cependant à se mettre d'accord.

La véritable initiative positive serait de décider l'élection du président du Conseil européen au suffrage universel de tous les habitants de la Communauté. On en voit aussitôt les avantages : l'élection constituerait un geste politique identique pour tous les citoyens de l'Europe. Le président serait élu pour cinq ans, comme les députés européens, et accompagné d'un vice-président, qui le remplacerait en cas de disparition. Sans vouloir entrer dans les détails, qu'il faut laisser ouverts à la négociation, on pourrait imaginer que la seule condition requise pour être candidat soit d'avoir déjà siégé au Conseil européen qui réunit, comme on le sait, les chefs d'État et de gouvernement, et prévoir que le candidat à la présidence et le candidat à la vice-présidence devraient nécessairement appartenir à deux groupes d'États différents : si l'un provient du groupe des cinq États les plus peuplés, son partenaire doit venir du groupe des cinq États les moins peuplés, et réciproquement.

Quant à ses pouvoirs, ils consisteraient exclusivement, dans un premier temps, à assurer la présidence des réunions du Conseil européen et à veiller au suivi des décisions prises par le Conseil. Il adresserait tous les ans au Parlement un message sur l'état de l'Europe. Le mécanisme des décisions, les compétences du Conseil des ministres et les relations entre le Conseil des ministres et le Parlement resteraient inchangés.

Quelle serait alors la portée de la réforme ? Ce serait de donner à l'Europe une personnalité vivante, issue du suffrage universel, incarnant à l'intérieur comme à l'extérieur la volonté de l'Europe de s'unir et de progresser, mais ne pouvant agir qu'au travers des institutions existantes, et condamnée ainsi à la recherche laborieuse, mais conforme à l'esprit de la construction européenne, d'un consensus croissant. L'expérience et la vie feront alors le reste.

Cette initiative requiert l'accord des gouvernements et l'approbation des Parlements. Si elle était rapidement proposée, elle pourrait être mise en place pour l'élection européenne de 1989.

L'Europe prendrait alors son grand départ.

★

A la première question que nous nous sommes posée : « Peut-on arrêter la décadence historique de l'Europe ? » la réflexion apporte ainsi certains éléments de réponse :

Les actions qui peuvent être conduites isolément par chaque État, quels qu'en soient l'utilité et le mérite, ne peuvent pas suffire à inverser la tendance.

Les initiatives à prendre débordent manifestement la volonté, sinon la capacité, des équipes en place. Leur choix idéologique actuel, leur passivité devant certaines évolutions tenues pour inévitables ne les préparent pas à entreprendre l'effort nécessaire. Et, pourtant, ces actions sont du niveau de celles qu'une volonté politique affirmée peut se proposer de mener. Aucun des obstacles n'est insurmontable par sa nature : ils s'apparentent au poids des choses, à l'immense inertie de ce qui existe par rapport à ce qui peut être réalisé dans un monde écrasé sous la masse des stratifications administratives et du conformisme de la pensée.

Les équipes politiques nouvelles qui se fixeront ces objectifs ont une chance de trouver le soutien de l'opinion publique, si les buts à atteindre sont nettement définis et si le calendrier est resserré sur quelques années.

La lutte morne et stérile contre les fatalités économiques, qui paraît tenir lieu de pensée politique dans la plupart des pays de l'Europe de l'Ouest, n'a aucune chance de susciter l'adhésion populaire au-delà des quelques mois nécessaires pour passer des illusions imprudemment éveillées au dur constat des déceptions.

Je me souviens des vœux de beaucoup de dirigeants politiques aux approches des échéances électorales : il faut proposer aux Français un grand dessein! Derrière le souci naïf de compléter l'appel aux urnes par une pensée plus désintéressée et plus vaste, on entend comme l'écho d'un appel : proposer aux Français un projet où ils aperçoivent un dessein d'ensemble, un trajet à parcourir et à découvrir pour tout un peuple, une perspective qui ira du fourmillement du présent à un avenir porteur de lumière et de chaleur.

Et si ce dessein existait, s'il prenait lentement forme sous la confusion apparente des événements? On en voit les fragments se rejoindre : la paix définitive entre les pays de l'Europe de l'Ouest; la réconciliation franco-allemande, offerte par l'humanisme de Robert Schuman et scellée par la grandeur du général de Gaulle, et qu'en dépit de nos différences d'idéologie politique l'ancien chancelier Helmut Schmidt et moi-même, nous sommes attachés ardemment à faire progresser; les efforts de l'Europe pour s'organiser, encore confus, encore fragiles; et demain une volonté clairement affirmée d'achever l'ouvrage, en sachant bien que, à l'image des courses de relais, le témoin devra passer de main en main avant que le but soit atteint.

Ce serait alors la renaissance de l'Europe, à condition de l'appuyer sur un puissant renouveau culturel et spirituel.

CHAPITRE IV

LA LIBERTÉ PEUT-ELLE ÊTRE UN PRINCIPE D'ORGANISATION DE LA SOCIÉTÉ MODERNE ?

DEVANT les excès du socialisme et de l'étatisation, la première réaction est de prendre la défense de la liberté, ou plutôt des libertés.

Cette défense va de la révolte, quand la privation est totale, comme dans la malheureuse Pologne, jusqu'au rejet électoral, quand l'intolérance ou la volonté d'endoctrinement culturel sont perçues comme des atteintes à la liberté, ce qui est aujourd'hui le cas en France.

Le thème de la liberté est puissant chaque fois que la liberté est en péril. Il s'affaiblit chaque fois que la liberté est acquise. L'expérience nous a montré que, dans une société où les libertés étaient normalement assurées, l'appel à la défense de la liberté était faiblement porteur, et même que l'adjectif « libéral » pouvait avoir une connotation négative.

La renaissance française peut-elle alors s'organiser à partir de la notion de liberté ? Ou s'agit-il seulement d'un thème de reconquête du pouvoir, sans être une notion qui permettra d'en éclairer ensuite l'exercice ? S'agit-il de défendre les libertés, comme on défend l'air que l'on respire, ou pouvons-nous retenir la liberté comme principe fondamental d'organisation de la future société française ?

Il faut approfondir notre réflexion sur la liberté.

★

L'appel à la liberté a été le plus puissant des mots d'ordre révolutionnaires dans notre pays, et le libéralisme porte à son actif les plus éclatantes réussites économiques. Pourtant les thèmes libéraux n'y rencontrent qu'un succès modeste. Aucun parti politique n'en a fait sa doctrine officielle. Aucun d'entre eux n'a même retenu jusqu'ici l'adjectif « libéral » pour orner son titre. Dans l'opinion publique, le libéralisme a une image contradictoire. Pour les mœurs, il évoque le désordre et accepte la pornographie. En économie, il est ressenti comme un pouvoir d'abus ou d'oppression : le droit pour les forts d'écraser les faibles, de vendre plus cher qu'on ne le devrait, de spéculer contre l'intérêt national. Curieux paradoxe que de voir la liberté si mal perçue dans le pays qui l'a répandue dans le monde !

Cela tient à certains traits de notre caractère, et à l'histoire de la liberté en France.

Peuple composé de fortes individualités, nous ressentons la liberté comme un acte antisocial, et non comme un acte social. Nous goûtons le sentiment de la liberté quand nous pouvons faire ce qui est interdit : klaxonner, prendre les passages interdits, braconner, pratiquer l'affichage sauvage. La liberté, c'est pour beaucoup la possibilité de violer la loi sans en subir de conséquences : refus de circuler avec des éclairages en code lorsque la loi y oblige, maintien de l'usage des codes quand la loi en suspend l'obligation. C'est pourquoi le degré de liberté se mesure pour bien des gens à la constatation d'un certain désordre.

On soupçonne qu'une France trop bien organisée, où tout fonctionne dans l'ordre, où les institutions exercent durablement leur rôle, laisse trop peu de place à la «liberté». Les périodes des «grands moments de liberté» ne sont pas celles d'un bonheur paisible, vécu à l'abri des lois, mais les périodes d'agitation qui bordent un état d'anarchie.

L'idée même d'une doctrine libérale paraît constituer un paradoxe, un subterfuge qui servirait sans doute à avantager les uns qui réussiraient à accaparer la liberté des autres. On accepte, et même on invoque le libéralisme pour avoir le droit d'agir à sa guise, mais en raison même de cette attitude on n'imagine pas qu'il puisse avoir un contenu social ni qu'il puisse favoriser l'organisation et le progrès du groupe.

Pour répondre à notre puissant besoin d'individualisme, le libéralisme du «laissez-moi faire» apporte une réponse suffisante. Mais, si l'on se préoccupe de l'organisation sociale, il ne peut évidemment pas servir de fil conducteur : d'où la préférence donnée par l'opinion aux innombrables déclinaisons du mot socialisme, dès qu'il s'agit de la vie en société.

★

L'histoire de la liberté a comporté en France deux phases qui l'ont fortement colorée : la conquête de la liberté politique, puis un certain abus de la liberté économique.

On ne peut pas comprendre de très nombreux réflexes, positifs ou négatifs, de la vie socioculturelle française si l'on ne se souvient pas à tout instant que la France est l'État de l'Occident qui a connu le plus longtemps un pouvoir fort et centralisé, exercé sans discontinuer par les hommes d'une seule famille. Ce pouvoir absolu et centralisé, déposé alternativement entre des mains autoritaires, celles de Philippe le Bel et de Louis XIV, rusées, celles de Louis XI, ou apparemment débonnaires comme celles de François Ier, et qui renaît intact entre celles de Napoléon Ier, ce pouvoir absolu est celui contre lequel, ou plutôt à partir duquel se sont forgées notre image et notre déontologie de la liberté. C'est donc une liberté construite contre le pouvoir, et, puisque le pouvoir est fort, la liberté n'a pas à craindre de l'agresser. C'est une liberté de nature politique, aussi ses limitations seront ressenties d'abord dans le domaine des droits politiques, comme on vient de le vérifier dès l'automne de 1981, sans qu'aucun analyste l'ait pressenti, à propos du droit sacré à l'information. Il ne faut donc pas s'étonner de la coloration anarchisante qu'a toujours eue l'évocation de la liberté en France : elle vient directement de notre caractère et de notre histoire.

L'industrialisation de la deuxième moitié du XIXe siècle et de la première moitié du XXe siècle s'est accompagnée d'abus visibles et bien connus dans les conditions de travail, dans la répartition du profit, dans l'absence d'une protection sociale adéquate vis-à-vis de la maladie et de la vieillesse. Ces abus qui ont existé dans d'autres pays, et souvent à un degré très supérieur comme en Grande-Bretagne et même aux États-Unis, ont été mis chez nous au débit, non de l'industrialisation elle-même, mais du libéralisme qui en constituait la doctrine implicite.

A l'inverse, le parti social-démocrate allemand, dans sa célèbre révision de doctrine effectuée en novembre 1959, a reconnu comme fondamentales les lois de l'économie de marché, qui sont l'assise conceptuelle du libéralisme, et dans lesquelles il voyait le ressort nécessaire du progrès.

Cette différence d'attitude tient à des facteurs qui nous sont propres : notre longue tradition corporatiste qui fait ressentir la concurrence comme un acte déloyal, fondé sur la moindre qualité du produit ; le fait que la bourgeoisie de l'ancien régime — celle qui avait conquis les libertés politiques — et la bourgeoisie économique, celle qui a bénéficié du pouvoir et des avantages nés de l'industrialisation, ont fini par se rejoindre et même se superposer, coïncidence qui a donné au libéralisme du XIXe siècle son caractère de consolidation des structures sociales et de maintien des inégalités ; la prédilection, enfin, pour les concepts rationnels par rapport aux systèmes à gestion souple et complexe, qui explique la préférence accordée à la planification sur le jeu spontané des facteurs économiques.

Notre histoire a enraciné ainsi dans l'opinion publique le concept d'une liberté politique dressée contre le pouvoir, et celui d'une liberté économique s'accompagnant d'abus et servant à consolider les inégalités sociales.

Il faut que l'appel de la liberté soit puissant pour que le mot ait conservé, et puisse retrouver aujourd'hui, sa force d'entraînement.

★

Si la notion de liberté, malgré ses inévitables avatars historiques, a toujours été porteuse d'espoir, c'est qu'elle s'insérait dans un système de croyances religieuses ou philosophiques qui en éclairaient l'usage.

La France a vécu, jusqu'à la guerre de 1914-1918, avec une idée du bien qui était acceptée et ressentie par le plus grand nombre de nos compatriotes : notion du bien fournie d'abord par la religion chrétienne, puis notion morale du bien définie par les philosophes — les républicains « vertueux » — et diffusée par le rousseauisme, enfin notion civique du bien enseignée par l'école républicaine.

La liberté était alors un droit d'être et de faire, accompagné par un code du bien être et du bien faire. La liberté n'avait pas à être un acte social, puisque la règle de la conduite sociale était fournie par d'autres sources.

Aujourd'hui, avec l'affaiblissement simultané des croyances religieuses, des convictions philosophiques et du civisme républicain, la liberté erre dans un espace désolé. Les modalités de son exercice ne sont plus inspirées par des données culturelles ou morales intérieures à l'individu. Son caractère de droit à faire, à prendre, sans souci d'autrui, s'accentue. Le résultat en est que son exercice politique ou économique fait sourdre une crainte diffuse : celle de violences qui ne seront pas réprimées, ou d'abus économiques où les faibles seront toujours les perdants.

Le contexte culturel du marxisme, omniprésent dans l'explication des faits ou dans le jugement proposé à nos compatriotes, et qui s'appuie sur la centaine d'années où l'usage de la liberté a été décrit comme un subterfuge utilisé par les nantis pour conserver leurs privilèges, vient accentuer encore ce caractère.

D'où l'embarras de l'attitude de nos contemporains devant le libéralisme : ils y reconnaissent à la fois un système fondé sur une valeur dont aucune catégorie ne supporte d'être démunie, et qui est ainsi «négativement précieuse», et en même temps une doctrine dont ils ne voient pas comment elle suffirait à être le principe organisateur d'une société où régnerait une vie communautaire harmonieuse et où progresserait fortement la justice.

Cette intuition sonne juste. Elle explique le malaise de la liberté dans une société où la définition du bien moral, quelle qu'en soit l'origine, s'est affaiblie. Si le fondement de la liberté, qui manifeste l'appel irréductible de l'être humain à faire reconnaître son identité et son droit à conduire un destin personnel, reste toujours vigoureux, son pouvoir d'organisation de la société n'est pas évident a priori.

La liberté a besoin d'un complément symétrique : une idéologie qui guide son emploi. Celle-ci doit être suffisamment admise et partagée par l'ensemble du corps social pour que la liberté, ayant retrouvé son mode d'usage, apparaisse pour ce qu'elle est : celle des aspirations de l'homme qui est la plus intimement mêlée à sa nature, celle qui, en réalité, veut dire : je suis un homme.

Ce besoin d'une idéologie symétrique de la liberté existe dans notre vie politique et dans notre vie économique et sociale.

★

En politique, le libéralisme doit être nécessairement associé, je dirais accroché à un système de valeurs collectives.

Le besoin d'émancipation a été l'un de ces systèmes de valeurs, et le demeure pour des peuples asservis. La conscience nationale peut en être un autre, là où elle est assez forte, du fait des circonstances objectives, pour fournir une référence à l'action individuelle : c'est le cas aujourd'hui de la Pologne.

Mais cette situation n'est plus celle des sociétés

comme la nôtre, dont l'émancipation politique est achevée et dont la vie nationale ne contient plus que faiblement, vu l'avancement de leur histoire, un code de devoirs s'imposant à l'individu.

Cette valeur collective doit donc être cherchée dans la société elle-même. Elle signifie la reconnaissance du fait que l'individu possède un double destin : individuel et social ; que sa vie est autonome, mais qu'elle fait partie intégrante de la vie du groupe ; que son progrès individuel est également porteur du progrès du groupe, et qu'il doit donc être à tout instant «référencié», situé, par rapport au progrès du groupe.

On a vu que cette attitude était peu ressentie dans la société française actuelle et que, pour des motifs dont nous avons ici non à entreprendre l'étude mais à constater le résultat, le double destin de l'homme, individuel et social, était fortement dissocié entre ses deux composantes, ce qui donne à notre société son caractère de «société éclatée». Les signes en sont visibles : l'exaspération du comportement catégoriel ; la perception limitée des conséquences de l'évolution collective du groupe sur le progrès de l'individu ; et, par conséquent, l'intensité réduite du devoir social.

Ceux qui s'étonnent de la trop faible attraction du libéralisme sur notre société française doivent en chercher la source non dans l'attrait insuffisant de la pensée libérale, mais dans la faiblesse de la conscience sociale du groupe. Ceux qui verront dans ce que j'écris un paradoxe seront, je crois, dans l'erreur. La liberté sera acceptée comme un principe d'organisation de la société française, et alors comme le meilleur possible, le jour où elle apportera avec elle sa conscience d'organisation sociale.

Dans le domaine politique, une conséquence doit

en être tirée : le caractère nécessaire et fondamental de l'association à établir entre deux courants de pensée : le libéralisme et la conscience
sociale. Même si leurs traditions historiques sont
différentes, même s'ils se sont heurtés parfois sur
le terrain de l'action, l'alternative au socialisme
comporte nécessairement leurs deux apports, non
pour un arrangement électoral passager, mais
pour une recherche d'organisation humaine et
sociale répondant à la globalité des problèmes de
notre époque.

J'imagine que les tenants de ces deux traditions
politiques éprouvent encore des séquelles d'irritation les uns envers les autres. Ils sont porteurs
cependant des deux éclairages d'une même vérité :
l'humanisme dans sa dimension sociale.

En économie, l'attrait du libéralisme devant la
montée de la bureaucratie est évident pour tous
ceux qui exercent une activité de décision. Mais
l'opinion publique diffuse, celle qui est composée
du plus grand nombre des salariés moyens, de
ceux qui travaillent dans les secteurs en régression, de ceux qui exercent une activité professionnelle individuelle que l'évolution met en péril, voit
dans le libéralisme économique une vague menace.

Même si personne ne met réellement en doute sa
supériorité abstraite sur le socialisme pour ce qui
est du développement général de l'économie — et la
comparaison entre les performances économiques
de l'Est et de l'Ouest continuera d'alimenter ce
jugement —, on s'interroge sur sa capacité à protéger les situations individuelles, à donner un
contenu positif aux évolutions nécessaires. Beaucoup aimeraient combiner un libéralisme global et

un socialisme sectoriel, complétés, s'il le faut, par quelques verrous protectionnistes !

Cela tient largement, comme nous l'avons vu, à l'histoire du libéralisme économique en France, à une certaine indifférence doctrinale affichée vis-à-vis du sort des victimes des évolutions inévitables, mais aussi, et surtout, au caractère partiel que s'est donné trop longtemps le libéralisme économique. La supériorité évidente de ses performances l'avait amené à se désintéresser des conséquences sociales de certaines évolutions, comme s'il imaginait que « le reste viendrait par surcroît ».

Il faut dégager l'idée d'un « libéralisme conscient », ou d'une « conscience sociale libérale ». Le comportement des dirigeants économiques libéraux doit s'imprégner de cette attitude. Beaucoup le font, et il n'entre pas dans mon intention de vouloir donner ici des leçons. Mais j'observe que l'opinion publique ne perçoit pas, jusqu'ici, l'existence de cette conscience sociale libérale, ou qu'elle ne la perçoit encore que très faiblement, alors que mon expérience m'a enseigné qu'aussitôt qu'elle la pressent elle vient lui apporter son soutien parce qu'elle représente l'attitude répondant le plus complètement à ses aspirations.

★

En réfléchissant à l'appel qu'exerce la liberté dans notre société, nous voyons qu'elle peut en être effectivement un principe d'organisation, et même son principe central, à condition d'être doté d'une symétrie de conscience sociale. La recherche de cette symétrie n'est pas un artifice destiné à rendre le libéralisme acceptable. En fait, la conscience sociale se situe dans le prolongement de la liberté, sur le même axe de progression.

Chaque être humain, parce qu'il en éprouve un besoin inaltérable, a un droit naturel à rechercher et à conduire sa croissance personnelle optimale. Cette croissance se manifeste au sein d'un ensemble social, dès lors qu'il vit en groupe. Besoin de liberté et conscience sociale sont deux niveaux successifs de la même recherche de croissance optimale.

Encore faut-il qu'ils soient perçus simultanément. D'autres types de réflexion politique commencent par poser et tenter de résoudre les problèmes de l'organisation économique et sociale et des structures de la société, avant de revenir sur les conséquences que les solutions auront sur la vie individuelle. Au contraire, la proposition libérale à symétrie de conscience sociale apparaît comme une démarche naturelle, adaptée aux sociétés évoluées, qui voit dans le besoin irréductible de liberté de l'individu le principal moteur de la recherche d'une organisation sociale cohérente.

Je dis que cette proposition n'est malheureusement accessible qu'aux sociétés évoluées, car, pour que la liberté puisse être ressentie comme le principe central de son organisation, il est nécessaire que la société se soit dégagée du réseau des contraintes primitives que ses premiers stades de développement font pulluler à son intérieur, afin qu'il n'existe pas d'écran — tel que des structures postféodales ou une vigoureuse organisation de classes — entre la liberté et sa conscience active d'organisation sociale.

Ces réflexions ne sont abstraites qu'en apparence ; elles viennent directement de l'expérience vécue et des observations qu'on peut faire aujourd'hui sur les mouvements de notre société. Elles contredisent les raisonnements théoriques que les premiers doctrinaires du collectivisme ont élaborés à partir de l'étude de structures sociales et culturelles aussi éloignées des réalités contemporaines que l'avion à réaction, rempli des passagers d'un club du troisième âge ou d'une équipe sportive, peut l'être de la diligence de *Boule de suif*.

Elles vont trouver leur application concrète dans les chapitres que nous allons consacrer maintenant au libéralisme politique, puis au libéralisme économico-social.

CHAPITRE V

LE LIBÉRALISME POLITIQUE
ET LE PLURALISME

L<small>A</small> liberté politique, pour devenir autre chose qu'une spontanéité anarchisante, a besoin d'une adhérence : elle doit dialoguer étroitement avec une croyance qui en éclaire l'emploi.

Notre société contemporaine ne fournit pas cette croyance. Il y a là un vide, dont nous pressentons qu'il sera comblé un jour, mais qui ne l'est manifestement pas encore. La recherche doit alors porter sur la manière de se préparer à le combler, et de vivre dans son attente. La réponse est fournie par le pluralisme.

Le pluralisme politique a été l'un des deux thèmes de *Démocratie française*, l'autre étant celui de l'émergence du groupe central dans notre société. Le vocable de pluralisme a connu la faveur de la mode, hommage rendu sans doute à la justesse de l'éclairage qu'il offre. Mais il reste beaucoup à faire pour que le pluralisme soit réellement vécu dans notre vie politique.

Le pluralisme est par nature une structure qui favorise l'apparition d'idéologies nouvelles, car il accepte comme règle de les mettre en concurrence. Le pluralisme est en soi une posture d'attente, puisque chacun de nous prévoit que le moment viendra où une idéologie ou, mieux, une civilisation sera reconnue comme dominante de son époque, comme la clé de sa renaissance. Mais le pluralisme n'impose pas son choix à l'avance, pas plus qu'il ne devra proscrire la poursuite de l'activité des idéologies en déclin ou décourager l'apparition de celles qui viendraient encore à naître. Le pluralisme n'est pas le refus du choix ou de l'engagement personnel, mais l'acceptation de la règle de la compétition, et de la coexistence des idéologies.

Le pluralisme va plus loin que la tolérance, puisqu'il accepte d'organiser la compétition libérale des idéologies et qu'il comporte nécessairement la tolérance. C'est dire combien il souffre dans la période actuelle où l'intolérance est devenue le dogme : caricature des propositions des adversaires, manichéisme social par une interprétation simpliste de la lutte des classes, fragmentation officielle de la nation par l'affirmation de l'existence et des droits du « peuple de gauche », descriptions fantaisistes et blessantes des actes et des hommes de l'« ancien régime » !

Le progrès du pluralisme passe par un éloge de la tolérance. Quelles que soient les blessures ou les rancunes, la tolérance, respectueuse des idées des autres, mais sévère pour les manipulateurs et pour les truqueurs, redeviendra la règle de la future société française.

★

Nos institutions politiques actuelles favorisent-elles le pluralisme ?

Au premier examen, la réponse est négative.

Le formidable coup de bascule qui accompagne toute élection présidentielle au suffrage universel, et qui est encore renforcé si elle conduit à la dissolution de l'Assemblée nationale, fait de la France un pays peuplé d'une moitié de vainqueurs et d'une moitié de vaincus. Les vainqueurs sont tentés d'abuser de leur victoire, d'autant plus qu'ils l'ont attendue plus longtemps. Et les vaincus perdent confiance dans la valeur d'entraînement de leurs idées. Le pluralisme recule sur les deux fronts, par l'abus des uns et le découragement des autres.

La fonction présidentielle, telle que je l'ai vécue, et telle que je l'ai vue exercée par le général de Gaulle et le président Pompidou, n'est pas ambiguë, comme on l'a dit mais ambivalente ; elle contient en elle-même deux fonctions distinctes : celle de chef d'État, puisqu'on se trouve placé au sommet de la pyramide constitutionnelle, et celle de responsable de l'exécutif, puisque l'opinion publique, qui a le sentiment de vous avoir désigné, attend de vous que vous conduisiez l'action pour laquelle elle vous a choisi, ne serait-ce que pour remplir les promesses qui lui ont été faites.

Dans le régime présidentiel américain, les deux fonctions sont entièrement confondues dans une seule personne, et l'opinion publique, qui s'y est habituée depuis longtemps, approuve qu'elles le soient. Partout ailleurs, elles sont distinctes. En France, nous l'avons dit, elles sont réunies dans une responsabilité présidentielle ambivalente, complétée par l'existence d'un Premier ministre doté de pouvoirs importants, et l'opinion publique perçoit mal, et accepte mal cette ambivalence.

De la fonction présidentielle, elle attend qu'elle soit exercée avec impartialité, une certaine solennité et une distance vis-à-vis de l'action politique quotidienne. On retrouve cette attente dans de nombreuses expressions courantes : « le président de tous les Français » ; « c'est lui qui nous représente à l'étranger » ; « il n'a pas à être un chef de parti ». On veut connaître sa vie de famille. Les

gestes qui dérogent à la tradition la plus conventionnelle seront décrits comme des gadgets. Il n'a
pas le droit de se rendre à l'Assemblée nationale.
On ne l'imagine pas s'adressant à un congrès
de parti.

Et pourtant on attend de lui une action qui est en
réalité du domaine de l'exécutif : c'est dans son
bureau qu'aboutit l'expression ultime des revendications catégorielles ; il doit veiller à la sécurité
des Français. S'il apparaît un trouble grave à l'ordre public, si la vie d'un otage est en danger, il
sera tenu personnellement pour responsable. On
lui impute les conséquences des principales dispositions législatives et fiscales. On le veut proche
de la vie quotidienne, et semblable dans son
comportement et ses attitudes aux autres acteurs
de la vie politique.

La première fonction, celle du président arbitre
et synthétiseur de la volonté nationale, est parfaitement compatible avec le pluralisme.

La seconde, celle d'un homme chargé de responsabilités exécutives, fait de lui un personnage
engagé, et donc récusé par certains. On peut dire
qu'on exige du président qu'il vous invite à venir le
voir au titre de la première fonction, et qu'on refuse
de se rendre à son invitation au titre de la seconde !

Pour permettre au président de la République de
mieux situer sa responsabilité à l'égard du pluralisme, une clarification de ces deux fonctions vis-
à-vis d'elles-mêmes, et surtout vis-à-vis de l'opinion publique, est nécessaire.

★

J'évoque ici la question de la durée du mandat
présidentiel, bien qu'elle ne soit pas directement
liée au problème que nous examinons.

Une durée de sept ans était sans doute parfaitement concevable à la fin du XIXe siècle et dans la première moitié de celui-ci. Elle était brève, comparée à celle d'un règne. Les évolutions et les déplacements étaient lents. L'audiovisuel ne s'était pas encore introduit dans les foyers comme accélérateur d'impatience.

Aujourd'hui cette durée est manifestement trop longue. Elle n'est pas ressentie de la même manière par le titulaire de la charge, du fait de l'accumulation d'obligations et d'événements qui rend pour lui la fuite du temps infiniment plus rapide, que par l'opinion publique, qui vit selon le rythme des saisons, ponctuées par les vacances, et qui conserve le rite annuel de la « rentrée ». Cette différence dans l'appréciation du temps est déjà en elle-même une cause d'incompréhension qui se glisse dans l'inconscient. Et la projection de cette durée dans le futur, lorsque se présente une réélection, paraît un engagement trop contraignant. La plage de temps est excessive, aussi bien pour l'opinion publique que par l'effet qu'elle exerce sur le président lui-même.

Il faut réduire cette durée. De combien ?

Une partie de la réponse nous sera fournie tout à l'heure. Je l'anticipe en disant qu'un raccourcissement trop accentué conduirait mécaniquement à un régime qui serait vécu comme présidentiel, du fait de la pression engendrée pendant les deux premières années par la réalisation des promesses du candidat élu, et de la personnalisation de la campagne de l'élection suivante, qui s'intensifie deux ans environ avant l'achèvement du mandat en cours. Une durée de quatre ans entraînerait automatiquement ces conséquences. Or, une large majorité de l'opinion, qui se sent représentée et protégée par les prérogatives parlementaires, ne souhaite pas la présidentialisation complète du régime.

Il reste alors à choisir entre cinq et six ans. On peut hésiter, et il faut aborder de toute manière ce sujet avec le désir d'aboutir à un large consensus. Ma préférence irait à une durée de six ans pour plusieurs raisons : une durée brève multiplie l'extraordinaire déperdition d'énergie que représentent pour la nation l'attente et le déroulement de la campagne présidentielle ; la durée du mandat des députés étant fixée à cinq ans, s'il arrive que l'élection présidentielle soit suivie de dissolution, on sera conduit progressivement à la coïncidence permanente des deux échéances, accentuant la personnalisation et la présidentialisation du débat ; enfin les maires et les conseillers généraux sont élus pour six ans. C'est une durée que l'opinion juge raisonnable, et qui peut servir de référence.

Ma proposition serait de fixer à six ans la durée du mandat présidentiel, en limitant à deux le nombre des mandats consécutifs. Il va de soi que seul le nombre des mandats consécutifs peut être limité puisque, redevenu simple citoyen, un ancien président de la République retrouve alors les droits des autres citoyens.

Cette réforme devrait être entamée au tout début d'un septennat, le président élu faisant connaître qu'il entend bien sûr — comme cela me paraît convenable — se l'appliquer à lui-même. Abréger seulement pour autrui serait une insolence historique ! Il ne pourrait pas en effet y être contraint puisqu'il aurait reçu du suffrage universel un mandat de sept ans.

Enfin cette réforme devrait être réalisée, selon moi, par la voie du vote des deux Assemblées, suivi d'un référendum. On sait que le président de la

République peut choisir, en théorie, entre deux procédures après que le projet a été voté par les deux Assemblées : soit la réunion des Assemblées en congrès, soit le référendum. J'estime que toutes les questions constitutionnelles touchant au suffrage universel, et c'est le cas pour l'élection du président de la République, doivent être normalement soumises à la procédure du référendum.

Alors, pourquoi ne pas l'avoir fait moi-même ? Il faut revenir à ce qu'était mon état d'esprit au début de l'exercice de ma fonction. J'étais jeune, quarante-huit ans. Je succédais, après la présidence de Georges Pompidou abrégée par sa douloureuse maladie, au général de Gaulle. Chacun savait qu'il avait cherché à doter la France d'institutions fortes et stables pour corriger une défaillance constante de son histoire. Je m'étais engagé moi-même à ne rien faire qui risque de les affaiblir, et, pour donner à cet engagement une illustration symbolique, j'avais indiqué publiquement que je laisserais les institutions, au terme de mon mandat, dans l'état exact où je les avais trouvées. J'ai tenu parole.

Au surplus, le raccourcissement du mandat présidentiel, si je l'avais proposé à l'époque, eût été interprété comme destiné à faciliter ma propre réélection. Mon intention était d'entreprendre le processus que je viens de décrire aussitôt après mon éventuelle réélection, et d'annoncer que je l'appliquerais à mon nouveau mandat.

Cette réforme devra être conduite dans les premiers mois qui suivront la prochaine échéance, pour lui enlever tout caractère de manœuvre personnelle. Il est fondamental que les candidats à la future élection présidentielle s'engagent solennellement à faire voter ce texte, lors de la première session parlementaire qui suivra l'élection, et à le faire approuver par référendum.

★

L'effet de bascule qui accompagne l'élection présidentielle est amplifié par le ballant de l'élection législative : on l'a constaté en juin 1981 où les candidats socialistes, en ayant recueilli 37,77 % des voix au premier tour de l'élection législative, ont obtenu 282 sièges, c'est-à-dire 58 % des sièges.

Si les élections du printemps 1981 avaient eu lieu à la proportionnelle, la composition de l'Assemblée nationale serait aujourd'hui la suivante : P.S.U et extrême gauche : 6 ; P.C. : 77 ; P.S., M.R.G. et apparentés : 181 (au lieu de 282) ; écologistes : 5 ; U.D.F. : 106 (au lieu de 69) ; R.P.R. : 99 (au lieu de 80).

Il s'agit non pas de découvrir les mérites du scrutin proportionnel au moment où il vous avantage en venant réduire les gains de votre adversaire, mais de savoir s'il est bon de cumuler les effets de deux scrutins massifs, celui du président de la République et celui des députés, tous deux effectués selon la règle majoritaire.

Sans reprendre l'examen de leurs mérites comparés, on observe que, lorsque leurs effets s'additionnent, ils entraînent une suraccumulation de pouvoirs, qui bloque le jeu du pluralisme. A l'heure actuelle, un parti dont le candidat au premier tour de l'élection présidentielle avait recueilli 26 % des voix, c'est-à-dire un électeur sur quatre et, en raison des abstentions, environ un Français sur cinq, est maître de toutes les institutions essentielles et utilise à sa guise l'administration du pays. L'avantage est, certes, de disposer d'un pouvoir stable, mais le risque est de resserrer à l'excès la vie nationale sur une seule tendance qui, pour conserver son pouvoir, élimine ou réduit le jeu des forces pluralistes. On le constate aujourd'hui ; on l'avait déjà vu dans le passé. C'est l'effet du double scrutin majoritaire.

Je sais qu'il existe un autre danger, celui de la dispersion, de l'émiettement des forces politiques, correspondant à un trait de notre caractère national, et qui rend impossible toute politique durable, toute action d'envergure, en la soumettant aux arrangements noués entre de petites formations, arrangements qui se font et se défont, au gré des humeurs et des vents électoraux, et qui engendrent la fragilité gouvernementale.

La solution juste est celle qui recherche un équilibre. En face d'un président élu par une vague populaire, même si elle n'est que faiblement majoritaire, il n'est pas souhaitable que le pouvoir législatif apparaisse dominé par une majorité massive : si les deux coïncident, le débat politique est trop fermé, et le jeu du pluralisme réduit à l'excès ; si ces deux majorités s'opposent, l'affrontement est inévitable et durcit le débat démocratique. Ainsi le Parlement, au lieu d'être le décalque de la majorité présidentielle, doit-il constituer la représentation du pluralisme politique, certes organisé, certes non émietté, en conservant les dispositions du règlement de l'Assemblée nationale qui écarte les groupuscules, mais représentation suffisamment fidèle pour que le président de la République et le gouvernement soient amenés à ajuster avec lui leur action sur la réalité des aspirations et des réactions de l'opinion. Jeu difficile de part et d'autre, mais qui dédramatiserait les excès de l'alternance et éviterait au pays ces secousses qui, au total, par leur brutalité, le désarticulent et l'abîment au lieu de le faire progresser.

Ce que nous recherchons, c'est une définition moderne de la séparation des pouvoirs. Elle doit assurer à l'exécutif, dans une période de transformation rapide et de confrontation économique, une vigueur et une autonomie de décision suffisantes. En contrepartie, le législatif doit pouvoir faire prévaloir ses vues, dans les domaines de sa compétence, sans être accusé de déstabiliser le pays.

Il faut donc un scrutin où intervient un certain degré de règle proportionnelle. Mais dans quelles limites, et comment le faire ?

Peut-on concilier les aspirations du monde rural et de la population des petites villes, qui souhaitent choisir eux-mêmes et élire le député qui les représente, avec la nécessité d'une représentation du pluralisme politique ? La solution existe. Elle consiste à transposer pour l'Assemblée nationale le mode d'élection pratiqué pour le Sénat : dans les départements où la population est inférieure à un certain chiffre, le scrutin resterait le scrutin d'arrondissement, de manière à répondre au désir du choix personnel là où celui-ci a un contenu réel. Dans les départements dont la population est supérieure à ce chiffre, et où les électeurs se sentent moins proches de leurs élus, la loi électorale deviendrait le scrutin proportionnel départemental. En fixant, par exemple, la limite à un million d'habitants, deux tiers des députés seraient élus au scrutin majoritaire et un tiers au scrutin proportionnel. Tous resteraient élus à un scrutin local, ce qui est fondamental.

On éviterait ainsi deux tentations : celle d'une augmentation du nombre des députés — augmentation totalement inopportune et condamnable dans un pays qui compte déjà, du fait de ses deux Assemblées, le plus grand nombre d'élus par habitant de tous les grands pays industriels, et qui alourdirait encore la procédure des débats parlementaires — et celle du recours à une solution à l'«allemande» qui, dans un pays sans structure fédérale, ferait élire sur le plan national des dirigeants de partis coupés des réalités locales et issus de sélections partisanes conduites à l'intérieur du milieu politicien professionnel, sans intervention ni des électeurs ni même, le plus souvent, des militants des formations politiques.

L'adoption de la loi électorale devrait se faire, elle aussi, par la voie du référendum. D'une manière générale, toutes les dispositions concernant la représentation démocratique des Français devraient utiliser la voie du référendum, prévue par la Constitution dans son article 11.

C'était mon intention de le faire pour la loi électorale, et je m'étais assuré de la stricte constitutionnalité de la procédure. Il est évident que, dans une démocratie avancée, c'est aux citoyens de décider en dernier ressort de la manière dont ils entendent élire leurs représentants, et non à ces derniers d'imposer au pays une recette élaborée par eux en vase clos, et évidemment destinée à faciliter leur propre réélection.

Cette réforme de la loi électorale devrait être réalisée dans les tout premiers mois qui suivront le changement de majorité présidentielle, de manière à apparaître comme une règle du jeu objective et durable, qui ne pourrait être modifiée dans l'avenir que par le recours au référendum.

★

L'information devrait être assurément le terrain d'excellence du pluralisme. Or, le débat entre les gouvernants et les moyens d'information est un des plus anciens du monde, et n'a pratiquement pas cessé depuis la découverte de l'imprimerie.

Rien ne le confirme mieux que d'assister à un de

ces entretiens qui concluent, dans l'alcool et dans la lassitude, les séances prolongées d'une réunion « au sommet ». Si la conversation se tourne vers le sujet de l'information, et elle le fait invariablement, alors l'accord et la solidarité des gouvernants deviennent unanimes. On est réconforté de sentir une pareille identité de vues, une camaraderie semblable à celle du temps des études, où chacun raconte son histoire sur les surveillants abusifs. Dirigeants socialistes et libéraux, démocrates-chrétiens ou conservateurs se joignent au concert et citent leur exemple personnel d'incompréhension et d'injustice pour nourrir le réquisitoire, pendant que monte et s'épaissit la fumée bleue des cigares.

Ce contentieux durera longtemps encore, comme d'ailleurs la méfiance de l'opinion publique vis-à-vis d'une information qu'elle croit toujours « manipulée » et « aux ordres du pouvoir ».

La seule solution possible réside dans la multiplicité des informations et dans le pluralisme des moyens d'expression. La liberté de l'information serait mieux nommée la liberté « des » informations. Cette solution reste évidemment imparfaite. Elle ne supprime pas l'existence d'informations biaisées ou manipulées ; elle laisse des puissances diverses, allant des intérêts financiers aux lobbies idéologiques, agir sur les médias isolés ; elle reste ouverte à ce mouvement malsain d'émulation qui fait que, dès qu'une nouvelle sensationnelle est lancée par un moyen d'information, elle est immédiatement reprise, sans enquête, par les autres. Mais toute autre formule présente davantage d'inconvénients. La recherche d'une « morale de l'objectivité », concevable dans l'abstrait, se révèle illusoire partout où l'on s'y est efforcé, à la seule exception notable de la B.B.C.

Quand les moyens d'information sont détenus par l'État, celui-ci n'arrive jamais à se désintéresser de leur fonctionnement. Même si les plus hauts dirigeants le souhaitent, les interventions persistent aux niveaux intermédiaires. Et les agents des médias eux-mêmes voient partout l'œil, ou plutôt l'oreille du pouvoir, et en tiennent compte inconsciemment.

Le monopole d'État accentue ces défauts jusqu'à la caricature. Il comporte l'inconvénient décisif d'étouffer la créativité.

Les commandes de programmes dépendent d'un seul organisme bureaucratique. Ni concurrence ni comparaison ne sont possibles. Et les choix sont faits par la pesante fantaisie d'une administration inerte dans ses décisions et étranglée dans les ressources de ses budgets.

J'avais dans une première étape, en 1974, fractionné le monstre de l'O.R.T.F. pour donner à la radio-télévision d'État des structures modernes et concurrentielles, bien que sa propriété restât encore exclusivement publique. La réforme a donné certains résultats positifs : les chaînes ont acquis des personnalités visiblement différentes ; plusieurs créations ont atteint un niveau acceptable de qualité. Mais la propriété publique a continué de peser de tout son poids. Les conseils d'administration n'ont pas réussi à prendre en charge complètement leurs responsabilités et sont restés recroquevillés dans le giron de l'État. Les forces centralistes ont continué de jouer, notamment au sein du personnel, pour tenter de reconstituer l'ensemble unique et ingérable. La concurrence est restée limitée et les ressources ont été insuffisantes pour susciter des créations atteignant le niveau international.

L'étape suivante devait être l'introduction de

chaînes privées. « Pourquoi ne l'avez-vous pas fait ? » est la question qui vient aussitôt à l'esprit, d'autant plus que l'on savait que j'y étais favorable. Question naturelle, à laquelle j'accepte volontiers de répondre, et qui conduit à cet exercice difficile consistant à replacer les problèmes dans leur contexte temporel.

La réponse est simple : tout le monde était contre ! L'opinion publique, interrogée par les sondages, la presse écrite, terrifiée par la perte de ses ressources publicitaires, les parlementaires de la majorité, dont le groupe le plus nombreux était résolument hostile, et l'autre hésitant et redoutant d'avoir à se prononcer. Si nous avions forcé le débat en 1979 ou en 1980, on m'aurait reproché de vouloir diviser la majorité sur un sujet secondaire, et d'autant plus inutilement qu'une chaîne privée ne pouvait pas être opérationnelle avant 1983 ! C'est pourquoi j'avais choisi une autre approche consistant à faire évoluer les données du problème, de telle manière que la solution devienne progressivement évidente.

Nous avions décidé avec nos partenaires allemands de construire et de lancer en commun un satellite de télévision dont le nombre de canaux excédentaires aurait permis l'affectation à des chaînes privées. Tous les spécialistes le savaient, et travaillaient déjà à sa préparation. Ce satellite aurait été lancé à la fin de 1983, ou au début de 1984. Et les téléspectateurs pourraient regarder aujourd'hui sur leur écran les émissions d'une première chaîne privée.

L'expérience socialiste a accéléré, ici encore, l'évolution des esprits. Devant le caractère partisan de l'information, et l'indigence parfois grotesque des programmes, les adversaires anciens du pluralisme se sont désormais ralliés à celui-ci.

Chacun a compris que le monopole avait signé lui-même, de sa main trop complaisante, son arrêt de mort. L'opinion publique, les parlementaires de la future majorité, les responsables de la presse eux-mêmes et les journalistes, lorsqu'ils s'expriment en privé, sont acquis à l'idée qu'une des premières décisions significatives de l'alternance libérale sera la suppression du monopole d'État de la télévision et de la radio.

La liberté d'établissement ainsi créée posera d'importants problèmes techniques : l'attribution des fréquences d'émission, la définition du cahier des charges minimales, l'articulation à établir avec la presse écrite, et notamment la presse régionale, pour assurer le maintien de son indépendance financière, la dénationalisation des participations de l'État dans l'audiovisuel et dans la publicité. Sur chacun de ces sujets la réflexion progresse, et je souhaite que les mesures d'application concrètes soient prêtes à temps.

Il ne faut pas croire que les effets du pluralisme seront limités à la seule information politique. La nature des programmes et leur production sont également importantes, car le choix désormais exercé par le téléspectateur conduira à une concurrence plus vive, à une imagination plus variée et, quoi qu'on en dise, à une amélioration du niveau de la production.

L'État conservera certains moyens de diffusion, une chaîne de télévision et une chaîne de radio, par exemple, pour les émissions qu'il juge utiles. Mais nous devons avoir l'idée de créer les conditions d'une véritable explosion de l'audiovisuel français, comparable à ce qu'a représenté la diffusion du livre imprimé au début du XVIᵉ siècle. S'il est attristant de constater aujourd'hui la quasi-absence de programmes français sur les centaines de millions d'écrans de télévision du monde, alors que les modestes ouvrages des artisans imprimeurs de Lyon circulaient dans l'Europe entière, l'explication est simple et confirmée par l'expérience : le monopole d'État, justifié à la naissance de l'instrument audiovisuel, a fini par étouffer sa spontanéité et sa créativité.

La télévision pluraliste de demain libérera les capacités inventives de la culture française. En quelques années, j'en suis sûr, la France s'affirmera comme un des pays les mieux placés pour répondre à la soif illimitée de programmes qui se manifestera dans les milliers de chaînes de télévision fonctionnant alors dans le monde.

CHAPITRE VI

VERS LA DÉMOCRATIE EN TEMPS RÉEL

L'ABRÉGEMENT du mandat présidentiel n'est qu'un des effets d'une évolution fondamentale de notre vie politique, qui est ce que j'appellerai le mouvement vers une démocratie en temps réel.

Dans les travaux informatiques, on a l'habitude de distinguer ce qui est effectué en temps différé et ce qui l'est en temps réel.

Par exemple, si avant de partir en voyage on cherche à évaluer la quantité d'essence à mettre dans le réservoir de son auto pour tenir compte de la consommation probable, on agit en temps différé. Si pendant le trajet, à partir d'indications données par un voyant, on ajuste constamment sa vitesse pour réduire au minimum la consommation d'essence, on agit au contraire en temps réel, c'est-à-dire qu'on accomplit l'action requise au moment où le temps s'écoule.

De même, lorsque les ordinateurs calculent la trajectoire d'une fusée avant son lancement, ils travaillent en temps différé : leurs calculs ne dépendent pas du temps qui est en train de s'écouler, et ils concernent un événement qui se produira «plus tard». Mais si, pendant le lancement, ils évaluent à tout instant les manœuvres à effectuer pour maintenir la fusée sur sa trajectoire, ils travaillent en temps réel.

Jadis le pouvoir démocratique était largement un pouvoir délégué, et l'acte démocratique essentiel consistait à élire un dirigeant, président, parlementaire ou maire, auquel on faisait confiance pour exercer son pouvoir, jusqu'à ce qu'il ait à venir en rendre compte au moment de solliciter un nouveau mandat. Naturellement on se tenait informé de ses activités, on le jugeait avec plus ou moins d'approbation, mais il était entendu qu'il exerçait lui-même, et en fait presque seul, la responsabilité qui lui avait été confiée. La désignation démocratique travaillait en temps différé.

Des évolutions récentes et universelles modifient cette pratique. L'intervention constante des sondages d'opinion portant sur les hommes et sur les résultats de leur action réduit le sentiment de délégation du pouvoir : son exercice est contrôlé, relaté au jour le jour, en temps réel. La puissance des nouveaux moyens audiovisuels, et notamment l'impact instantané de l'image, agit dans le même sens en faisant ressentir l'événement comme intérieur à chacun des téléspectateurs, et en déclenchant une réaction ou une approbation immédiate qui transforme le dirigeant en acteur et partenaire de l'émotivité quotidienne. Le délai qui permettait au gouvernant d'agir à distance du gouverné se réduit. La décision, l'explication, la critique et le jugement de l'opinion deviennent quasi simultanés : la démocratie vit en temps réel.

Cette évolution entraîne des conséquences directes sur le fonctionnement des institutions. Elle change aussi la nature des responsables politiques en leur donnant une double personnalité, celle d'hommes de gouvernement et d'hommes de communication. Désormais ils seront inévitablement sélectionnés et jugés sur ces deux critères, au lieu d'un seul.

★

La démocratie en temps réel invite à analyser plus complètement l'ambiguïté, ou plutôt l'ambivalence de la fonction présidentielle telle que nous l'avons déjà évoquée, et qui réunit à la fois un pouvoir d'arbitrage et d'expression de la permanence nationale, et l'exercice d'une responsabilité de gestion courante.

Dans une démocratie déléguée, cette addition de deux pouvoirs différents reste acceptable par l'opinion. La délégation faite des tâches de gestion courante les assimile à une activité annexe de l'exercice de la permanence nationale. Mais, aussitôt que la démocratie se pratique en temps réel, cette confusion engendre des tensions : l'exigence ressentie de contrôler à tout instant et de juger les actes quotidiens du pouvoir dégrade l'acceptation de la fonction d'arbitrage. Cette fonction s'efface peu à peu, et est remise en question par les réactions plus vives, les impressions plus fortes que déclenchent les décisions prises au jour le jour. Si le président se consacre davantage à sa fonction d'arbitrage et de durée, pourtant essentielle dans la vie d'une collectivité, il est perçu comme lointain, distant des réalités quotidiennes, et, à la limite, absent. Dans un cas, un président qui s'use sans remplir la fonction pour laquelle il a été élu ; dans l'autre, un président qui s'éloigne et ne répond plus à l'exigence quotidienne de ceux qui l'ont élu.

Existe-t-il une réponse à cette nouvelle demande suscitée par la démocratie en temps réel ? On peut la chercher dans la voie d'un double exécutif.

Je me souviens d'avoir parlé de ce problème avec un jeune et brillant anthropologue qui me conduisait sur les pistes d'alluvions noires et ravinées du lac Rudolph, à la frontière du Kenya et de l'Éthiopie, où il voulait me montrer le squelette et les défenses d'un éléphant contemporain des premiers hominidés.

La chaleur était si lourde que l'air avait changé de nature : ce n'était plus un gaz, mais un fluide visqueux, atone, qui étouffait les sons et pesait sur la moire lisse du lac. « Je ne comprends pas, me disait-il, pourquoi on demande à une même personne de se préoccuper des problèmes à long terme, de représenter son pays à l'extérieur, et en même temps d'être aux prises avec les réalités quotidiennes. Ce sont évidemment des responsabilités différentes. Dans toute cellule sociale, dans toute entreprise, ces fonctions sont distinctes. Pourquoi ne pas les séparer dans les États modernes, et charger les uns de ce qui est permanent, des problèmes où le pays se présente comme un tout, aux prises avec le monde extérieur et avec le futur, et confier à d'autres le soin de régler les problèmes annuels, ceux auxquels les mouvements quotidiens ou saisonniers de la vie vous confrontent ? Je crois que ce serait bien meilleur. » On voyait les crocodiles étirer la crête de leur dos à la limite de la surface pesante de l'eau ; en face, les collines jaunes de l'Éthiopie, où sont déposées, écrasées par le soleil et par le temps, les premières traces de la vie humaine semi-consciente. Nous sommes entrés dans sa case palissée à mi-hauteur de roseaux, et remplie de livres aux couvertures fanées et déchirées. Il me parlait à sa manière du double exécutif.

La France possède la chance de disposer, dans les institutions de la Vᵉ République, de l'amorce d'un double exécutif. Ce n'est pas l'effet du hasard, mais la recherche d'une solution qui soit compatible avec les deux exigences qui se manifestaient en 1958 : celle du général de Gaulle souhaitant que la présidence de la République qu'il se préparait à assumer soit chargée de conduire et d'animer les grands intérêts du pays, tout ce qu'il jugeait vital, comme la défense et les relations extérieures de haut niveau, et aussi ce qui est permanent, tel que les lignes directrices de l'évolution politique et sociale; et d'autre part l'exigence du milieu politique qui entendait conserver la maîtrise de la gestion quotidienne et «politique» du pays, «politique» au sens où on l'entend dans la vie locale. Ce n'était donc pas, comme on l'a dit, une solution ambiguë, mais l'amorce, souhaitée de part et d'autre, d'un double exécutif.

L'élection du président de la République au suffrage universel, décidée quatre ans plus tard, a entraîné une interprétation différente de la fonction présidentielle. Ce n'est pas le motif pour lequel le général de Gaulle avait souhaité ce changement. Il s'agissait dans son esprit non pas de renforcer la légitimité du président de la République par une élection populaire — surcroît de légitimité dont il estimait n'avoir aucun besoin lui-même — mais de soustraire le choix du responsable du «premier exécutif» aux manœuvres des comités et des partis, telles qu'elles se manifestent dans un scrutin restreint, et dont il pensait qu'elles finiraient par se fixer sur une personnalité médiocre dont le critère de désignation serait d'être accommodante avec tout le monde, sans être dérangeante pour personne. L'élection populaire, pensait-il, obligerait les candidats à se donner une personnalité nationale, et déplacerait les enjeux vers le haut.

Mais le changement de mode d'élection conduisait aussi à un changement de pouvoir. Le déroulement de la campagne électorale, la nature des promesses faites et des engagements pris, le choix personnel de l'électeur, où il voyait une espèce de contrat réciproque et direct entre le président et lui, ont fait du président de la République le premier et, en fait, le seul responsable de la vie politique. Le Premier ministre est devenu dans la pratique une sorte de chef d'état-major : le Weygand du maréchal Foch.

Cette évolution s'est illustrée dans le choix symbolique de Georges Pompidou, ancien directeur de cabinet du général de Gaulle et personnalité non élue, comme Premier ministre, pour succéder à Michel Debré, parlementaire et homme politique. Elle a entraîné chez les Premiers ministres successifs le sentiment qu'ils n'atteindraient la pleine responsabilité qu'en visant la candidature à l'Élysée. Sur les six Premiers ministres de la Ve République, sans compter celui qui était en fonctions lors de la dernière élection, quatre ont été déjà candidats à la présidence de la République : Michel Debré, Georges Pompidou, Jacques Chaban-Delmas et Jacques Chirac, et un cinquième s'est interrogé sur cette possibilité, Pierre Messmer.

Le passage du temps, en normalisant la pratique de l'élection présidentielle, aurait pu atténuer cette évolution, mais la coupure de la France en deux camps politiques, accentuée par le scrutin majoritaire et officialisée par la signature du programme commun entre le parti socialiste et le parti communiste en 1972, a conduit l'opinion publique à reconnaître dans le président de la République le chef du camp des vainqueurs, et donc le responsable de l'application de son programme et de la satisfaction des attentes que son élection a éveillées.

A partir de cet état de choses, deux évolutions sont possibles.

L'une consiste à accepter et à organiser la présidentialisation du système, c'est-à-dire à considérer que le président élu exerce en fait la totalité du pouvoir exécutif. Dans ce cas, pour que le contrat conclu avec l'opinion soit équilibré, la démocratie en temps réel exige que le mandat soit nettement raccourci. En même temps il faut s'habituer à l'idée que les rapports avec le pouvoir législatif deviennent semi-conflictuels, pour entretenir un débat démocratique sur les options quotidiennes et pour éviter qu'en fin de mandat le ballant de l'alternance ne soit trop fort et ne secoue trop profondément le pays. C'est une direction qui est éloignée de notre tradition politique, et aussi de notre attitude culturelle ; celle-ci, en effet, se résigne difficilement à concéder un pouvoir global et admet la différence entre les exigences du présent, sur lesquelles on souhaite garder un moyen d'influence, et les nécessités du futur et de la vision d'ensemble, pour lesquelles on accepte une certaine délégation de responsabilité.

Le terreau culturel existe donc pour une évolution qui nous conduirait vers un double exécutif.

Comment celui-ci pourrait-il fonctionner ?

Le président de la République serait tenu pour responsable des orientations et des décisions qui concernent la vie de la nation dans sa durée et dans son environnement extérieur. De manière imagée, il aurait la charge de la France comme partenaire de son histoire et du monde de son temps, bref des matières à propos desquelles la France est perçue comme une unité, et agit comme telle. Sa fonction en ferait un rassembleur, un chercheur de consensus et un arbitre. Cette responsabilité, il ne l'exercerait pas seul, mais dans le cadre des institutions. Ce ne serait pas, comme on l'a dit, un domaine réservé à sa seule discrétion. Il exposerait ses intentions en Conseil des ministres, où elles seraient discutées et, le cas échéant, contredites, ce qui pourrait entraîner la démission du gouvernement. Le Parlement en débattrait librement, et pourrait lui refuser les moyens de tel ou tel aspect de sa politique. Le président de la République lui ferait connaître sa position par le moyen de messages, dont le recours deviendrait fréquent et normal. Il garderait intact, bien entendu, le droit discrétionnaire de dissolution.

L'exécutif de la France du quotidien, celle qui débat de ses choix intérieurs, qui répartit ses ressources et ses charges, qui fixe ses programmes annuels, qui organise et allège son administration, qui améliore la gestion de son régime de protection sociale et de son système éducatif, cet exécutif serait assuré, aux yeux de tous, par le Premier ministre.

Ce ne serait pas, en soi, un exécutif inférieur : la vie quotidienne est celle qui concerne le plus directement nos compatriotes, et qui dicte souvent leurs choix électoraux. Mais ce serait un exécutif qui agirait en intégrant la notion de différence d'opinion, naturelle sur de pareils enjeux, et en acceptant celle d'une mobilité de l'opinion qui accompagne en temps réel les fluctuations de l'actualité.

Le changement du Premier ministre serait

décidé en fonction des résultats de la tâche qu'il exerce, évalués soit par le président de la République, soit par le Parlement, sous la forme d'une motion de censure. Il perdrait alors ce caractère de tension dramatique que lui a conféré la pratique semi-présidentielle des vingt dernières années, et qui lui a donné un arrière-goût de disgrâce ou de parricide.

Le président de la République s'affirmerait l'homme de la durée et de l'unité; il agirait en temps différé. Le Premier ministre serait l'homme du quotidien et du foisonnement pluraliste de la société; il agirait en temps réel.

★

Le développement des moyens audiovisuels transforme la nature des relations entre l'opinion publique et les dirigeants. Lorsque le pouvoir démocratique était largement délégué, il suffisait pour l'opinion de s'informer sans hâte : elle lisait les journaux, parfois le compte rendu des débats et des discours. Elle recueillait des réflexions, s'alimentait du produit de conversations. Elle élaborait lentement un jugement, souvent pénétrant, notamment en ce qui concerne la personnalité des hommes d'État. J'étais frappé de voir que les quelques adjectifs qu'elle appliquait à des hommes aussi différents que Léon Blum, Antoine Pinay, Pierre Mendès France étaient aussi justes que s'ils avaient été choisis par La Bruyère! Le développement de l'image a tout modifié. L'homme public est devenu quelqu'un qu'on regarde tous les jours, qu'on écoute parfois, et dont on lit rarement les écrits. Il est devenu, par la force des choses, un homme de communication.

Dans un premier mouvement, on se contente de dire : désormais l'homme de gouvernement doit savoir bien communiquer. De même l'opinion reproche aux uns et aux autres de ne pas expliquer suffisamment ce qu'ils font.

Mais ce n'est qu'une vue partielle de la réalité. Non, il ne suffit pas que l'homme de gouvernement sache bien communiquer ! Il faut qu'il soit à la fois un homme de gouvernement et un homme de communication. Il lui arrivera en effet d'être jugé de manière entièrement distincte sur ces deux fonctions. De l'homme de gouvernement on observera : « Il n'a pas été suffisamment précis ; il aurait dû expliquer comment obtenir tel ou tel résultat ; il connaît bien son dossier. » A propos de l'homme de communication, on notera : « Sa voix était trop haute. Pourquoi portait-il des lunettes ? Il ferait mieux de ne pas lire son texte. Il avait l'air fatigué. »

La communication elle-même est devenue complexe. Ce n'est plus la simple argumentation, moins encore la justification, mais plutôt la transmission d'un certain nombre de données ou d'impulsions, l'ouverture d'un certain nombre de pistes où l'esprit de l'auditeur s'engage de lui-même. Le geste et l'acte font partie de la communication. Le geste évidemment : le sourire, le mouvement des bras qui fait participer à l'espace vivant, mais aussi, en sens contraire, la raideur de la colonne vertébrale qui communique un sentiment de gêne, la réponse trop rapide qui, en interrompant la question, donne à l'auditeur l'impression qu'on n'écoutera pas ce qu'il souhaite exprimer lui-même. De même l'acte : la manière de décider, l'hésitation ou la contradiction décelée par des détails, l'emphase, l'habileté qui fait flairer la manipulation.

On peut s'étonner de cette double nature d'homme de gouvernement et d'homme de communication. Mais elle n'est pas sans précédent dans l'histoire : il fallait jadis cumuler les qualités, pourtant bien différentes, de chef de guerre et d'homme de gouvernement : César, Washington, Bonaparte. Et l'éloquence elle-même, la grande éloquence, n'est-elle pas d'une nature très éloignée de l'art de gouverner?

On doit accepter désormais que la fonction de communication soit placée à égalité avec la fonction de gouvernement, l'égalité n'exprimant ici aucun jugement de valeur, mais la reconnaissance de la nécessité simultanée de ces deux capacités.

L'éminence, sinon la prééminence, du rôle de communication crée un danger. On a déjà observé que, dans le monde contemporain, les hauts dirigeants n'étaient plus choisis selon leur aptitude à exercer les fonctions pour lesquelles ils sont élus. La primauté peut être donnée, un jour, au seul talent de communication.

Déjà dans une campagne présidentielle, où la décision est puissamment influencée par l'image télévisée, le risque est présent : une grippe le matin d'un débat ; un mot malheureux qui soit un simple lapsus et qui ne révèle aucune de ces pulsions de l'inconscient dont la malveillance le chargera. Plutôt que de se révolter contre une tendance inexorablement liée à un développement des moyens techniques, encore appelé à se poursuivre, il faut reconnaître les faits et en accepter les conséquences.

Dans sa formation personnelle, dans sa réflexion, l'homme public moderne doit faire entrer la préoccupation de savoir communiquer, comme jadis les premiers prêcheurs dominicains.

Ce ne sera pas sans profit pour lui, car il comprendra à son tour que l'opinion telle qu'elle est, telle qu'elle ressent, telle qu'elle réagit, est bien le champ de forces avec lequel tout dirigeant doit savoir composer.

Et pour réduire, sans le faire disparaître, le risque de perversion du jugement lié à la puissance d'un moyen de communication, la seule solution est d'en multiplier le nombre. Le « coup » restera possible : l'image trop forte, empoignante et bouleversante ; l'affirmation mensongère montée en dernière heure, dont nous connaissons un coupable et puissant exemple ; le sondage fabriqué pour déstabiliser l'opinion. Mais la multiplicité des médias, le fait pour chaque citoyen de s'alimenter à plusieurs sources d'images et d'information en atténueront la portée et permettront la recherche progressive d'un équilibre.

Ainsi constate-t-on que, pour bien fonctionner, la démocratie de communication a besoin d'une information largement pluraliste. Comme nous l'observerons en économie, le problème n'est plus d'améliorer la qualité de la décision du pouvoir central — ici d'améliorer la qualité ou l'éthique d'un message émis par un moyen central —, il est de multiplier les systèmes qualifiés de décision et d'émission.

Nous tirerons plus loin les conséquences de cette nécessité. La démocratie en temps réel est incompatible avec tout monopole de l'information.

★

Elle suppose aussi une intensification des moyens par lesquels l'opinion est non seulement consultée, mais intimement associée à la prise de certaines décisions.

Dans notre conception traditionnelle, la décision descend du pouvoir, comme la pluie tombe du nuage. Jadis le pouvoir était héréditaire et personnel. Pour en écarter l'arbitraire, on l'a remplacé par un pouvoir élu. Puis on a divisé celui-ci en branches : exécutif, législatif et judiciaire. Mais l'ensemble de ces pouvoirs reste accroché dans la haute atmosphère.

Dans la démocratie en temps réel, caractérisée par la quasi-simultanéité de l'information, de la décision et de la réaction de l'opinion, cet éloignement est ressenti comme une anomalie. Un nombre croissant de décisions doivent être élaborées au voisinage de leur niveau d'application : entreprises, universités, communes.

C'est ainsi que des négociations nationales entre organisations patronales et syndicales s'éloignent de plus en plus de la réalité diversifiée des situations, et que l'intervention d'une loi universitaire unique englobant la totalité des établissements et des grandes écoles apparaît comme un contresens, et bientôt comme le formalisme ridicule d'une société dépassée. Et c'est ainsi que l'action de décentralisation va dans le bon sens, et qu'elle devra être poursuivie et complétée, à son appellation près, car il s'agit non de faire éclater un pouvoir central pour que chacune des communes reçoive les miettes qui tombent de la fusée, mais plutôt de faire surgir de la base des formes nouvelles d'organisation, et d'ouvrir le champ à de futures initiatives.

Le référendum est un instrument naturel de la démocratie en temps réel. Or son usage reste étroitement cantonné par notre Constitution :

il ne peut s'appliquer qu'à l'organisation des pouvoirs publics et à la ratification des traités internationaux. Déjà nous avons vu qu'il devrait être le mode obligatoire de décision lorsqu'il s'agit de choisir comment et par qui les citoyens seront représentés, ce qui est le cas de la durée du mandat présidentiel et de la loi électorale.

Son usage devrait être étendu de deux manières : en permettant son utilisation sur des sujets de société et en donnant aux citoyens, avec les garanties nécessaires, l'initiative du référendum législatif.

★

Les changements les plus profonds de notre vie individuelle et collective portent sur ce qu'on appelle les problèmes de société, pour les distinguer des questions économiques. Afin de clarifier les idées, et en connaissant les limites de ce genre de simplification, on peut dire que de 1750 à 1850 le centre du débat dans notre pays a été politique, que de 1850 à 1950 il s'est fixé sur l'économie, et que depuis les années 1960, et sans doute pour une longue durée, il s'est déplacé vers les valeurs de société.

Le débat sur ce type de problèmes présente un caractère particulier : au lieu d'être piloté par les réflexions et les propositions d'un petit nombre, à la manière dont la discussion sur les institutions politiques s'est développée au XVIIIe siècle, il est déclenché et alimenté par les mouvements profonds, conscients ou inconscients, de la vie sociale : changement des mœurs ; modification de l'habitat et des loisirs ; transformation des attitudes religieuses ; nouvel état des relations au sein de la famille; effets de la libération sexuelle; diminution accélérée du nombre des mariages[1]; évolution du système éducatif; intrusion de l'audiovisuel dans la vie personnelle; nouveau réseau de rapports hiérarchiques, notamment dans l'entreprise. Tous ces mouvements précèdent en fait la prise de conscience publique des problèmes. Quand ceux-ci apparaissent au grand jour, les réponses sont déjà en cours d'élaboration et parfois même d'application dans le tissu social. Bien entendu, certaines de ces évolutions engendrent des tensions fortes, des rejets, ou des procès d'intention, que l'intervention du législateur ne suffit pas toujours à désarmer.

Pour ceux qui n'acceptent pas la solution choisie, le vote d'une loi paraît procéder d'une manœuvre politique, ou même du refus de prendre en compte une opinion jugée majoritaire «dans le pays», si bien qu'une campagne permanente s'organise pour faire pression en vue de son annulation. Au lieu d'accompagner l'évolution, l'adoption d'une loi risque de conduire à un abcès de fixation qui durcit les antagonismes.

Si cette loi était soumise à référendum populaire, c'est l'opinion publique elle-même qui se prononcerait. En ratifiant la mesure proposée, elle éteindrait la querelle et apaiserait les tensions. En la rejetant, elle contraindrait le Parlement à réexaminer la mesure.

---

1. Le nombre des mariages a été de 300 000 en 1983, soit 100 000 de moins qu'il y a dix ans. La proportion de femmes restant «célibataires», qui était traditionnellement en France de l'ordre de 8 %, dépasserait 35 % si le taux de nuptialité observé en 1983 se maintenait.

L'extension de la procédure du référendum aux sujets de société exige la modification de l'article 11 de la Constitution. Des précautions devront être prises pour éviter que dans notre pays, à forte impulsivité latine, on en vienne à réclamer des référendums à tout propos et sur tout sujet. On peut envisager que le président de la République puisse soit décider de procéder à un référendum sur la proposition du gouvernement pour une loi déjà adoptée par les deux Assemblées — le fait que la loi ait été débattue par le Parlement a le mérite de rendre publique la discussion approfondie des arguments —, soit recourir au référendum sur la proposition conjointe des deux Assemblées, désireuses elles-mêmes de recueillir le sentiment de l'opinion publique.

★

Le référendum d'initiative populaire vise une autre situation : celle où le pouvoir politique a proposé, et le Parlement accepté, une loi sur laquelle l'opinion publique veut revenir et en demander l'abrogation. On imagine que cela pourrait être le cas, par exemple, d'une loi restreignant la liberté des parents concernant le choix de l'école de leurs enfants.

Ici encore des conditions devraient être exigées pour éviter le risque de multiplication des référendums, en particulier un nombre élevé de signatures d'électeurs provenant de plusieurs départements. Le référendum serait organisé à l'initiative du Conseil constitutionnel qui prononcerait, le cas échéant, l'abrogation du texte incriminé.

Ces deux extensions de la procédure référendaire seraient introduites non dans l'intention de limiter ou de contredire les décisions du Parlement, mais dans celle de rechercher une adhésion plus directe et explicite de l'opinion publique aux quelques orientations essentielles de la vie en société. Peut-être les réponses apportées surprendraient-elles plus d'une fois ceux qui auraient pris l'initiative de l'interroger !

CHAPITRE VII

LA MONTÉE DES VALEURS DE LA FEMME

Un des changements qui affectent le plus profondément la société française est la montée des valeurs de la femme.

Cette montée résulte de l'évolution de la condition des femmes, mais elle la dépasse, car elle concerne la société tout entière.

★

La condition des femmes, c'est-à-dire leur rôle, leur mode de vie, leur activité professionnelle, évolue à un rythme très rapide depuis la guerre. Des signes précurseurs avaient été perceptibles auparavant : sans remonter jusqu'à Lysistrata et à l'initiative qu'elle avait prise pour mettre fin à la guerre entre Sparte et Athènes, on a vu apparaître au début de notre siècle des mouvements politiques d'émancipation féminine dans les pays anglo-saxons, et on a admiré la place conquise par des femmes dans des activités nouvelles telles que l'aviation. Mais la société restait massivement à domination masculine : pas de droit de vote pour les femmes, aucune fonction de responsabilité en vue pour elles. Lorsqu'elles travaillaient — elles étaient nombreuses à le faire dans le textile ou la grande distribution —, c'était un travail silencieux, de fourmis anonymes, sous-rémunérées, et absentes de la direction des organisations syndicales.

Les trois coups ont été frappés au lendemain de la guerre : droit de vote reconnu aux femmes, principe posé de l'égalité des salaires masculins et féminins.

Le cortège des femmes s'est mis en marche et est entré, lentement d'abord, par petits groupes d'éclaireurs, puis massivement, dans le monde du travail. Il a occupé en force quelques professions, puis il a remonté la filière des examens et des concours pour tendre à devenir majoritaire dans des activités traditionnellement masculines, telles que la magistrature, l'enseignement, les professions médicales, les vétérinaires, auxquelles viennent s'ajouter, chaque année, d'autres catégories, parmi lesquelles l'informatique ne fera pas exception.

Ce résultat a été acquis au prix de beaucoup d'efforts. Dans le système éducatif, le fait pour les jeunes filles de vouloir accéder à des filières nouvelles, d'être admises sur un pied d'égalité dans les classes préparatoires aux grandes écoles se heurtait à des résistances tenaces. Elles y étaient accueillies avec condescendance. Progressivement, les résultats dont elles se sont montrées capables ont fait mûrir les comportements.

Les portes des professions ne se sont ouvertes qu'avec regret. On laissait entendre que le niveau de la capacité professionnelle en serait dégradé. A l'intérieur de chaque métier on recherchait ceux des postes, généralement secondaires, qui pourraient être confiés à des femmes. Leur nomination à des niveaux de la hiérarchie comportant une autorité sur des hommes était, dans un premier mouvement, jugée irréalisable. Les promotions ont été rares, puis l'opinion s'y est accoutumée.

Sous la pression du mouvement, la France stupéfaite a vu sa population active doubler. Et les femmes apportent et diffusent avec elles le système de valeurs qui leur est propre.

★

La transformation de la condition féminine rencontre des obstacles, les uns pratiques, les autres psychologiques. L'égalité des salaires masculins et féminins n'est qu'imparfaitement respectée, ou contournée par le choix des postes de travail offerts aux femmes. Le déroulement des carrières, ajusté aux besoins masculins, puisqu'il est conçu pour un homme marié titulaire d'un seul salaire, s'adapte mal à la souplesse souhaitée par les femmes en raison des interruptions d'activité dues aux événements de leur vie familiale. De même beaucoup d'horaires restent rigides et le travail à temps partiel est malheureusement exceptionnel.

Un effort de débroussaillage, d'ajustement et d'assouplissement était nécessaire. Je l'ai fait entreprendre à partir de 1974. Il s'est poursuivi depuis. Il n'est pas encore achevé et continuera d'exiger une vigilance constante : au fur et à mesure que le cortège avance, il découvre de nouveaux horizons et bute sur des limites jusquelà inexplorées. La législation et la pratique devront continuer à s'ajuster à cette arrivée, puis à cette présence des femmes dans l'ensemble de notre vie active.

Les obstacles psychologiques viennent, comme souvent dans les situations de ce type, des deux côtés. Il est évident qu'un certain nombre d'hommes accueillent cette évolution avec irritation ou dérision, et manifestent leurs sentiments de manière blessante. On se souvient du commentaire du ministre de l'Intérieur des États-Unis, qui lui a valu de démissionner du gouvernement : «Quand on me propose la composition d'une commission, c'est toujours la même chose : une femme, un Noir, deux juifs et un handicapé. »

Il est vrai aussi qu'il existe chez les femmes, du fait de la longue soumission qu'elles ont subie et des frustrations qui l'accompagnent, certains réflexes hyperdéfensifs : suspicion devant les gestes positifs venant de la communauté masculine dans lesquels elles flairent un relent de néo-colonialisme ou de récupération; désir corollaire de conduire elles-mêmes la totalité de la transformation de leur condition, sans mesurer qu'elles reconstituent ainsi un autre chapitre de l'histoire de leur ségrégation.

Ces réflexes s'expliquent et se comprennent. Ils accompagnent inévitablement toute phase d'évolution rapide, mais ne doivent pas obscurcir l'objectif à atteindre : réaliser la parfaite mixité de la vie sociale et professionnelle, eu égard bien entendu aux désirs de chacun, et notamment au type d'équilibre qu'il recherche entre sa vie familiale et sa vie professionnelle; accepter d'une manière sereine et non vindicative l'existence de caractères spécifiques, au premier rang desquels figure la différence des sexes, et traduire dans la vie pratique les aménagements qu'ils entraînent.

★

Si cette transformation s'accompagne, ici et là, de dernières crispations, elle constitue pour la

France une chance exceptionnelle d'enrichissement humain.

Sans avoir de l'ethnologie autre chose qu'une connaissance malheureusement limitée, je suis passionné par l'histoire de l'espèce humaine et des groupes qui la composent. C'est intentionnellement que j'ai évoqué dans *Démocratie française* le problème du destin de «l'espèce». Et lorsque je participais, comme président de la République, à des manifestations en province, je recherchais dans l'aspect physique, la couleur des yeux ou des cheveux, dans les attitudes, dans le nom des villages traversés les traces des tribus franques ou vikings, des peuplements celtes ou latins. Aujourd'hui, par mes lectures ou par mes voyages, je ressens les caractères et les aptitudes des grands ensembles de notre humanité bouillonnante.

Or je crois que, parmi les groupes humains actuellement en évolution dans le monde, l'ensemble constitué par les femmes françaises est un des plus remarquables de tous par la réunion de ses qualités : une intelligence éveillée et proche de la vie; un équilibre physique fait d'aisance, d'attirance et de mesure; une sensibilité discrète et généreuse; du réalisme et du sens pratique pour les grandes comme pour les petites choses; un courage tenace, même lorsque l'adversité se prolonge; enfin une faculté d'adaptation aux modes de vie, aux tâches professionnelles nouvelles, qui les met à l'aise partout, sans rompre la continuité de leur personnalité; et je ne peux pas oublier le reflet qu'elles ont sans doute recueilli de notre paysage, ce passage alterné de soleil et de nuages qui mêle dans leurs rapports extérieurs la gravité de l'instant et la luminosité soudaine du sourire; leur sens de la couleur et du geste; leurs soins vifs et affectueux pour leurs enfants. Bref, un ensemble humain exceptionnel, dont l'entrée dans la vie active coïncide avec un certain essoufflement de notre espèce, et qui lui apporte ainsi à un moment décisif un ferment puissant d'enrichissement et de renouvellement.

Cet apport se traduit par la montée dans notre société des valeurs propres aux femmes. C'est un phénomène distinct de celui de la participation active des femmes à la vie sociale. Peu à peu ces valeurs se diffusent et gagnent la totalité de la population : importance donnée à l'intuition dans la formation du raisonnement et du jugement ; part de l'affectivité dans la communication individuelle ou collective ; attachement aux structures de proximité, familles ou associations ; développement d'un réalisme pratique. Or ces valeurs répondent, comme nous l'avons vu, aux principales tendances d'évolution de notre société. Au lieu de handicaper cette évolution, elles la favorisent donc, et dialoguent avec elle.

Ce serait une erreur profonde que d'y voir un mouvement vers une société unisexe, qui serait sans doute l'étape déclinante vers une société asexuée. Il s'agit en réalité d'un retour à l'équilibre.

De même que l'évolution contemporaine tend à restaurer la parité entre les fonctions exercées par la partie gauche et la partie droite de notre cerveau, l'affectivité et le raisonnement abstrait, de même la montée puissante des valeurs de la femme rééquilibre notre culture d'une manière plus complètement adaptée à la vie de l'ensemble.

★

Il se trouve que cette diffusion des valeurs apportées par les femmes va à la rencontre des courants autour desquels s'organisera la société de demain.

Les tendances de l'évolution à venir — démassification des structures, développement de cellules sociales plus proches et plus chaleureuses, recours à un empirisme intuitif pour s'adapter à la complexité des problèmes, recherche de modes d'organisation du travail plus flexibles — répondent à des attitudes ou à des besoins exprimés par les femmes.

Il n'est pas utile de s'interroger pour savoir s'il s'agit d'une coïncidence ou si nous observons l'effet de deux courants d'une même évolution. L'essentiel est de constater que la société que nous recherchons s'organisera et évoluera d'une manière telle que les capacités des femmes et leurs attitudes concernant les problèmes de leur vie de travail et de leur vie sociale s'y inséreront d'une manière naturelle et contribueront à élaborer les solutions du futur.

★

Peu à peu, la prise de conscience de ces valeurs conduira les femmes à jouer un rôle croissant, mais, je l'espère, non exclusif pour ne pas reconstituer un déséquilibre inverse, dans des matières considérées jusqu'ici comme appartenant à la compétence traditionnelle des hommes : c'est ainsi qu'on verra leurs aptitudes s'exercer dans la gestion des finances locales, à laquelle leurs dispositions naturelles les préparent, dans la recherche appliquée, dans la justice, en y incluant les niveaux élevés de la magistrature, et dans la gestion de l'informatique, lieu de rencontre entre la vocation plutôt masculine aux calculs théoriques et la capacité féminine aux réalisations pratiques.

Mais, à côté de ces développements professionnels, accueillons cette montée des valeurs de la
féminité pour ce qu'elle représente d'essentiel :
un enrichissement fondamental de notre vie
collective.

CHAPITRE VIII

LE POUVOIR ET LES FRANÇAIS

Avant de poursuivre, j'aimerais marquer un temps d'arrêt en présentant quelques réflexions qui, sans entrer dans le plan de ce livre, peuvent cependant constituer des éclairages utiles à la compréhension de l'ensemble.

Ces réflexions concernent plusieurs sujets : le pouvoir de l'homme d'État tel qu'il est ressenti par l'opinion ; la question de « l'état naturel » des sociétés politiques ; la contradiction qui existe entre les qualités individuelles des Français et leurs difficultés à conduire leur vie collective ; et les motifs pour lesquels nous avons parfois l'impression de vivre dans un pays peuplé d'un million d'habitants. Quatre questions différentes, sans lien entre elles, mais qui expliquent telle ou telle attitude prise à propos de notre projet.

★

Le pouvoir de l'homme d'État

A cause de leur très longue habitude d'un pouvoir centralisé et personnel, unique dans l'histoire de l'Europe, les Français imaginent que le chef de l'État dispose d'un pouvoir pratique absolu et que,

195

s'il ne peut pas faire tout ce qu'il veut, à cause des limites républicaines, il a néanmoins, quand il décide d'agir, tous les moyens de faire appliquer ses décisions.

Cette attitude d'esprit, typiquement française, s'observe dans les comportements quotidiens, par exemple le courrier présidentiel. L'objet d'une lettre écrite au président de la République consiste à lui demander de prendre une décision contraire à celle que l'administration et le gouvernement ont mise en œuvre, de procéder à une nomination ou à un déplacement de fonctionnaire, ou de corriger une sentence de justice dans un conflit de droit public ou privé, toutes choses que le président de la République n'a guère les moyens, ni le droit, de faire. Et pourtant, si la réponse est négative, elle décevra, et même blessera le demandeur. Je me souviens de la lettre amère d'une jeune fille qui m'avait prié de la recommander à un concours de recrutement de l'administration des Postes. Par l'insuffisance de ses épreuves, elle y avait finalement échoué, et, pour des raisons évidentes de justice, je m'étais contenté de m'informer des résultats : « On m'avait dit que vous étiez un homme puissant ! Je constate que je me suis trompée ! »

L'intervenant demande au président de défaire d'un seul coup, à son avantage, tout le réseau des protections qu'il a mis en place soigneusement lui-même pour s'opposer aux excès éventuels du pouvoir : lois, tribunaux administratifs, indépendance du pouvoir judiciaire, décentralisation des compétences. S'il adopte cette attitude étrange, et apparemment incompréhensible, c'est qu'il perçoit le pouvoir comme disposant de moyens illimités d'action, dont il ne comprend pas qu'il ne les exerce pas, quels que soient les obstacles, en faveur de ce qu'il considère comme le droit suprême, plus fort que tous les autres droits, et qui est l'idée qu'il se fait de ce qu'il est juste qu'il obtienne.

De même, lorsqu'une situation aboutit à une forte tension à la suite d'un conflit entre le Parlement et une catégorie sociale, ou lorsqu'une profession rejette l'application d'une décision prise par le gouvernement dans le cadre de ses responsabilités normales, cette catégorie ou cette profession demande à être reçue par le président de la République. Vous constaterez qu'elle se déclarera invariablement « déçue » si celui-ci n'annonce pas qu'il va faire modifier la décision incriminée, ce qui est hors de son pouvoir normal. S'il prend le risque de le faire, il bénéficiera pour quelques jours de l'approbation chaleureuse de ceux qui, dans les mois suivants, s'indigneront de ce que le président de la République « se mêle de tout » et ait une conception trop personnelle de l'exercice de sa fonction.

Cette difficulté à mesurer le champ de ce qu'Yves Cannac a appelé avec talent le « juste pouvoir » tient, comme je l'ai dit, à de profondes racines culturelles : neuf siècles de pouvoir absolu et personnel ; le sentiment que la justice n'est pas une relation équitable au sein du groupe social, mais un dû qui s'impose à toutes les institutions, au-delà même de la légalité.

Elle s'explique aussi par une mauvaise perception de la localisation de la force politique : on croit que la force de diriger, de commander, de conduire se trouve au sommet, et que le reste de la société politique est amorphe. D'où le brusque renversement observé dans les périodes révolutionnaires, où l'on découvre avec stupeur, et comme une anomalie, que la force et le pouvoir peuvent se manifester au sein de la foule. Rappelons-nous le mois de mai 1968, où le général de Gaulle est enfermé à l'Élysée, sans moyen réel d'intervenir ou d'agir, pendant que la France oscille au rythme des mouvements de foule, tantôt sur le boulevard Saint-Michel, tantôt sur les Champs-Élysées !

J'essaie d'illustrer ce que je ressens dans cette relation de force existant entre le gouvernant et les moyens d'agir dont il dispose en invoquant l'analogie avec le cornac et l'éléphant.

Celui qui agit, qui transporte, qui écrase, c'est l'éléphant. Le cornac est sans force directe. D'ailleurs j'ai appris aux Indes que tout cornac était tué un jour ou l'autre, ou grièvement blessé par son éléphant — ou plutôt son éléphante car on ne dresse que les femelles — pris d'une crise de folie ! Le cornac donne des impulsions, montre la direction, encourage, insiste. Le jeu des forces qui agissent sur les transformations sociales, qui développent les entreprises, qui renouvellent la création culturelle est interne à la société : c'est l'action de l'éléphant. Le rôle des dirigeants est de déceler ces forces, de les animer, de savoir leur faire éviter les obstacles.

Dans les projets politiques, il faut imaginer cette relation, et ne pas croire que c'est le cornac qui défrichera la forêt, ni que l'éléphant organisera lucidement son programme de travail : relation intime entre la force et l'usage de la force, où le sommet n'a pas tout le pouvoir d'accomplir, et où de son côté l'évolution profonde de la société doit être pilotée et aidée par des impulsions conscientes qui libèrent le jeu de ses mouvements naturels.

★

L'état naturel des sociétés politiques

A tout moment donné de leur histoire, je pense que les sociétés humaines ont un « état politique naturel », c'est-à-dire un état de relations et de pouvoir vers lequel ces sociétés tendent spontanément, et vers lequel elles reviennent lorsqu'elles s'en écartent. Cet état peut être désordonné ou ordonné, il peut avoir la sérénité de l'empire Song ou l'impuissance atomisée de la fin de la domination turque. Il peut contenir de violentes forces antagonistes, comme au XVIe siècle en Europe, ou un réseau de relations paisibles comme dans la France rurale du XVIIIe siècle. Quel qu'il soit, il traduit l'état naturel de la société politique du moment.

On peut penser avec Karl Marx que cet état naturel est entièrement déterminé par les conditions de production existantes, ou l'on peut croire, comme je le fais, que cet état dépend d'un réseau de facteurs historiques interconnectés comprenant les croyances religieuses, l'état socioculturel, et bien entendu les facteurs de production. L'important pour nous, dans notre sujet, est seulement d'avoir en tête le sentiment qu'il existe une situation vers laquelle tend, ou revient s'il s'en est écarté, l'ensemble des relations et des comportements politiques d'une société donnée à une époque donnée : c'est son état politique naturel.

Cet état est fabriqué par la société. C'est elle qui en élabore les règles, visibles et invisibles, et qui en façonne les pratiques. Cet état politique naturel n'évolue que lentement, avec l'évolution de la société elle-même.

Au moment où le malheureux Shah a quitté le pouvoir, beaucoup d'observateurs ont pensé qu'après une courte période de désordre l'Iran reviendrait à un régime de type militaire, ou procéderait à la mise en place d'un système communiste. L'opinion que j'ai exprimée à l'époque était différente : je pensais que la situation allait durer longtemps, car l'Iran s'installerait dans un mélange de spontanéisme destructeur et d'encadrement religieux fanatique, qui me paraît constituer son état politique naturel du moment. Et, jusqu'ici, il dure.

Nous devons être conscients que l'état naturel de la société politique française de notre demi-siècle est celui qu'ont exprimé les pratiques de la IVe République. Je ne dis pas : celui de la IVe République, car je ne pense pas à sa Constitution, mais à cet ensemble plus subtil, plus durable, plus tenace, formé des pratiques que le milieu politique dégage en son sein, et qui interprètent et, en définitive, fixent l'usage des textes.

Plus de la moitié des Français vivant aujourd'hui n'ont pas connu la IVe République. Le rappel de ses mœurs n'évoque rien pour eux. Rercherchons-en donc les traits essentiels : le pouvoir est considéré comme un bien qui appartient en propre au milieu politique et qui doit être exercé soit par lui, soit en connivence étroite avec lui. Pas de chef historique, pas de grandes ambitions qui ne puissent être assumées par le milieu politique lui-même, pas de grands projets dont la durée engage au-delà des échéances électorales prochaines. Ce pouvoir est partagé entre les partis politiques, qui en effectuent l'arbitrage au sein de l'Assemblée nationale, et en considération de la préoccupation fondamentale de ses membres, qui est celle de leur réélection. Ainsi le pouvoir politique vit-il dans un climat électoral permanent, même si l'échéance théorique reste éloignée. Enfin la sélection des dirigeants du pays est soumise à une règle de rotation. Entre les deux attitudes possibles pour désigner les dirigeants politiques : « choisir le plus capable » ou « chacun son tour », la pratique naturelle de la IVe République, rejoignant une certaine pente de notre esprit, opte pour la seconde.

Ce comportement politique de la IVe République

ne doit pas être attribué à l'insuffisante qualité des hommes. La France a connu, pendant les années 50, des hommes d'Etat du meilleur niveau : Robert Schuman, Antoine Pinay, Pierre Mendès France. Et j'ai regretté personnellement que la Ve République ne sache pas utiliser les compétences de deux hommes formés pendant la période précédente, et qui lui auraient rendu d'éminents services : Pierre Pflimlin et Félix Gaillard. La disparition tragique de ce dernier nous a notamment privés d'un homme qui réalisait l'alliance rare du savoir financier et du sens politique.

L'action du général de Gaulle et de ses deux successeurs a consisté à vouloir créer un nouvel état naturel de la société française. Il leur a fallu lutter pour cela contre les tendances qui jouaient spontanément en sens contraire, y compris au sein de la majorité qui les soutenait : désir de ramener l'exercice du pouvoir politique au sein de l'Assemblée nationale, importance donnée au jeu des rivalités personnelles aimantant les orientations politiques de ceux qui, soucieux de programmer leur carrière, agissent non pas comme des girouettes réhabilitées par le mot heureux d'Edgar Faure, mais plutôt comme des anémomètres qui cherchent à mesurer la force du vent.

Je me suis souvent posé la question de savoir si cette période de vingt ans constituerait une parenthèse dans l'histoire politique de la France, et si, dès que l'occasion lui en serait donnée, la société politique française reprendrait son mouvement vers son état antérieur. Les journalistes avec lesquels je m'en suis entretenu s'en souviendront.

Cette occasion de retour en arrière lui a été fournie en 1981. Certes, comme nous l'avons dit, les motifs qui ont dicté le choix des Français n'étaient pas ceux-là. Mais, aussitôt après l'événement, le milieu politique a entamé sa démarche en direction de l'état qui lui est le plus familier, et qu'il préfère secrètement, celui de la IVe République.

Jusqu'où ira ce mouvement ? La réponse nous sera donnée par l'importance de l'évolution qui s'est produite dans la société française depuis vingt ans : modernisation rapide des mentalités, évolution des attitudes sociales et culturelles, développement des capacités individuelles à tous les niveaux. La IVe République était effectivement l'état naturel de la société française des années 60. La transformation de la société française depuis vingt ans a-t-elle été suffisante pour créer en 1984 les conditions d'un nouvel état naturel ?

Le résultat dépendra de l'issue du combat que se livrent sous nos yeux les deux états de la société française : celui de 1960 et celui de 1984. Étant donné le retard pris par le comportement politique des Français sur les autres formes de leur évolution culturelle et sociale, qui explique le caractère «déficitaire» du débat politique actuel, les forces du retour aux attitudes de la IVe République marquent encore certains avantages : indifférence pour les «grands» débats, pratique des «coups», tolérance ou résignation devant les manipulations électorales. Les dirigeants actuels, par leur singulière méthode de gouvernement qui allie le verbalisme et l'inertie, vivent eux-mêmes dans le paysage mental de la IVe République.

Mais si l'on regarde attentivement les comportements des jeunes, des femmes, des agents créatifs de la vie économique, et désormais d'une proportion croissante des intellectuels, on y observe des manifestations de rejet qui font espérer l'éclosion possible d'un nouvel état politique naturel.

Tout notre effort des prochaines années doit être d'en encourager et d'en faciliter la venue.

C'est à vrai dire la seule chance, mais la grande chance de la France.

★

Capacités individuelles et inefficacité collective

Il existe une contradiction sur laquelle on s'interroge : comment se fait-il que le peuple français, composé d'individus aussi intelligents, aussi éveillés, capables d'échanger en tête-à-tête des jugements raisonnables et perspicaces, qui gèrent avec soin la vie et les intérêts de leur famille, travailleurs, généreux sur le plan individuel, comment se fait-il que ce peuple apparaisse au total comme peu capable de conduire sa vie collective ?

Nous avons l'habitude de penser que les qualités d'un peuple sont la somme des qualités des hommes et des femmes qui le composent, alors que toute l'évolution contemporaine montre qu'il peut y avoir des différences, et dans notre cas une contradiction, entre les qualités manifestées à l'occasion de la vie individuelle et celles qui permettent de vivre en groupe.

Sur les qualités individuelles, je ne reviendrai pas : j'ai été admiratif toute ma vie devant la qualité humaine des Françaises et des Français, d'autant plus impressionnante que leur condition est souvent modeste. Ce que j'observe aujourd'hui, à travers ma correspondance, mes rencontres, le vécu direct et familier de la vie quotidienne, confirme chaque jour ce jugement.

Mais il suffit de participer à la délibération d'un groupe ou d'une association, ou de suivre le déroulement d'un débat politique, pour constater l'inadaptation de nos comportements individuels au bon fonctionnement d'une organisation collective, inadaptation qui aboutit à une sorte d'infirmité civique.

Je prends à témoin tous ceux et celles qui siègent dans une assemblée ou une association délibérante. Qui écoute réellement les raisonnements de l'autre, avant de se décider ? Qui admet qu'il «lui» faudra prendre en compte un argument de l'adversaire ? Qui se plie de bon cœur à l'effet contraignant de la règle majoritaire, lorsque son verdict est contraire à ses propres vues ? Qui respecte au fond de lui-même une institution ou un tribunal qui lui donne tort ? Je n'énumère pas cette litanie pour rechercher les causes de cette situation. C'est aux sociologues de le faire, et ils s'y emploient excellemment. Je me contente d'observer que cette contradiction existe, et qu'elle tient à la mauvaise relation qui existe en France entre l'individu et le groupe. Il y a quelques semaines, au cours d'une cérémonie, j'observais le public chanter. Certains des participants y mettaient leur ardeur, certains avaient la voix juste, mais bien peu ressentaient qu'ils chantaient avec les autres, que leur voix était un fragment de l'ensemble, et que la contribution attendue d'eux était d'écouter les autres pour chanter avec eux.

Nous retrouvons ici le même sillon historique : l'autorité ayant été trop longtemps centralisée, l'individu ressent une relation directe, personnelle, et généralement antagoniste, avec le pouvoir. Il a rejeté l'État en dehors de lui et ne se sent pas solidaire de l'ensemble. Il attribue aux autres, à «on» ou à «ils», la responsabilité des situations difficiles où il se trouve.

Cette mauvaise relation entre l'individu et le pouvoir explique notre insuffisante capacité à conduire notre destin collectif. Les choix, y compris ceux des grandes élections nationales,

sont effectués en fonction du « moi » et non du
« nous ». La « déception » est une perception avant
tout individuelle. A l'heure actuelle, il semble que
l'opinion publique ressente, plus ou moins consciemment, l'existence de cet écart entre ses capacités individuelles, qu'elle apprécie, et l'incapacité
à conduire des actions collectives, qu'elle constate
et dont elle subit les effets. Elle en éprouve,
au fond d'elle-même, une forme d'humiliation
qu'elle n'accepte pas d'exprimer, mais qui explique
certaines attitudes de découragement.

Quand on observe les méthodes pédagogiques
de notre éducation, tournées quasi exclusivement
vers l'isolement de l'individu et vers le dénigrement de notre comportement historique, le ton
presque toujours négatif des commentaires de nos
moyens d'information, on mesure l'effort à accomplir pour établir un bon système de participation
et de responsabilité entre l'individu et la communauté sociale.

Le déficit de la vie politique exprime ce même
phénomène : préoccupation exclusive de l'immédiat au détriment de la durée; refus d'associer
la responsabilité des citoyens aux causes des
échecs, et même parfois des succès; explication
toujours « externe » des situations (l'héritage, la
crise, le dollar); indifférence pour les débats
de fond, où les problèmes acquièrent pourtant
une sorte d'objectivité pouvant aboutir à un
meilleur jugement collectif.

Cette difficulté de percevoir et d'accepter l'existence et le point de vue des autres apparaît
dans une autre attitude : celle qui consiste à
croire qu'il suffit d'éprouver un jugement personnel pour qu'il exprime nécessairement l'opinion
de l'ensemble du groupe. Écoutons une phrase
caractéristique des conversations auxquelles nous

participons : «Les Français pensent que...», et suivons le déroulement du discours. Il exprime en réalité un point de vue personnel, souvent authentique et sincère, et le dérapage vient ensuite : puisque c'est mon opinion à moi, c'est aussi obligatoirement celle des autres : «Les Français pensent que...»

Dans l'immense effort d'évolution et de reconstruction à accomplir, ce problème de la relation particulière des Français avec le pouvoir, et avec l'organisation sociale, doit rester constamment présent à notre esprit. Il aura des conséquences sur les méthodes pédagogiques de notre système éducatif qui doivent encourager certaines attitudes de perception des autres et de participation à la vie du groupe, sur la vie des associations et sur la recherche de mécanismes de décision, que nous évoquerons tout à l'heure et auxquels on pourrait donner le nom mystérieux, pour beaucoup de lecteurs, de sociocybernétique. Il s'agit en fait de rapprocher les procédures de décision de ce qui constitue la vie interne de la société, en faisant prendre les décisions là où l'individu se sent le plus directement concerné, et d'une manière qui le rende progressivement responsable.

La future alternance doit être l'occasion d'établir une nouvelle relation de l'individu avec le pouvoir. Certains avaient attendu ce résultat du changement socialiste. Mais l'option qui a été prise, celle du retour à un socialisme fondé sur l'antagonisme des intérêts et des classes, a fermé cette voie. La transformation sociale recherchée impose un langage dur et des actions contraignantes, d'autant plus qu'étant devenus minoritaires, les dirigeants actuels sont condamnés à rechercher le bonheur des Français malgré eux.

Là voie ouverte par la future alternance devra être celle d'une relation beaucoup plus souple, et fonctionnant dans les deux sens, entre l'individu et le pouvoir, le pouvoir et l'individu.

Un pays d'un million d'habitants

Une impression n'a jamais cessé de m'étonner : alors que la France est un État relativement peuplé — un cinquième de la population des États-Unis, huit fois plus que la Suisse —, on a le sentiment de vivre dans un pays d'un million d'habitants. Tout se passe, tout se discute, tout se décide, tout se commente dans un cercle restreint de personnes, et seulement à Paris.

Quels que soient le sujet ou l'actualité du moment, on entend invoquer et citer les jugements émis par les mêmes personnalités. S'il s'agit de désigner quelqu'un pour présider une commission, une entreprise, un organisme consultatif, ou pour lui conférer une décoration, la machine à proposer vous suggérera toujours la même liste de noms.

Depuis que je participe à la vie active, j'ai le sentiment de vivre dans le même square où j'observe les mêmes passants, tantôt assis, tantôt debout. Personne n'y entre jamais qui soit nouveau.

On a connu un personnage, au surplus excellent, qui a été successivement directeur adjoint des Impôts, délégué du gouvernement en Algérie, organisateur de la région parisienne, président d'Électricité de France, directeur d'un musée technologique. On cherchait un orchestre, on a trouvé un musicien ! Dans la vie politique, le cumul des mandats est la pratique courante, alors qu'il est ignoré ou interdit dans toutes les grandes démocraties. Son effet est le même :

il resserre les fonctions sur un groupe restreint de personnes.

Tandis que dans les villes et les villages chacun appartient à un «camp» soigneusement recensé, dans ce pays d'un million de personnes les grands bouleversements n'empêchent pas de retrouver dans les cercles qui gravitent autour du pouvoir, semblables aux anneaux de Saturne, le même échantillonnage de conseillers. Beaucoup d'anti-chambres de l'actuel pouvoir seraient dépeuplées si l'on en retranchait ceux qui ont apporté leur concours à Jacques Chaban-Delmas, du temps où il essayait de débloquer la société libérale. Et, dans la commission constituée, après l'installation du gouvernement, pour évaluer ce qu'on appelait, par une dérision qui s'est révélée prophétique, «l'héritage», on pouvait retrouver un conseiller personnel du malheureux ministre Boulin et un général qui présidait, sous «l'ancien régime», le centre d'études stratégiques financé par le pouvoir d'alors.

J'avais demandé aux ministres de rechercher, pour leur promotion dans la Légion d'honneur ou l'ordre du Mérite des noms nouveaux : ceux de femmes, ceux de personnes qui ont déployé, hors des cercles officiels, leurs talents ou leur caractère. Malgré des efforts louables, nous avons vu revenir au bout de quelques mois des noms exclusivement tirés des milieux dirigeants de cette France d'un million de personnes qui ne reconnaît l'existence ni des contremaîtres, ni des infirmières, ni des «commerciaux», ni des sportifs non professionnels !

Sur les écrans de la télévision, dans les effluves de la radio, on retrouve le même choix de producteurs ou d'auteurs de programmes qui vous accompagnent pendant des années dans une sorte d'éternel feuilleton.

Tout se passe bien entendu à Paris. Je n'ai pratiquement jamais lu un article ou entendu un commentaire faisant état d'une idée, d'une proposition, d'un mouvement d'opinion qui soit né à Marseille, à Lyon ou à Toulouse. Les grandes villes de province sont traitées de Paris comme des nécropoles de l'esprit, où rien d'autre ne se déroule qu'une activité d'insectes laborieux et muets.

Quel est ce million de personnes ? Je pense à la parabole fameuse de Saint-Simon où il recensait en 1819 les catégories et les castes. Les temps ont changé. Un cercle restreint a été remplacé par un cercle plus large, mais toujours limité à quelques fonctions : les élus nationaux, les dirigeants des médias et de la publicité, les journalistes politiques, à l'exclusion de ceux qui écrivent dans les publications spécialisées, les responsables des syndicats et du patronat ainsi que leurs proches collaborateurs, les membres des grands corps de l'État et des cabinets ministériels passés, présents et futurs, quelques dirigeants d'entreprises, et tous ceux qui se tiennent à la frontière de deux activités, professionnelle et politique : universitaires, grands médecins, acteurs, artistes, créateurs de mode, restaurateurs.

L'École nationale d'administration leur fournit chaque année son puissant renfort. Elle constitue le mandarinat à vie de cet État d'un million de personnes.

Cette situation, qui nous paraît naturelle à force d'habitude, ne se constate nulle part ailleurs. Los Angeles, Chicago, Houston vivent sans se préoccuper de New York et à peine de Washington. On y voit surgir des dirigeants d'entreprises, des chroniqueurs, même des élus qu'on n'a jamais «rencontrés» auparavant. En Allemagne fédérale, Francfort, Munich ou Hambourg mènent leur vie indépendante, disposent de journaux influents, possèdent de grandes maisons d'éditions. Même en Suisse, la dimension est plus variée de Zurich à Genève ou de Lausanne à Bâle.

Ce resserrement de la France sur un pays d'un million de personnes raréfie la ressource humaine et tarit la personnalité provinciale. Comment se fait-il que Marseille, grande et superbe ville méditerranéenne, se soit vue désertée par ses dirigeants industriels, culturels, par tous ceux qui pouvaient en faire un centre de vie autonome, comparable à Barcelone ou à Athènes ? Seul, grâce à sa personnalité tenace et discrète, Lyon poursuit son cheminement bimillénaire, et Strasbourg, appuyé sur la solidité alsacienne, maintient son rang de capitale.

On voit bien les causes de cette étrange situation : l'obsession maladive du centralisme parisien, la préférence donnée au touche-à-tout sur le vrai professionnalisme, la confiscation de l'administration par une caste qui s'ouvre et se referme à jamais entre vingt et vingt-cinq ans. On imagine aussi les actions à conduire : avantages fiscaux importants pour les sièges sociaux installés effectivement en province ; création de chaînes de télévision locales à moyens suffisants ; poursuite de notre action pour développer les moyens modernes de communication ; développement d'une élite intellectuelle autour des grandes universités provinciales, plus richement dotées en moyens de publication ; aboutissement de l'effort, tenté en vain, d'installer dans une métropole, Lyon ou Marseille, une des grandes banques nationales ou le siège d'une des grandes entreprises industrielles ; suppression du monopole de l'École nationale d'administration pour le recrutement des hauts fonctionnaires.

J'avais voulu illustrer cette action en emmenant le Conseil des ministres siéger en province. La France d'un million de personnes, alarmée par cette initiative, l'a tournée en dérision. Mon tort n'était pas d'aller visiter ces agglomérations provinciales où je reconnaissais les étoiles de la constellation française. C'était de ne pas y rester davantage!

★

Dans ses *Pensées*, Blaise Pascal avait eu l'idée d'interrompre le cours sévère de ses développements par ce qu'il appelait des divertissements, et qui ne m'ont jamais paru pousser au rire. Après ces divertissements, si j'ose dire, reprenons notre fil.

CHAPITRE IX

LA DÉMOCRATIE AUTORÉGULÉE

La transformation de la relation entre l'individu et le pouvoir passe par une conception différente du tissu démocratique. Nos habitudes de pensée nous font représenter ce tissu comme composé d'un côté par l'État et de l'autre par la multitude quasi uniforme des citoyens.

La trame d'une démocratie moderne est beaucoup plus complexe. Elle est façonnée par un grand nombre de structures : des collectivités locales, des associations, des entreprises. Pour que la démocratie fonctionne de manière régulière, il est nécessaire que chacune de ces cellules trouve son propre équilibre, et que l'ensemble du système développe ainsi son autorégulation.

Nous avons dit que l'alternance faisait partie du mode de conduite des sociétés démocratiques, qu'elle en était en quelque sorte la respiration. Elle est essentielle en effet pour assurer une rotation régulière des ressources humaines au pouvoir, et pour rechercher la meilleure conduite possible de l'évolution par un système d'approximations faiblement oscillantes.

Or nous observons que l'alternance n'a pas chez nous ce caractère. C'est une sorte d'alternance sauvage, à la Gengis khan pourrait-on dire, qui prétend effacer et remplacer la totalité de l'ordre antérieur — qualifié alors d'ancien régime — et qui paraît imaginer qu'elle gouverne une société sans antécédents, sans acquis à respecter, une sorte de société «trouvée» comme on parlait jadis d'enfants trouvés, jusqu'à ce que la modeste réalité, telle que l'existence du système monétaire européen ou celle des cailloux brûlants du désert tchadien, vienne rappeler qu'on ne conduit pas une action sans passé, mais qu'on poursuit, en l'infléchissant, une action nécessairement continue.

Comment sortir de cette alternance sauvage et parvenir à l'évolution paisible d'une société réfléchissant sur elle-même et décidant des inflexions progressives qu'elle souhaite apporter à son évolution?

Nous n'y parviendrons, je crois, qu'en développant largement les cellules internes de notre société démocratique, en banalisant certains des aspects de l'alternance et en mettant en place des mécanismes nous garantissant contre des oscillations trop brutales.

★

L'absence de cellules de base suffisamment actives et autorégulées fait remonter vers le pouvoir central un nombre excessif de questions mal tranchées, d'antagonismes ou de rivalités refoulés. Il faut obtenir que le maximum d'oppositions et de conflits soient réglés, c'est-à-dire réduits, à un étage inférieur de la vie démocratique.

C'est pourquoi j'ai approuvé la politique de décentralisation. Celle qui a été menée jusqu'ici, et qui a rapidement perdu son souffle, doit être reprise, amplifiée et complétée.

Il est évident d'abord qu'elle doit être poursuivie vers le bas, c'est-à-dire par la suppression de compétences encore exercées à l'échelon central, et qui doivent être intégralement transférées aux niveaux inférieurs. C'est intentionnellement que j'écris «intégralement transférées». Il faut en effet supprimer tout vestige de compétence à l'échelon supérieur, au niveau des administrations centrales, et couper définitivement le cordon ombilical, faute de quoi la nouvelle structure de responsabilités n'a pas de chances de pouvoir se développer de manière autonome, et les antagonismes s'exaspéreront dans cette lutte ultime pour conserver les vestiges du pouvoir et les ressources dont il dispose encore.

Il en est ainsi pour un grand nombre des actions du ministère de la Culture, de certaines des interventions sur le terrain du ministère de l'Agriculture, des compétences du ministère des Sports, à l'exception de la haute compétition, du ministère de l'Éducation pour les deux premiers degrés d'éducation, du ministère du Logement, à l'exception de la préparation des textes législatifs. Chacune de ces compétences peut être parfaitement assurée par le niveau approprié des collectivités locales, c'est-à-dire les départements, les villes ou les groupements de petites communes.

Mais les transferts peuvent aussi aller dans d'autres directions. Par exemple les attributions de la Direction du Trésor pour tous les financements particuliers doivent être confiées aux établissements financiers spécialisés — et leur gamme est désormais complète depuis la création de la Caisse d'équipement des petites et moyennes entreprises — afin de rendre à la Direction du Trésor sa compétence exclusive qui est celle du financement du trésor public, et de sa relation avec la politique monétaire.

En matière d'environnement, de protection de la nature ou de sport, ces transferts peuvent s'exercer au profit d'associations départementales et communales, lorsque celles-ci ont acquis, ce qui est le cas pour la pêche et pour la chasse par exemple, et pour un grand nombre d'associations sportives, une représentativité et une efficacité suffisantes.

Un cas simple, et désormais bien connu, peut être cité comme modèle : celui du développement du tennis en France au cours des dernières années. L'essentiel de l'action a été assumé par la Fédération française de tennis, l'équipement en terrains a été entièrement décentralisé, et le ministre des Sports, au lieu de vouloir « prendre en main » ce programme, a eu l'intelligence d'agir en renfort et en soutien, en réduisant au maximum l'intervention directe. C'est la même évolution qui avait été amorcée en ce qui concerne les sports équestres, après une phase d'intervention étatique excessive.

Mais certains transferts de compétences peuvent être aussi encouragés vers le haut, c'est-à-dire vers un étage supérieur de l'organisation démocratique, lorsque ces compétences ont des chances de pouvoir mieux s'y exercer. Je pense, en particulier, au cas des petites communes, dont les maires sont parfois effrayés de se voir attribuer des responsabilités, y compris financières, dont ils ne maîtrisent pas complètement l'exercice.

Il existe des formules simples et spontanées permettant aux communes de s'associer pour gérer en commun certaines de leurs compétences. Cela doit pouvoir s'appliquer à la totalité des compétences transférées, à condition de préserver strictement le pouvoir final de décision de la commune et de laisser au nouveau groupement l'entière responsabilité de l'exercice de ses attributions, sans ingérence du niveau supérieur. L'attitude serait de laisser jouer ici la spontanéité démocratique.

Cette meilleure organisation du pouvoir local serait facilitée par la création de professions libérales pouvant assurer un rôle d'experts et d'ingénieurs-conseils.

Parmi les raisons de l'emprise que l'État exerce sur les cellules démocratiques de base figure le fait que la plupart des travaux des communes doivent être étudiés, préparés techniquement, et surveillés par les services de l'État. Les élus locaux, impressionnés par la puissance et la compétence de ces services, n'osent guère intervenir dans l'élaboration des projets ou dans la recherche de solutions moins coûteuses. La situation serait différente s'ils avaient affaire à des ingénieurs-conseils libéraux, entre lesquels ils seraient libres de choisir et qui élaboreraient pour leur compte, et sous leur seule autorité, leurs projets d'équipement.

★

Cette évolution conduit à reconsidérer la structure des services locaux de l'État. Leur mission doit être clairement fixée : elle consiste à assurer l'exécution des tâches ou des travaux faisant partie de la compétence directe de l'État. De même que les grandes villes disposent depuis longtemps de leurs services techniques autonomes, de même les départements doivent acquérir la maîtrise de services qui leur sont propres.

A partir du moment où les services de l'État cessent d'interférer avec les compétences locales, il suffit de conserver un seul niveau pour les administrations territoriales de l'État, niveau qui est celui du département. Cela permettra de revenir sur le foisonnement des échelons régionaux pour les administrations publiques, échelon qui ne répond à aucune nécessité pour l'État lui-même et qui interfère inutilement, et négativement, avec les compétences transférées.

On voit alors le rôle des préfets évoluer vers celui de directeurs des services de l'État, tâche très différente de celles qui leur étaient confiées jusqu'ici, mais aussi moins ambiguë. Étaient-ils chargés de «défendre» la politique du gouvernement vis-à-vis de la population et des élus? Ou devaient-ils au contraire assurer une certaine neutralité de l'action administrative vis-à-vis des orientations éphémères de la politique? Situation délicate, embarrassante pour beaucoup d'entre eux, mal à l'aise dans ce compromis entre la loyauté qu'ils ressentaient et l'indépendance de l'action administrative qu'ils préféraient, délicieuse pour quelques autres qui combinaient à leur avantage la flagornerie envers le pouvoir en visite et la sympathie politique agissante à l'endroit des opposants du terrain.

Dès lors qu'ils dirigeront l'action des services de l'État, à l'image de ce que faisaient jusqu'ici les trésoriers-payeurs généraux pour les services financiers, leur responsabilité sera d'assurer la présence et d'exercer les attributions de souveraineté de l'État, à l'écart des débats de la vie politique locale, désormais animés par l'exécutif élu. Les tâches politiques qui pouvaient leur être confiées jusqu'alors reviendront directement au ministre de l'Intérieur, auquel seront rattachés les moyens d'étude et d'information nécessaires.

★

L'alternance politique se trouve inutilement dramatisée par l'irrégularité — tantôt l'éloignement et tantôt la précipitation — des échéances électorales, ainsi que par l'incertitude souvent maintenue sur leur date.

De même que je me suis efforcé de respecter toutes les échéances électorales et de ne modifier aucune des règles des consultations pour faire entrer progressivement la France dans la voie d'une démocratie régulière et apaisée, de même convient-il d'ordonner et d'espacer harmonieusement les dates des élections.

Il ne peut s'agir de l'élection des députés, soumise par le jeu des dissolutions possibles à un calendrier propre, mais cela concerne les trois élections locales : municipales, départementales et régionales. La durée des trois mandats serait uniformisée à six ans, et la règle du renouvellement par moitié des conseils généraux tous les trois ans serait maintenue.

La date des élections municipales et régionales serait bloquée avec celle des élections cantonales. Ainsi les électeurs voteraient-ils régulièrement tous les trois ans au mois de mars : à l'une des échéances, ils éliraient la moitié des conseillers généraux et la totalité des conseillers municipaux ; à l'autre échéance, ils éliraient la seconde moitié des conseillers généraux et la totalité des conseils régionaux.

La respiration politique de la France prendrait de ce fait un rythme plus régulier. La coïncidence des dates des élections locales rendrait plus apparente encore la nécessité d'interdire le cumul des mandats au-delà d'un mandat local et d'un mandat national, mesure de simple bon sens, universellement pratiquée pour éviter la dispersion des activités et le blocage du renouvellement des élus, et sur laquelle doit s'accorder d'urgence le milieu politique.

★

C'est une conséquence abusive de l'alternance, et déstabilisante pour le pays, que de voir un déplacement de quelques pourcentages de voix être suffisant pour créer une situation telle qu'un parti politique, nettement minoritaire dans la population, puisse disposer, par le jeu du pouvoir législatif de l'Assemblée nationale, des moyens de bouleverser les structures politiques et sociales de notre pays, les modes de vie de la société, en contradiction avec certains principes énumérés dans le préambule de la Constitution.

Nous vivons actuellement dans une telle situation. Nous pourrions en connaître d'autres. Ni l'une ni les autres ne sont normales. Elles réintroduisent dans une société qui élabore lentement son consensus politique, social et culturel des antagonismes et des brisures qui vont à contresens du progrès. Les grandes transformations de la vie sociale doivent résulter d'un consensus, que l'accord des deux Assemblées permettrait de vérifier. A défaut, le recours au référendum populaire, comme nous l'avons proposé, deviendrait nécessaire.

La réforme constitutionnelle à effectuer consisterait à décider que pour celles des matières auxquelles le préambule de la Constitution fait une référence explicite — libertés fondamentales, droit de propriété, droits de l'homme, égalité de l'homme et de la femme, non-discrimination entre les citoyens français selon la religion ou la race, auxquelles viendraient s'ajouter la liberté d'information et la liberté d'éducation — les lois devraient être votées dans le même texte, à la majorité absolue des membres de chacune des Assemblées. Ainsi leur adoption ne pourrait résulter ni de la résignation par le jeu des abstentions, ni des impulsions passagères par la décision d'une seule des deux Assemblées.

Cette proposition a déjà été faite, ici et là. Elle devrait être jointe au projet de mise à jour de la Constitution à réaliser lors de la première session du Parlement qui suivra la future alternance. J'en rappelle le contenu : abrégement du mandat présidentiel et limitation à deux du nombre des mandats successifs; obligation d'utiliser la procédure du référendum pour décider tout changement concernant la représentation politique des citoyens, et notamment la loi électorale; garanties constitutionnelles concernant le vote des lois touchant aux principes fondamentaux visés au préambule de la Constitution.

Si la Ve République réalisait une telle mise à jour, tirée de sa propre expérience et conforme aux exigences de sa nature, elle accroîtrait ses chances de devenir le cadre permanent d'une évolution démocratique de la société française, enfin réfléchie et paisible.

La France, sa vie politique, et chacun de nous, respireraient mieux !

CHAPITRE X

LA LIBÉRATION DES FORCES CRÉATRICES

Depuis la fin de la guerre, notre vie économique s'inspire de trois principes qui ont peu à peu imprégné les esprits au point de constituer la pensée économique implicite de la plupart des Français :

— L'État est responsable du développement économique du pays.

— C'est lui qui est le mieux placé pour définir les objectifs de production et d'équipement, que les entreprises seront ensuite chargées d'atteindre.

— L'État doit assurer la redistribution des profits tirés de l'expansion, ressentis comme immoraux.

Cette attitude explique la singularité de la politique économique française. Par exemple, notre pays est le seul parmi les pays à gouvernement socialiste à avoir nationalisé son système bancaire. Les travaillistes britanniques, bien qu'ils soient restés au pouvoir pendant beaucoup plus longtemps, se sont soigneusement gardés de le faire. Cette nationalisation a été approuvée par une large majorité de l'opinion. La taxation des profits, aussi loin qu'elle aille, est perçue comme une mesure de justice. L'économie de marché n'est acceptée, à la limite, que comme un mal nécessaire. Et les déconvenues de la planification étatique ne l'ont fait remettre en question ni au Parlement, ni par les partis, ni dans l'opinion.

Les sources de cet état d'esprit, unique dans les pays industrialisés, sont complexes : le couple étatisme-corporatisme hérité du Moyen Age et de Colbert ; la philosophie sociale de certains chrétiens de gauche à l'égard du capitalisme et du profit ; la mise en place par le gouvernement de Vichy des administrations de répartition, soutenues par des organisations professionnelles ; les règles élaborées au sein du Conseil national de la Résistance pour reconstruire et rendre à la nation ses outils de production ; la conception étatiste de la planification, justifiée dans la phase de reconstruction des grandes infrastructures, mais qui lui a survécu depuis ; et l'appétit d'action et d'intervention économique de la haute administration, façonnée par l'École nationale d'administration, structure centralisatrice à l'état pur, éloignée de la connaissance directe de la vie des entreprises, mais avide de commander et de diriger.

L'imprégnation du monde dirigeant français par cette conception a été si profonde qu'elle a survécu à tous les changements politiques, et même au passage de la IVe à la Ve République. On a continué à en trouver les tenants à la tête de certains ministères, tels ceux de l'Industrie ou du Plan. L'échec de leur politique, ou le fait de conduire d'une main sûre à la faillite les entreprises qui leur étaient confiées, ne les a pas mis à l'écart du groupe des dirigeants de notre économie où on les voyait régulièrement refaire surface. L'expression d'une pensée libérale, comme celle d'Antoine Pinay en 1952, faisait figure d'originalité, et à la limite de scandale, vis-à-vis du «dirigisme» ambiant. Elle était largement ignorée par l'administration et rapidement rejetée par le système.

Une mesure aussi simple, et d'une justification aussi évidente, que la suppression du contrôle des prix allait à contre-courant des idées reçues, et même des préférences de l'opinion reflétées par les sondages! Quand je l'ai entreprise en 1971, comme ministre des Finances, je n'ai trouvé aucun autre soutien que celui du président Pompidou et d'un ou deux ministres, comme Albin Chalandon. Après que la flambée des prix du pétrole nous eut obligés à revenir en arrière, il a fallu attendre quatre ans et une échéance politique, celle des élections de 1978, pour reprendre le mouvement de libération des prix. Je me souviens d'avoir indiqué au Premier ministre, Raymond Barre, qui partageait cette conviction, lors de notre entretien hebdomadaire du jeudi après-midi, en janvier 1978 : «Si les élections législatives sont gagnées, ce sera l'occasion ou jamais de supprimer le contrôle des prix en France!» Et je me souviens aussi de l'insistance sympathique mise par le ministre chargé du Tourisme pour que soit abolie, avant l'échéance de 1981, la dernière taxation subsistante : celle de la tasse de café noir! Il a eu finalement gain de cause, et la tasse de café a conquis sa liberté... Tous les contrôles étaient enfin abolis! Mais, quelques mois plus tard, le café retrouvait son goût amer.

★

Cette attitude psychologique envers l'économie constitue un des problèmes centraux de la société française et commande en partie le succès de la future alternance.

Si l'on ne va pas jusqu'au fond de ce débat avec franchise et courage politique, l'économie française restera une économie de second ordre, difficilement adaptable aux changements en cours et offrant peu de chances à la créativité des entrepreneurs et de la jeunesse.

Chaque fois qu'il faut redresser l'économie française, on soulève ce même problème. On élabore un programme à deux facettes, tel le plan Pinay-Rueff de 1958 : une partie du programme concerne le rétablissement des grands équilibres budgétaires et financiers avec des armes bien rodées et d'ailleurs assurées du succès ; l'autre traite du desserrement du carcan qui étouffe l'économie française. L'énergie du gouvernement s'emploie à mettre en œuvre la première partie du plan et elle y réussit généralement. Pendant ce temps, les intérêts et les routines se sont coalisés pour empêcher l'application de la deuxième partie. Les obstacles électoraux sont devenus tels que l'énergie politique vient mourir, comme la marée sur la plage, avant d'atteindre le but fixé.

Il y a quelques mois, je m'entretenais de la situation économique française avec l'ancien chancelier Helmut Schmidt.

« — J'aimerais avoir votre point de vue sur notre situation, car vous nous voyez de l'extérieur, et cette vision est souvent la plus juste.

« — Je me suis souvent demandé comment il se fait que la France n'ait pas réussi à devenir un très grand pays. Vous avez d'excellents atouts, une situation géographique exceptionnelle, une main-d'œuvre qui est aujourd'hui la meilleure d'Europe, et sans doute plus travailleuse que la nôtre, une position diplomatique qui vous assure des points forts dans le monde, et dont vous savez très bien vous servir pour obtenir des contrats, et pourtant vous n'arrivez pas à devenir une grande puissance économique. Je crois avoir trouvé l'explication : c'est l'accumulation des règles, des autorisations, des interventions qui vous empêche d'entreprendre et de créer. Il paraît qu'il est impossible de créer une entreprise en France ; des amis m'ont dit qu'il fallait remplir vingt-sept papiers différents, et que ce n'est même pas la peine de commencer. Tant que vous n'aurez pas changé cela, vous ne resterez qu'une puissance économique moyenne. »

★

La politique économique française est prise entre les deux pinces d'une même tenaille. D'un côté la tradition culturelle de l'intervention de l'État et de l'aversion pour le profit, de l'autre la puissance et la capacité de l'administration qui entendent s'exercer sur la proie économique.

La liberté et la créativité ne sont pas reconnues comme des ressorts fondamentaux. Lorsqu'un rouage ou un marché est laissé libre, c'est à la manière du « secteur libre » d'une économie étatique : un petit coin de ciel qui sert à l'aération de l'ensemble, mais qui ne devra pas s'agrandir au-delà de la limite tracée, car alors on refermerait la fenêtre.

Cette conception économique a pu comporter certains avantages. Elle a donné des résultats positifs dans la période de reconstruction. Elle a été adaptée à l'équipement de certains grands secteurs énergétiques, tels que l'électricité classique ou le nucléaire, mais elle a déjà moins bien fonctionné dans les domaines sur lesquels pesait la loi du marché mondial, tels que le pétrole ou les engrais. On observe, comme sur un graphique, la croissance de son inadaptation au fur et à mesure que l'économie se diversifie et devient foisonnante. C'était une attitude d'esprit peut-être concevable dans une économie «rationalisable» où il existait peu d'entreprises, peu de décisions à prendre, et où celles-ci pouvaient être assumées par quelques personnes groupées autour du pouvoir. Mais elle devient inapplicable, et à la limite grotesque, dans les économies hyperdiversifiées des sociétés industrielles dont nous faisons désormais partie.

Il existe en France environ deux millions huit cent mille entreprises de toutes tailles. Chacune d'elles doit prendre tous les jours plusieurs décisions concernant sa production, ses approvisionnements, ses recrutements éventuels, ses relations avec les banques : c'est donc une économie d'au moins dix millions de décisions quotidiennes !

Si l'on cherche à décider pour elle, à partir d'un noyau étatique central, on étouffe progressivement sa capacité de créer, et les contradictions qui finissent par s'établir entre les décisions incompatibles la conduisent à l'impasse. C'est le processus de «polonisation» des économies socialistes.

Je me souviens des sentiments que j'ai ressentis devant la fierté du haut dirigeant polonais qui me faisait visiter en juin 1975, la veille du jour de mon pèlerinage au camp d'Auschwitz, le chantier géant d'une entreprise sidérurgique en Silésie. La crise pétrolière était commencée, et la Pologne, qui achète tout son pétrole à l'extérieur, connaissait déjà un déficit important. Nous subissions dans toute l'Europe de l'Ouest des difficultés à écouler notre acier à partir de capacités largement excédentaires :

«— Dans combien de temps cette usine commencera-t-elle à produire ? lui ai-je demandé.

« — Dans deux ou trois ans.

« — Et d'où viennent les équipements ?

« — Une partie est faite chez nous et en U.R.S.S. Le reste vient des pays de l'Ouest. Mais nous n'avons pas d'inquiétude à nous faire : tout le monde nous propose des crédits.

« — Vous ne pensez pas que la crise devrait vous conduire à étaler ce programme ?

« — Pourquoi ? Il nous faudra au contraire vendre le plus vite possible pour rembourser les crédits. »

Vendre à qui ? A nous ? Aux pays prêteurs, qui étaient en train de soutenir comme ils le pouvaient leur propre sidérurgie ? Et avec quelles ressources financer le double déficit venant des achats de pétrole et de ces projets surdimensionnés ?

Il rayonnait d'une confiance satisfaite. Il me donnait le sentiment du capitaine sur sa passerelle, superbe et sûr de lui, sans s'apercevoir que la coque de son navire racle les récifs, qui vont bientôt en déchirer les tôles.

★

L'économie française est devenue une économie foisonnante. Le progrès des techniques, la diversification des fabrications, le recul des productions lourdes, la remise en question des structures des grandes entreprises cherchant à se déconcentrer, la créativité manifestée dans l'informatique et dans l'agro-alimentaire par des individus tirant leurs ressources d'eux-mêmes et développant des entreprises imaginatives et prospères, tout cela contribue à créer un nouveau tissu économique, une sorte de bio-économie proche des forces de la vie, alors que l'économie politique classique se sentait voisine des préceptes de la raison.

Nous n'avons pas encore assimilé en France les conséquences de cette évolution. Le changement est néanmoins perceptible : le dogmatisme planificateur s'est assoupli, le contrôle des prix n'est plus présenté comme une règle permanente. Mais le point de vue central, celui de la reconnaissance de la créativité diverse et foisonnante comme la forme moderne du progrès de l'économie et de son ajustement, n'est accepté ni par la majorité de l'opinion ni par les responsables politiques, à quelques rares exceptions près.

La chance de la future alternance serait de nous faire franchir ce pas. Alors qu'il aurait fallu sans doute parcourir une assez longue période d'évolution pour que le mythe-tabou de l'économie étatiste soit remplacé dans les esprits par la perception de la bio-économie, les excès de l'expérience socialiste, et ses conséquences visibles sur le développement de notre économie, viennent jeter une lumière crue qui pourra aider à nous faire franchir le défilé.

Cela suppose un effort intense d'explication, mais aussi une forme de persuasion modérée et objective. Nous ne devons pas rechercher une conversion à la manière de l'Inquisition, avec en arrière-fond les cris des incroyants malmenés. Il faut tenter de substituer une évidence à une autre comme un sédiment se dépose lentement et graduellement sur une couche antérieure.

L'économie étatiste actuellement représentée dans nos écoles, notre information, nos syndicats, certains de nos réflexes personnels, nos structures et nos règles administratives, cette économie du moyen développement, produit bâtard des répartitions de la guerre, du centralisme et de la jalousie pour le succès matériel des autres, doit s'enfoncer dans le passé avec sa sœur de sang, l'expérience socialiste en cours, ultime et déraisonnable tentative pour l'appliquer.

Et nous devons apprendre à vivre dans cette économie nouvelle qui bruit déjà sur de larges étendues du monde, cette économie de créativité foisonnante, adaptée en fait à certaines de nos mentalités, l'ingéniosité, la débrouillardise, le refus des grands ensembles, cette économie démassifiée qui impose des types nouveaux de relations entre l'État et les entreprises.

Il faut rendre à la décision économique son espace de vie, c'est-à-dire non seulement sa liberté, mais sa participation directe à l'écosystème qui l'environne, en éloignant d'elle l'ombre portée des grandes contraintes : accepter l'économie du spontané, qui demande moins d'État.

Et il faut en même temps s'assurer que se nouent et que se développent les relations et les compatibilités nécessaires pour que le système fonctionne harmonieusement : tâche nouvelle pour les gouvernants, discrète, périphérique, qui évite l'intervention directe et la contrainte formelle, et qui veille à la qualité du milieu, à sa créativité, à son art de l'adaptation.

Sans céder à notre goût national pour les systèmes explicatifs, nous voyons ainsi apparaître en surface les manifestations d'un même courant : la recherche d'une nouvelle relation entre l'individu et le pouvoir ; la recherche d'un nouveau rapport entre l'État et l'entreprise ; recherches allant toutes deux dans le sens d'une plus grande souplesse, d'un besoin de communication dans les deux sens, de l'acceptation de la complexité et de la diversité.

Je serais tenté de suivre avec vous cette piste pour savoir s'il s'agit là d'une étape importante de notre évolution historique, mais elle nous éloignerait de ce qui reste à dire sur notre sujet. Nous la retrouverons plus loin, en conclusion : n'est-ce pas dans cette direction, celle d'une société rejoignant peu à peu les structures de la vie, sa spontanéité, sa complexité, mais vue cette fois-ci par le haut et non pas par le bas, comme au début des activités humaines, qu'existe la chance de voir poindre un jour la première lueur de cette aube civilisatrice que notre monde attend, dans sa grisaille impatiente et fébrile ?

Cette ligne générale conduit à des orientations concrètes concernant la libération des forces créatrices, l'attitude de l'État vis-à-vis des entreprises, la fiscalité, et l'exercice par l'État de ses attributions particulières.

Elle s'accompagne d'un effort symétrique de rayonnement social, et de recherche d'un haut niveau de communication au sein de l'entreprise et dans l'économie.

★

A partir du moment où sa nécessité est profondément ressentie, la libération des forces créatrices entraîne un renversement complet d'attitude.

Au lieu de vouloir encadrer et restreindre la décision de création économique, et même la décision économique tout court, celles-ci doivent être dégagées au maximum des contraintes et des entraves. C'est une attitude que connaissent ceux qui veulent favoriser la pousse des jeunes plants dans la végétation qui les étouffe : on débroussaille à leur pied, et on éloigne ce qui prélèvera sur leur aération et leur nourriture pour les empêcher de grandir.

Épargnons-nous donc le contresens d'une législation d'aide à la création économique. Armons-nous de la cisaille et de la faux pour tailler hardiment dans les textes, les règlements et les exigences des lobbies administratifs, publics et privés, qui interviennent dans l'acte de création économique. Que les formalités soient réduites à l'essentiel, et les autorisations supprimées dans la quasi-totalité des cas.

Et que les textes généraux, tyranniques et vagues, qui expriment les lois économiques d'un autre âge, liés à de tout autres circonstances, comme l'ordonnance de 1945, soient abrogés.

Au lieu d'un émiettement de concours financiers et d'exonérations fiscales soumis à des conditions qui obligent à d'innombrables formalités et favorisent la débrouillardise de quelques-uns, préférons les facilités ou les allégements de large application, évitant les déclarations et les contrôles.

Les deux pièces maîtresses de l'intervention économique quasi aveugle que sont la fixation administrative des prix et le contrôle des changes doivent être supprimées, l'une immédiatement, l'autre dans les plus courts délais que permettra la remise en ordre financière.

On observera que le ralentissement de la hausse des prix entre 1981 et 1983 a été trois fois plus rapide aux États-Unis, où n'existe pas le contrôle des prix, qu'en France où il a été largement rétabli. Les administrations chargées de ces contrôles seront elles-mêmes supprimées, et leur personnel reclassé en fonction de sa compétence, souvent grande, et de son ancienneté administrative. La manière de le faire ne devra pas revêtir l'aspect d'une sanction vis-à-vis d'agents qui ne sont pas responsables du dépérissement de leur tâche, mais présenter un caractère d'exemple quant à la manière de traiter un problème humain d'adaptation administrative.

Les textes correspondants seront évidemment abrogés.

Une agence à durée temporaire, composée de personnalités ayant une expérience directe en la matière, devra se prononcer sur l'abrogation ou le maintien des règlements restrictifs en matière de création économique. Elle recevra une délégation de compétence suffisante pour échapper à la pression des services administratifs, jaloux de conserver leurs instruments d'intervention qui constituent la justification de leur existence et celle des moyens qu'ils demandent. A l'expiration de sa durée, elle publiera un rapport d'ensemble sur l'exécution de sa mission.

Les monopoles légaux de production subsistants, tels que celui des tabacs et des allumettes, seront supprimés. Les établissements publics correspondants seront placés dans une position concurrentielle où leur antériorité et leur expérience leur fourniront des armes loyales de compétition vis-à-vis de leurs concurrents qui décideraient de s'établir.

Les règles d'installation et d'investissement des entreprises en provenance de la Communauté européenne seront appliquées dans l'esprit de la réglementation communautaire, sans maintenir de référence à une réglementation des changes, elle-même supprimée.

★

Envers les entreprises, le mot qui décrit sans doute le mieux le changement d'attitude de l'État est celui de « démassification ».

Il exprime la volonté de mettre fin à la relation de masse existante, où les entreprises sont assujetties à une réglementation et une législation uniformes, adaptées pour les unes mais aberrantes pour les autres, et où l'État légifère dans des domaines où la loi du marché et les relations contractuelles permettraient une infinité d'ajustements plus souples au sein des entreprises elles-mêmes.

On voit apparaître trois ensembles différents d'entreprises.

Les entreprises individuelles, celles où s'exerce l'activité d'un individu, complétée par celle des membres de sa cellule familiale. La règle devrait être celle de la liberté. Elle existe déjà dans l'agriculture familiale et explique une partie de ses remarquables performances. Les agriculteurs fixent eux-mêmes leur programme de production, leur rythme de travail, leurs horaires, les modalités de leurs vacances. Ils jouissent bien entendu d'une protection sociale complète, et les marchés de certaines productions sont organisés, mais leur vie de producteur est quasi libre. Cela devrait être l'attitude vis-à-vis de l'ensemble des producteurs individuels. Ceux qui ont assisté aux Conseils des ministres de mon septennat se souviendront de mon étonnement et de mes réticences devant la fureur réglementaire de certains services à l'égard des entreprises individuelles. En matière de cotisations fiscales et sociales, la pratique de centres comptables agréés doit être généralisée et rendue aisément accessible. Des pratiques de forfait couvrant l'ensemble des obligations fiscales pourraient être rétablies pour les premières années d'activité, par exemple pour une durée de cinq ans.

Sans vouloir entrer dans des détails qui nous conduiraient trop loin, mais pour mettre en évidence le changement d'attitude à effectuer, ces exonérations ou ces forfaits fiscaux de début d'activité seraient un droit attaché à l'individu, et non à l'entreprise qu'il crée. Une fois qu'ils auraient été utilisés, ces droits ne pourraient pas servir à nouveau à une même personne, du moins avant un délai fixe. Il s'agit non pas d'organiser une succession d'opérations où l'on crée et où l'on supprime des entreprises pour bénéficier d'avantages fiscaux, mais de rendre plus facile l'initiative créatrice de l'individu.

Les entreprises de taille moyenne, celles qui résultent de l'activité personnelle d'un créateur ou d'un investisseur, et au sort desquelles il est directement associé. Dans ces entreprises, le rapport entre le dirigeant, le cadre et le travailleur, employé ou ouvrier, n'est pas anonyme. Il comporte le plus souvent une connaissance personnelle, et la possibilité d'un échange. Ici l'attitude de l'État devrait être davantage celle de l'incitation que celle de la réglementation : faire en sorte que la législation générale, juridique ou fiscale, pousse à aller vers les formes d'organisation, vers les types de structure, vers les modes de financement correspondant à une évolution positive et progressive de la vie de l'entreprise. Les décisions ne lui sont pas imposées, mais l'écosystème mis en place autour d'elle l'invite à faire des choix, dictés par une juste appréciation de ses intérêts, qui viennent s'inscrire dans la mouvance générale des progrès recherchés par la société économique.

Le troisième ensemble est celui des entreprises que leur taille dépersonnalise, dans l'attitude à la fois de leurs dirigeants, qui n'ont pas avec elles le même lien personnel, et de ceux qui y travaillent, dont le nombre implique inévitablement un certain degré d'anonymat.

Ces entreprises sont le lieu d'excellence des relations contractuelles. Je suis persuadé que celles-ci ne peuvent prendre leur véritable sens que si elles sont nouées au sein de l'entreprise. Si l'on doit approuver sans réserve le développement des relations contractuelles, tel qu'il a été déclenché à partir de 1970 par le gouvernement de Jacques Chaban-Delmas, et auquel certains dirigeants des syndicats réformistes ont apporté une courageuse contribution personnelle, on observe que ces relations contractuelles se sont trop rarement développées à l'intérieur même des entreprises.

Les grandes négociations ont été conduites entre l'organisation patronale centrale et les confédérations syndicales. Dans les entreprises nationales, où l'apparence était davantage celle d'une négociation directe, on ne pouvait pas ignorer qu'elles étaient en fait pilotées par une main invisible, celle du gouvernement, qui avait tracé à l'avance les limites des accords possibles et qui se réservait d'ailleurs le soin d'ajuster éventuellement ces limites par des contacts discrets avec les grands dirigeants syndicalistes.

★

Deux directions sont à prendre.

La première est celle d'une limitation délibérée du champ des matières traitées par la loi.

La loi est uniforme et massive. Sauf à verser dans d'indescriptibles complications, elle ne peut pas s'adapter à la diversité des tailles, des situations sociales et des particularités technologiques des entreprises. Certes, les fonctions essentielles de la loi doivent être assurées : interdiction des abus et des fraudes, protection de la personne contre les divers excès de la puissance économique. Ces fonctions doivent même être mieux assurées qu'elles ne le sont aujourd'hui par le mélange inextricable d'attitudes répressives et interventionnistes qui caractérise notre législation économique, mais dans un domaine sensiblement réduit. La prescription doit être simple, générale, consister dans la fixation d'une «règle du jeu» claire et confiée à l'appréciation des tribunaux plutôt qu'à celle des administrations économiques.

L'autre direction est celle du choix de l'entreprise comme cadre véritable de la politique contractuelle.

La démassification de la vie économique passe par la recherche d'un niveau de négociations aussi ajusté que possible à la diversité du réel. Les confédérations syndicales conserveront leur rôle important de formation de leurs membres, d'analyse des situations économiques et sociales globales, et de relations internationales, notamment dans la Communauté européenne, mais ceux qui se retrouvent autour de la table de négociation contractuelle doivent participer à la vie quotidienne de l'entreprise, ou d'un groupement limité d'entreprises si les conditions locales ou techniques le justifient.

★

La fiscalité est revenue au centre du débat politique de nos sociétés. Qu'il s'agisse des États-Unis où la politique fiscale du président Reagan a été au cœur de la controverse économique, ou de la France que les excès de la fiscalité socialiste ont poussée dans une attitude de rejet et où les limites du simple bon sens ont été franchies pour entrer dans la zone dangereuse de l'inacceptable.

Les conséquences de la crise y ont leur part de responsabilité. Elles ont tari la progression des ressources existantes, au moment où il fallait faire face, par des impôts ou des cotisations sociales, aux dépenses d'aide aux chômeurs et au soutien des secteurs économiques en difficulté.

Mais le problème vient de plus loin.

Il tient à la marée montante des dépenses collectives, demandées et voulues par l'opinion publique pendant la période de forte expansion. Contrairement à la légende, les gouvernements ont constamment tenté de s'y opposer, face à la double pression des administrations avides d'accroître leurs moyens — pression à vrai dire insupportable par son opiniâtreté annuelle et par l'effet pervers qu'elle exerçait sur une administration devenue une fin en soi, et détachée à l'excès de sa perception d'outil au service du public — et des élus relancés par les besoins exprimés sur le plan local.

C'est dans une période relativement récente, autour de l'année 1980, qu'on a aperçu au sein des élus un début de modification de leur comportement.

Ce problème tient également à une méconnaissance de la réalité fiscale, qui constitue un des traits de notre attitude culturelle, et dont il faut examiner quelques aspects.

Le plus connu, et le plus étrange, est assurément le fait de croire qu'il existe au service de l'État une ressource illimitée, une sorte de caisse noire dans laquelle le gouvernement pourra puiser sans présenter la facture au contribuable, et qui fait que tout appel à une dépense supplémentaire de l'État est justifié puisqu'elle n'aura pas de contrepartie : « L'État paiera ! »

Il faut avoir participé aux travaux d'une assemblée locale, Conseil général ou Conseil municipal, pour mesurer la profondeur de cette conviction. La suggestion de demander une subvention supplémentaire au budget de l'État n'évoque pour personne l'idée qu'il faudra en payer soi-même la contrepartie. On imagine qu'il existe une machine financière aux circuits tellement compliqués qu'on peut pomper à un bout sans risque de devoir l'alimenter à l'autre, en tout cas en laissant à d'autres le soin de le faire. Et le fait d'observer que, si tout le monde adopte le même raisonnement, son absurdité devient évidente n'exerce aucune contrainte sur les esprits. Cela constitue un handicap de la politique budgétaire française, à la différence de la Suisse où, par exemple, toute proposition de dépenses nouvelles déclenche dans l'opinion une discussion longue et tenace sur le chiffrage de leur coût; et l'on n'accepte de s'intéresser à la mesure que lorsqu'on est convaincu de l'exactitude du chiffrage.

Un autre aspect est la difficulté pour certains élus de réaliser que la décision de créer une dépense nouvelle financée par l'impôt, lorsqu'elle est prise dans un ensemble financièrement fermé, tel qu'un département ou une région, consiste strictement à effectuer un transfert des uns vers les autres. Aucune ressource n'est créée : on donne exactement ce qu'on prend. Ou, plutôt, on donne moins qu'on ne prend, puisqu'il faut en déduire le coût matériel des opérations de collecte de l'impôt (qu'on peut évaluer approximativement à 7,5 % du total) et le coût de fonctionnement des administrations chargées de gérer la dépense.

Ainsi, lorsqu'un département décide d'adopter une mesure en faveur d'une activité économique, il décide en fait d'effectuer le transfert d'une ressource qu'il prélève sur place en faveur d'autres bénéficiaires, avec une perte de l'ordre de 10 %. Or, nous pouvons être certains que personne ne cherche à évaluer les effets du transfert négatif, c'est-à-dire les effets du prélèvement de ressources sur la vie économique locale. Ce n'est pas qu'on regarde par le mauvais bout de la lorgnette, c'est une lorgnette qui n'a qu'un seul bout, celui qui montre les effets attendus de la dépense, alors que celui qui indiquerait les effets négatifs de la recette reste obstinément fermé.

Une dernière attitude qui complique la solution du problème fiscal est le fait que chacun de ceux qui ont le pouvoir de décider d'une majoration d'impôt ou de cotisation, à l'exception du Parlement, considère que l'augmentation qu'il décide est marginale, et n'aura aucune incidence sur l'ensemble. Il en est même personnellement et sincèrement convaincu. Un élu local, qui avait l'idée de faire financer un programme routier supplémentaire par l'augmentation de la taxe de séjour des stations avoisinantes, n'était aucunement persuadé qu'il décidait en même temps d'augmenter le prélèvement fiscal global. J'observai que l'argument ne le touchait pas : il imaginait que cette augmentation allait se perdre — c'est-à-dire s'annuler — dans la myriade des augmentations qui seraient décidées ailleurs et par d'autres instances, et qu'ainsi sans doute on ne la retrouverait pas dans le total du prélèvement obligatoire.

Or, nombreux sont les organismes qui peuvent décider une augmentation du prélèvement fiscal : cela va des chambres consulaires, chambres de commerce, d'agriculture et des métiers, aux communes, aux départements et aux régions. De même des accords négociés entre partenaires sociaux, puis rendus obligatoires, peuvent accroître de leur côté les cotisations sociales : formation permanente, aide aux chômeurs, sans compter les régimes de retraites complémentaires, quasi obligatoires, et à vrai dire indispensables pour les intéressés.

Contrairement à une opinion largement répandue, et qui illustre l'attitude d'esprit que nous venons d'évoquer, ce n'est pas le prélèvement fiscal d'État qui a augmenté de 1975 à 1980, mais bien les impôts locaux et les cotisations sociales, malgré un important transfert de ressources effectué à l'époque de l'État vers les communes.

★

Le préalable à toute solution raisonnable du problème fiscal réside dans le freinage des dépenses publiques.

Il existe un niveau de dépenses publiques, aussi justifiées qu'elles puissent paraître dans leur détail, qu'aucun système fiscal ne pourra financer sans étouffer l'économie et pousser à la révolte le citoyen. Ce niveau est dépassé en France.

Le freinage des dépenses publiques sera au centre du futur débat financier. C'est un problème difficile, mais il n'est pas insurmontable. Nos sociétés industrielles ont déjà accumulé un tel réseau d'actions publiques et réalisé de telles infrastructures que les besoins de dépenses nouvelles n'ont plus le même degré de justification qu'auparavant.

Il s'agit souvent de demandes présentées par des groupes de pression, avec pour raison principale le maintien de leurs activités. Tel est le cas de l'extravagant projet de train à grande vitesse, en direction de la Loire et de l'Ouest, interrompu en 1980 par le ministre des Transports Joël Le Theule. Aucune demande d'engagement des travaux ne lui avait été présentée. C'est le hasard que lui valait sa fonction de président du Conseil général de la Sarthe qui lui a permis d'apprendre que des équipes de géomètres étaient en train de piqueter le terrain ! Ce projet a retrouvé vie, avec la vigueur du phénix, malgré les protestations des collectivités locales concernées, qui mesurent ainsi les limites de la décentralisation ; malgré l'insuffisance du trafic prévisible, la faiblesse du gain de temps, les protestations des écologistes étouffées par les médias régionaux ; malgré l'absence d'évaluation de la rentabilité financière du projet, inférieure en tout état de cause de près de moitié aux taux d'intérêt existants !

De même la partie du budget consacrée aux interventions économiques de l'État, et où se retrouvent aujourd'hui pêle-mêle les charges des nationalisations, la couverture des déficits des entreprises publiques, de coûteuses bonifications d'intérêt dont une part alimente davantage la gestion des organismes distributeurs qu'elle ne parvient intacte au bénéficiaire final, cette partie fournira la matière à un plafonnement, puis à une réduction sensible de la dépense publique.

Compte tenu du niveau atteint par le prélèvement fiscal, il est évident que le rétablissement de notre situation financière ne pourra pas, et donc ne devra pas, être recherché par un prélèvement fiscal supplémentaire, même présenté comme temporaire. Ses effets directs et ses effets pervers seraient tels qu'ils annuleraient, et au-delà, les résultats attendus.

C'est du côté de la dépense que le premier effort devra être entrepris. Ce freinage des dépenses publiques devra être conduit et poursuivi avec une énergie suffisante pour que, par la combinaison de ses résultats et par les effets de la reprise graduelle de l'expansion, le taux du prélèvement puisse revenir par paliers annuels au voisinage du seuil de 40 %. Ce seuil m'a toujours paru constituer, dans une période normale, le maximum de la part de ses ressources qu'une société pouvait consacrer à sa vie collective et à son effort de solidarité.

Le véritable enjeu de la politique fiscale est en effet de savoir quelle part du revenu produit et gagné doit rester à la disposition de son auteur, qui l'emploie alors selon ses nécessités et ses préférences, et quelle part doit lui être retirée pour le financement des actions communes (justice, défense, police, etc.), pour le paiement des services qui lui sont rendus gratuitement (éducation, routes sans péage, etc.) ou pour des mesures de transfert (réduction des inégalités, solidarité, etc.).

Le fait de décider qu'une action doit être financée par un prélèvement effectué sur les ressources de l'intéressé, au lieu de lui laisser le libre choix de l'emploi de son revenu, a d'importantes conséquences psychologiques et économiques.

Imaginons par exemple que le risque d'accident automobile, matériel et humain, ait été pris en charge par la Sécurité sociale. Le revenu «conservé et géré» par chacun aurait été diminué du montant des primes, et les cotisations obligatoires augmentées dans la même proportion. L'espace de liberté constitué par le choix de la compagnie et le type de police souscrit se serait rétréci, et la pression psychologique qui tend à freiner le coût du système n'aurait plus trouvé de cible où s'exercer. Le taux des prélèvements obligatoires aurait été présenté en augmentation, et l'efficacité économique du système aurait diminué, sans aucun profit pour personne.

L'orientation à retenir me paraît être de chercher à laisser à la disposition de l'individu le maximum d'emploi direct possible du revenu qu'il gagne, par son travail ou par son épargne, et de ne prélever fiscalement que ce qui correspond au bon exercice des actions communes de l'État — évaluées dans la conception de «moins d'État» — et à la mise en œuvre de la solidarité, définie à partir des besoins explicites de solidarité et non de schémas dépensiers de redistribution.

Quant à la technique fiscale, ses règles sont simples. J'ai toujours partagé la préférence de Joseph Caillaux pour le bon impôt, défini comme étant «d'assiette large et de taux modéré». J'ai constaté que l'augmentation excessive des taux déclenchait chaque fois des effets secondaires freinant le rendement et faisant fuir la matière imposable. C'est vrai dans tous les pays et à tous les niveaux. Quant à la superposition des impôts, elle multiplie les formalités et, au lieu d'aller vers la justice, engendre des distorsions innombrables.

La combinaison la plus souhaitable des impôts d'État me paraît constituée de deux impôts économiques : l'impôt sur les sociétés et la taxe à la valeur ajoutée, et de trois impôts personnels : l'impôt sur le revenu, l'impôt sur les plus-values et les droits de succession. Toute la matière imposable est atteinte et n'est atteinte qu'une seule fois. On peut ajuster les taux aux niveaux requis, où se rencontrent les besoins financiers et des exigences de justice fiscale. Il me semble évident, pour ne pas décourager la création et l'effort, qu'il faut plafonner à 50 %, comme en Allemagne fédérale, le montant du revenu annuel susceptible d'être prélevé par l'impôt. C'est pourquoi je m'étais opposé comme ministre des Finances, puis comme président de la République, aux propositions périodiquement présentées d'accroître le taux maximal de l'impôt sur le revenu, déjà fixé à 60 %.

Un impôt sur la grosse fortune, portant à six le nombre des impôts d'État, a été institué. Tel qu'il est appliqué, il finit par atteindre la ressource d'épargne qu'un cadre ou un chef d'entreprise actif peuvent se constituer au cours de leur vie de travail : il fait alors double emploi avec les droits de succession. Si l'on juge souhaitable de le conserver dans son intention initiale qui est celle d'un prélèvement sur les «grandes fortunes», tout en sachant que dans un monde ouvert son effet principal est de repousser les fortunes mobilières hors de notre pays au lieu de contribuer à son enrichissement, il est clair que son seuil d'application doit être sensiblement relevé, qu'une part d'abattement à la base doit être faite à chacun des époux lorsqu'ils sont placés sous le régime légal de la séparation de biens, et que, pour en exempter l'effort d'épargne accompli au cours de la vie active, le logement principal et l'outil de travail doivent être placés en dehors du champ de l'impôt.

Enfin, pour éviter la superposition fiscale, les sommes payées au titre de cet impôt s'imputeraient, jusqu'à un certain plafond, sur les droits supportés par les successions futures.

Quant à la part relative entre les ressources tirées de la taxe à la valeur ajoutée et celles provenant des impôts personnels, la réflexion doit accompagner l'évolution de notre société. Chacun connaît les avantages et les défauts de la taxe à la valeur ajoutée : une assiette très large, saisissant la totalité des consommations finales; une fraude difficile à organiser; un impôt neutre entre les circuits économiques; une taxe qui frappe autant les importations que la production nationale. Ses défauts sont l'inverse de ses avantages : elle ne discrimine pas entre les acheteurs, et donc ne tient pas compte de l'inégalité de leurs revenus ; elle est directement incorporée dans les prix, et son accroissement exerce un effet inflationniste ; comportant enfin un rendement massif, elle est d'un maniement lourd et peut encourager les tentations dépensières des gouvernements. C'est, par exemple, le motif pour lequel l'actuelle administration américaine est réticente pour l'introduire aux États-Unis. Elle redoute que les facilités qu'elle offre n'affaiblissent sa position dans son combat avec le Congrès pour réduire les dépenses publiques.

Le mérite des impôts sur le revenu est de tenir compte de la situation des ressources de chacun, si elles sont exactement connues. Par le jeu de la progressivité des taux et de l'abattement à la base, on peut lier la contribution au niveau de vie réel de l'individu, et exercer un effet de justice sociale. Mais c'est un impôt déclaratif, compliqué par de nombreuses dispositions particulières rendant nécessaires des contrôles, et dont le poids, quand il devient excessif, décourage l'initiative et l'effort.

La fiscalité française tirait traditionnellement plus des deux tiers de ses recettes des impôts indirects, et un tiers des impôts directs. La proportion était inverse dans les grands pays industriels, notamment les pays anglo-saxons. On y voyait un signe du sous-développement fiscal de notre pays. L'effort poursuivi pendant plusieurs dizaines d'années tendit donc à accroître la part des impôts directs.

Il faut avoir l'ouverture d'esprit de reconsidérer aujourd'hui ce jugement. Au fur et à mesure que se développe un important groupe central, la fonction de justice sociale confiée à la fiscalité directe perd une partie de sa nécessité. Elle peut être assurée, en tout cas, à partir d'un moindre taux de prélèvement. Cette fonction reste surtout nécessaire aux deux extrémités de l'éventail, pour soulager les détenteurs d'un revenu modeste et accroître la contribution de ceux dont les ressources excèdent nettement celles du groupe central. A la limite, pour le groupe central, on pourrait se contenter d'une fiscalité directe d'allure proportionnelle et de taux modéré, en réservant la fiscalité directe « d'ancien modèle » pour les deux extrémités de l'éventail social.

Certes, nous n'en sommes pas encore arrivés là, et l'évolution en cours n'est pas achevée. Mais nous pouvons déjà en tirer la conclusion que certains des inconvénients de la taxe à la valeur ajoutée s'affaiblissent avec le temps et qu'elle pourra constituer une part croissante des ressources fiscales de l'État. C'est elle qui pourrait servir de ressource de substitution aux cotisations sociales calculées sur les salaires. Elle sera complétée par une fiscalité directe qui, au moins pour les membres du groupe central, pourrait être simplifiée, et progressivement allégée.

★

Le rôle de l'État dans l'économie et dans la vie sociale est, nous l'avons dit, au cœur du débat d'aujourd'hui. Il est même le cœur du débat.

Lorsque j'ai recherché avec un ami qui me conseillait dans la campagne présidentielle, et qui m'a accueilli dans sa propriété de l'Ouest canadien où j'écris aujourd'hui, adossé à un poêle en fonte, dans une cabane de gardien de bétail baptisée « Brise et bourrasque », en regardant la première pluie de l'été tomber sur la prairie desséchée, lorsque donc j'ai recherché le thème central de mon dernier discours de la campagne, porte de Pantin, j'ai choisi de retenir le slogan : «Moins d'État.»

Je me souviens encore du passage, que je cite :

«Voici donc l'enjeu de votre choix : Davantage d'État? Moins d'État? C'est, en quatre mots, le centre du débat.

«Davantage d'État, ou moins d'État, cela veut dire : plus ou moins d'interventions; plus ou moins de bureaucratie; plus ou moins de contrôles; et cela entraîne inévitablement : plus ou moins d'impôts; plus ou moins de cotisations sociales; plus ou moins de liberté pour ceux qui travaillent et pour ceux qui produisent; plus ou moins de responsabilité pour les individus.

«Mon adversaire vous propose : davantage d'État!

«Je vous propose : moins d'État!»

Ce thème du «moins d'État» n'est pas le reflet d'un antagonisme néo-poujadiste, du refus d'accepter les contraintes inévitables de la vie sociale, ou du désir de flatter l'égoïsme individuel devant les charges de la solidarité.

Ce thème est l'application à notre vie actuelle, à notre débat économique et social, de la grande interrogation posée à la pensée contemporaine : la prétention de la raison à tout savoir, et donc à tout diriger, justifie-t-elle le transfert à un échelon central, mieux outillé et mieux informé, de la plupart des décisions prises jusqu'ici sous la forme de responsabilités individuelles?

Ou bien doit-on rechercher un équilibre entre la raison et la pulsion individuelle, celle-ci étant capable de prendre un grand nombre de décisions, flexibles et adaptées à la diversité du réel, qui se combinent au sein d'une sorte de bio-socio-économie?

D'un côté la logique du marxisme et du capitalisme monopolistique, et de l'autre le libéralisme social, c'est-à-dire le prolongement du courant libéral authentique, débarrassé des mutilations qu'il a subies au XIXᵉ siècle quand on a voulu le réduire à un « laisser-aller » vis-à-vis d'un prétendu rationalisme des faits économiques.

C'est la grande bifurcation de notre temps, qui dépasse l'enjeu économique et qui différencie, plus authentiquement que l'antique — on serait tenté d'écrire l'archaïque — classification droite-gauche, les comportements, les mobiles et les préjugés des acteurs de la vie économique et sociale.

Plus d'État, ou moins d'État ?

Ma réponse est moins d'État, pour les raisons que je viens de dire, illustrées et démontrées de manière éclatante par les effets de la politique d'accroissement des pouvoirs de l'État socialiste à laquelle nous assistons depuis trois ans.

Moins d'État, mais un meilleur État, ou, pour tenter un néologisme, car les Français ont le droit de jouer un peu avec leur langue : « Moins d'État, et mieux d'État ! »

★

Ce repli du rôle de l'État, repli historique et non pas tactique, consiste à écarter l'intervention directe de l'administration, à libérer l'acte créatif des contraintes qui pèsent sur lui, pour rendre à la décision économique son espace de vie, et à favoriser tous les systèmes d'action et de décision qui développent les équilibres et les compatibilités aux différents niveaux de l'économie.

Quelles sont alors les attributions de ce « moins d'État » ?

Elles consistent à assurer non seulement le bon

fonctionnement, mais aussi la meilleure utilité des instruments centraux : monnaie, crédit et fiscalité. Ce bon fonctionnement pose des problèmes bien connus des spécialistes, qui dégagent peu à peu des codes de conduite à cet égard, encore sujets à discussion mais suffisants pour éclairer l'action. Ils n'entrent pas dans le champ de réflexion de ce livre. Je leur ai consacré beaucoup d'attention dans les temps heureux où j'étais ministre des Finances. On arrive à des conclusions relativement claires, que seuls les préjugés idéologiques ou l'incompétence peuvent récuser.

Mais le point à évoquer ici est que l'utilisation rationnelle des grands instruments de la politique économique et monétaire peut être systématiquement placée dans une perspective qui leur permet d'influencer l'évolution socio-économique dans un sens jugé souhaitable.

Par exemple, la législation fiscale ou la politique de crédit — et non les interventions ponctuelles — peuvent être telles qu'elles invitent à l'augmentation des fonds propres des entreprises, si l'on veut associer plus étroitement les dirigeants à la vie de leur entreprise, ou qu'elles encouragent la diffusion de l'actionnariat dans un large public, si l'on souhaite rendre les Français propriétaires personnels de leur industrie.

De même la politique du crédit peut faciliter le développement de la construction individuelle. Dans tous ces cas, il s'agit non pas de décider à la place des intéressés, ni même de leur suggérer fortement les mesures qu'ils doivent prendre, mais de créer un environnement général, ou des écosystèmes favorables à la prise de telles décisions.

Le gouvernement devra éviter autant que possible les négociations directes au niveau des confédérations syndicales et de l'organisation patronale centrale, qui poussent à la massification des décisions et à la destruction des écosystèmes. Il doit au contraire encourager, favoriser les contacts directs, au niveau des entreprises et sur le terrain local. Le cas échéant, il pourra ouvrir des dossiers, par exemple celui du contrôle des abus en matière d'indemnisation du chômage, et laisser ensuite les procédures se développer et aboutir en dehors de lui.

La conception de la planification, telle que nous l'avons vécue depuis vingt ans, et telle que les gouvernements ont tenté, sans grand succès, de la faire évoluer, illustre, mieux que toute autre, la nécessité d'une véritable novation. Pendant la période de croissance durable et régulière, la planification « recevait » en fait l'expansion comme une donnée. Elle décrivait et fixait les investissements qui devaient l'accompagner, et indiquait, avec des précisions chiffrées, la manière dont les fruits de l'expansion devaient être répartis. Elle croyait décider, elle se contentait de décrire.

Et, quand elle recommandait des politiques après d'innombrables travaux d'experts, elle aboutissait à des résultats aussi accablants que les plans d'équipement de la sidérurgie des années 60, ou elle se contentait de l'indifférence qu'elle a toujours témoignée pour des secteurs d'entraînement comme l'automobile, ou riches de possibilités de développement tels que les industries agro-alimentaires et le téléphone.

L'entrée dans l'ère des incertitudes, à partir des années 1970, n'a pas rebuté les planificateurs. Même si leurs descriptions cessaient d'être exactes, ils ne se décourageaient pas de fixer les chiffres de répartition d'une expansion dont on était hors d'état de prévoir le niveau à l'échéance de quelques mois. La méthode suivie a retardé la prise de conscience par l'opinion publique des réalités de la crise, en faisant croire qu'il était encore possible de garantir les résultats de la répartition sans avoir pu constater au préalable la situation réelle, et incertaine, de la production.

Cette contre-pédagogie a encouragé, par exemple, l'erreur de jugement commise en 1981-1982, où l'on a pu faire croire qu'il était possible, sans connaître le niveau de l'activité économique, de gagner davantage tout en travaillant moins, ou d'engager une politique de relance de la consommation au creux de la dépression internationale.

La conception moderne, celle d'une recherche de cohérence des décisions, implique une organisation entièrement différente, dont l'État centralisateur et massificateur soit absent.

Je propose que l'ensemble des attributions du ministère du Plan et du Commissariat général au Plan soient transférées au Conseil économique et social, en confiant à celui-ci le soin de mener toutes les études et de provoquer toutes les réunions qui permettent de «favoriser la cohérence et d'accroître la compatibilité des décisions économiques et des anticipations des agents de l'économie française».

★

Bien que la préoccupation du long terme gagne progressivement un nombre croissant d'entreprises, et sans entretenir pour autant des illusions excessives sur la possibilité de prévoir avec certitude les développements technologiques du futur, l'État dispose d'un certain degré de liberté dans l'emploi de ses ressources, qui lui permet de jouer un rôle de défricheur d'avenir.

Lorsque apparaît une technologie nouvelle, sans espoir de rentabilité à moyen terme, mais porteuse d'études et de recherches, il peut lui donner une impulsion comme nous l'avons fait en créant le Commissariat à l'énergie solaire. Ou encore, lorsqu'un ensemble d'investissements affecte des aspects nombreux de la vie sociale, suppose des acquisitions foncières ou la construction de grandes infrastructures, telles que le réseau des centrales électronucléaires, il programme et coordonne l'action globale.

Mais, lorsqu'il défriche ainsi la part d'avenir qui est trop lointaine ou trop compacte pour que les décisions de la bio-économie suffisent à la préparer, il doit utiliser une multiplicité de moyens s'adaptant eux-mêmes aux tâches qui leur seront confiées et pour lesquelles, si nécessaire, ils seront créés. Pour reprendre notre exemple, Électricité de France, la Compagnie générale des minerais atomiques, Framatome et leurs innombrables sous-traitants ont été chargés de conduire chacun, de manière autonome et responsable, leur part du programme électronucléaire.

★

Ce libéralisme, pour être authentiquement un libéralisme social, doit s'accompagner d'un fort rayonnement social. Je préfère dire «doit incorporer un fort rayonnement social», pour souligner qu'il s'agit non de plaquer une préoccupation sur une autre, mais de mener une unique et même démarche : celle du progrès du groupe, conduit par les individus, à partir du réseau des décisions qu'ils élaborent eux-mêmes.

Étant donné la charge négative dont le passé a grevé le libéralisme, il faut être très explicite sur ce point. De même que nous venons d'assister aux excès d'un socialisme qui ne se contentait pas d'être socialiste mais se montrait antilibéral en allant pourchasser ici et là, dans l'éducation et dans l'information, des libertés qu'il n'avait aucun motif de vouloir réduire, de même nous entendons parfois les échos du langage d'un libéralisme antisocial.

Le libéralisme antisocial se reconnaît à deux signes.

D'abord il ne se préoccupe pas authentiquement, par une véritable pulsion émotive, des conséquences que peuvent entraîner sur le plan de l'individu isolé les évolutions économiques devenues inéluctables. En gros, pense-t-on, qu'il se débrouille ! S'il est capable, il s'en sortira ; et, s'il n'est pas capable, il n'a qu'à s'en prendre à lui-même !

Ensuite, ce libéralisme antisocial distingue dans la vie économique les hommes en deux groupes : les acteurs et les objets. Les acteurs sont ceux qui détiennent l'information et le pouvoir de décider. Ils comprennent les dirigeants d'entreprises et une partie des cadres. C'est avec eux qu'il faut discuter et analyser les situations et les problèmes. Les autres ont des tâches à accomplir. Ce sont des objets, qui ont une conscience d'objets. S'ils remplissent correctement leur tâche, telle qu'elle est fixée par les acteurs, ils ont droit à une juste rémunération. Et tant mieux pour eux si la compétence des acteurs et la pertinence de leurs décisions font que cette rémunération est élevée !

Le libéralisme social rompt avec ces deux survivances du XIXᵉ siècle. De même que la démocratie doit être conduite selon le vœu du plus grand nombre, de même l'économie doit être développée en tenant compte des intérêts du plus grand nombre. Cela implique un rééquilibrage de notre conscience économique.

On sait que notre cerveau réunit deux moitiés, consacrées chacune à une fonction. Le cerveau droit, affectif et intuitif, accueille aisément les images, et le cerveau gauche, rationnel et froid, est réceptif à ce qui s'exprime par des mots. (Notons en passant l'affectation symbolique choisie par le cerveau pour les mots droite et gauche!) Chacun de nous dispose aussi d'une conscience économique à deux compartiments : un compartiment individuel, où figurent nos désirs, nos appétits, nos égoïsmes, mais aussi nos intérêts légitimes et leur puissant désir d'action ; et un compartiment social où nous percevons la situation du groupe, ses tensions, ses solidarités, ses blocages. Nous devons rechercher progressivement un meilleur équilibre entre ces deux compartiments.

S'il est incontestable que le compartiment individuel doit être le moteur de l'action, nous devons nous habituer à ressentir nos «satisfactions économiques» dans les deux compartiments à la fois. C'est un trait caractéristique du libéralisme social de souligner que, si le ressort du progrès économique passe par l'individu, il concerne aussi le groupe. Les satisfactions économiques sont par nature à deux dimensions : une dimension individuelle, assurément la plus forte et la plus directement perçue, mais aussi une dimension de groupe, impliquant la capacité de sentir son bien-être, le faible antagonisme qui s'y développe, et à la limite sa cordialité sociale.

Le libéralisme social repose sur le développement des perceptions et des attitudes du «moi social», c'est-à-dire d'un comportement où l'homme agit de plus en plus comme «individu social». Ce n'est pas une vision utopique. Le fait pour l'individu d'être conscient de son appartenance à un ensemble est un phénomène qui se constate tous les jours par la multiplication de la vie associative. De même, dans notre tradition latine, il a toujours existé une conscience économique à deux compartiments : individuel et familial. L'individu se préoccupant autant, et parfois davantage, de transmettre un patrimoine à ses enfants que d'améliorer son propre bien-être.

Quant à la division des agents de l'économie en acteurs et en objets, elle contredit toute l'évolution historique de l'émergence du groupe central. Au lieu d'une telle coupure, il faut reconnaître l'existence de fonctions différentes exercées par les individus. Toutes ces fonctions concourent à la vie de l'ensemble. Il n'y a pas lieu d'établir entre elles de hiérarchie formelle, mais seulement des règles fonctionnelles : tous ceux qui concourent à la production du pays appartiennent au groupe unique des acteurs.

Dans cette évolution démassifiée et cybernétique, l'entreprise devient la cellule centrale, ayant un rayonnement social interne.

Ce n'est pas une découverte : de nombreuses initiatives ont été prises dans ce sens. Mais au lieu d'avoir une apparence seulement utilitaire, celle d'une réduction des antagonismes sociaux, ces initiatives doivent être progressivement intégrées à la vie même, je dirais à la vie biologique de l'entreprise.

Ainsi la conscience économique et sociale des travailleurs, mais aussi celle des dirigeants, doit acquérir la double conscience, celle de l'individu et celle de l'ensemble du groupe humain. Le profit tiré de l'activité productrice doit s'accompagner d'un profit social, mesuré en termes de bien-être, de détente dans les relations internes à l'entreprise, de sentiment de solidarité vis-à-vis du futur pour la totalité des partenaires. Et l'attitude psychologique des dirigeants à l'égard de ceux qui travaillent dans l'entreprise, fondamentale dans toutes les relations humaines, et détectée si facilement par l'observateur à partir d'une multitude de petits indices — les recherches sur le « savoir » des nouveau-nés conduites par des laboratoires américains aboutissent à des résultats surprenants sur nos capacités innées de perception —, doit être celle qui prend en considération un groupe unique d'acteurs, diversifiés dans leurs tâches fonctionnelles, mais conscients de constituer un même ensemble.

C'est également au sein de l'entreprise que doivent se développer, comme nous l'avons dit, les relations contractuelles, conçues comme faisant partie du rayonnement social. Ce résultat implique qu'un certain nombre d'activités syndicales soient elles aussi démassifiées, et rapatriées au sein de l'entreprise.

L'argument massificateur qui réservait aux seules centrales nationales le soin de présenter des candidats au premier tour des élections aux comités d'entreprise perd ainsi sa justification, et cette restriction légale doit être supprimée. Les responsabilités et les activités fonctionnelles doivent être réservées aux syndicalistes travaillant effectivement dans l'entreprise. En contrepartie, les dirigeants ne doivent pas se décharger sur d'autres instances, nationales ou professionnelles, du soin de négocier pour leur compte les accords contractuels.

La vie de l'entreprise, dans le libéralisme social, doit devenir progressivement une nouvelle manière dont on cherche, et dont on s'accorde, à vivre ensemble.

CHAPITRE XI

LE PROBLÈME CENTRAL : L'ÉDUCATION

Dans toutes les sociétés humaines, le problème central est celui de l'éducation, comprise au sens large, c'est-à-dire la manière dont une génération transmet à la suivante le savoir qu'elle a elle-même reçu et agrandi, et la manière dont elle prépare aux risques de la vie ceux qu'elle met au monde. Observons d'ailleurs combien les mots sont forts, chaque fois qu'on les considère avec un regard neuf : l'expression «mettre au monde», qui s'applique à toute naissance, a la vigueur d'un acte de création comparable à celui de Jéhovah dans la Genèse.

Or ce problème de l'éducation est rarement placé au centre des préoccupations de nos sociétés. Si l'on consulte l'histoire, elle ne nous en apprend presque rien : le changement de toge des enfants pubères à Rome, le rôle de conservatoire du savoir joué par les monastères pendant le Moyen Age. Sans doute une grande partie de l'éducation était-elle confondue avec l'apprentissage que la mère fait faire à son petit. Et l'instruction venait ensuite, formelle et contraignante, limitée à un petit nombre, et proche encore des techniques du dressage. Il a fallu attendre Montaigne, puis le XVIIIᵉ siècle pour que le problème commence à se poser dans ses termes humanistes.

C'est sans doute à la fin du XIXᵉ siècle et au début du nôtre que l'instruction et même l'éducation ont atteint leur niveau le plus élevé. L'enseignement primaire était assuré par des maîtres attentifs, énergiques, dévoués à leur tâche, et dont les préférences politiques se limitaient, comme il était normal, à un républicanisme bon teint. Leur statut social, lié à leur savoir, était dominant au sein de leur petite collectivité. Dans les lycées français, allemands ou britanniques, la transmission de la culture classique, des langues grecque et latine, de l'histoire, des mathématiques, encore simplifiées mais d'une charpente vigoureuse, était réalisée d'une manière admirable, mais elle bénéficiait à une élite restreinte.

J'ai encore connu ce système éducatif, qui s'est éteint avec la dernière guerre. Au lycée Janson-de-Sailly, tout l'enseignement de la classe de quatrième était assumé par des professeurs agrégés : lettres, mathématiques, histoire et géographie, et, sans que nous démêlions bien l'importance des titres, nous nous serions sentis humiliés s'il en avait été autrement.

Au lycée Blaise-Pascal, à Clermont-Ferrand, dans la zone provisoirement libre d'occupation, le niveau d'enseignement était presque aussi élevé, même si les difficultés alimentaires conduisaient les élèves à digérer davantage les épais sandwiches au fromage dissimulés dans leurs pupitres que les enseignements savants de leurs maîtres.

Il s'agissait d'établissements publics et donc d'un enseignement gratuit, théoriquement ouvert à tous. Les divers barrages des préjugés, des ressources des familles, des handicaps culturels de certains milieux sociaux, y compris l'agriculture, se combinaient pour n'en réserver l'accès qu'à quelques-uns : la quasi-totalité des élèves venait de la bourgeoisie, complétée ici ou là par quelques sujets exceptionnels distingués par leurs maîtres ou soutenus par le courage et les sacrifices de leurs parents.

L'irruption du nombre, dans les années 50, a bouleversé ce système remarquable, mais restreint. Et je pense que le principal échec de la Ve République a été son incapacité à apporter une réponse satisfaisante au problème de l'éducation.

Cet échec tient à la combinaison de trois causes.

Devant l'arrivée massive des jeunes dans le système éducatif, accentuée par la décision, juste dans son principe mais insuffisamment analysée et préparée, de prolonger la scolarité obligatoire jusqu'à seize ans, l'erreur a été de croire qu'il s'agissait d'un problème de dimension, et que les mêmes recettes s'appliqueraient automatiquement à un plus grand nombre d'élèves et d'enseignants. Or le changement d'échelle entraînait un changement de la nature du problème. Ce ne seraient plus les mêmes professeurs, dont le recrutement devenait impossible à ce niveau, qui assureraient le même enseignement à des élèves restés semblables.

Le résultat a été d'associer étroitement éducation et échec. Sur les 830 000 élèves entrés à l'école primaire en 1968, on n'en retrouvait que 130 000 en classe terminale en 1979. De même le ministre de l'Éducation m'avait indiqué en 1980 que, sur les 790 000 jeunes qui quittaient cette année-là le système éducatif, 225 000 étaient sortis sans aucun diplôme. Ces «diplômés de l'échec» constituaient, et de loin, la catégorie la plus nombreuse. Imagine-t-on le traumatisme que peut causer à un jeune, à un moment où chacun connaît la difficulté de trouver un emploi, le fait de se présenter devant la vie sans autre référence qu'un échec? Et faut-il s'étonner qu'il préfère chercher la sécurité d'une société d'assistés plutôt que d'aborder les risques d'une société de compétition, où il entre sans formation et sans bagage?

La seconde erreur a été d'ignorer le changement culturel en cours dans la jeunesse, qui retentissait inévitablement sur le problème de sa formation. Le point culminant de cette ignorance a été l'explosion de mai 1968, événement d'une signification considérable et dont l'importance a été systématiquement minimisée depuis, à la fois par les gouvernants désireux de faire oublier qu'ils ne l'avaient pas vu venir et par les opposants de l'époque soucieux de s'en débarrasser comme d'un péché originel. La réalité est que le système éducatif s'adresse aujourd'hui à une jeunesse culturellement très différente de celle des années 30, moins encadrée par sa structure familiale, indifférente au moins en surface au système des valeurs traditionnellement transmises, et malaxée par l'audio, c'est-à-dire la musique du transistor, et le visuel, c'est-à-dire le canon à images qu'est devenue la télévision.

La troisième cause, plus accidentelle, tient au fait que le personnel de la V\ :sup:`e` République n'a pas sécrété de grand ministre de l'Éducation. Assurément des hommes de grande qualité ont exercé cette fonction, mais pour peu de temps et sans s'identifier complètement à la tâche. Alors que les ministères de la Défense ou des Finances ont eu pratiquement un seul titulaire pendant les quinze premières années de la V\ :sup:`e` République, on a compté cinq ministres de l'Éducation. Parmi les priorités nationales, les véritables clés de l'avenir, le général de Gaulle, sans doute trop confiant dans le système éducatif dont il avait bénéficié lui-même, n'a pas fait figurer le problème de l'éducation.

Pourtant on peut constater maintenant combien il était décisif !

Enfin, le monde de l'éducation a connu une évolution qui se retrouve dans beaucoup d'autres secteurs d'activité, et dont chacun de nous est dans son domaine le complice inconscient. Cette évolution veut que l'objet de l'action se déplace pour se concentrer sur les problèmes ou les intérêts de ceux chargés de la mettre en œuvre. Ainsi le malaise de notre système éducatif s'est exprimé davantage par l'insatisfaction des enseignants que par celle des élèves ou de leurs parents. La recherche de solutions a porté plutôt sur des questions de statuts ou de profils de carrière que sur l'examen du savoir acquis par les élèves. Le système s'est peu à peu inversé sous l'effet du temps.

La première tâche est de redresser l'optique ; le système éducatif doit être conçu, pensé, vécu en fonction de son objet : la transmission du savoir et le développement des aptitudes culturelles et professionnelles des jeunes Français.

★

Les solutions actuellement recherchées s'inspirent de ce que les Chinois, pendant leur révolution culturelle, appelaient la « ligne d'autorité ».

Tout part du sommet. Un seul ministère englobant à nouveau la totalité des écoles, des collèges, des lycées et des universités, et devant gérer la carrière et les activités d'un million de personnes — ce qui constitue en soi une absurdité telle qu'elle devrait suffire à écarter immédiatement le système —, est en prise directe du sommet jusqu'à la base, c'est-à-dire jusqu'à la plus petite école dans le nord, le sud, l'est ou l'ouest du pays.

L'échec cruel et patent de la révolution culturelle

est lentement corrigé par le transfert des pouvoirs que les dirigeants cherchent à effectuer en Chine. Mais nous continuons imperturbablement à « avancer » dans la voie de la ligne d'autorité : un grand service unique de l'éducation, géré de Paris, et réglant des centaines de milliers de situations diversifiées, influencées par des données locales, humaines ou culturelles.

La décentralisation, et c'est une bonne chose, commence à s'appliquer à la gestion matérielle des bâtiments éducatifs. Mais c'est une peinture en trompe l'œil : elle concerne les écoles, mais aucunement l'éducation. Curieuse attitude culturelle qui consiste à concéder certaines responsabilités pour le vase, et à conserver pour soi tout ce qui concerne le liquide.

Les mots sont significatifs. Les solutions sont toujours recherchées dans une loi, c'est-à-dire un code, un édit, une table de prière, alors qu'il faudrait entrer dans la logique du divers, du vivant, de l'humain exprimé dans ce qu'il a de plus frais et de plus délicat : l'esprit d'un enfant qui s'ouvre et qui s'organise pour prendre part à la vie, dans ses deux dimensions culturelle et professionnelle.

L'alternance libérale doit faire de la modernisation de notre système éducatif un enjeu central.

Elle montrera par là que ses propositions ne sont pas limitées à la modernisation et au développement de notre économie — ce dont l'opinion la crédite — mais qu'elles prennent en compte les besoins globaux de notre société. L'avenir de chaque vie individuelle comme les chances de notre pays dans la compétition mondiale dépendront de la capacité de la France à élaborer ou non un des meilleurs systèmes éducatifs du monde.

Un des actes symboliques du redressement

devrait être l'adoption d'une charte de l'éducation, ouvrant les voies dans lesquelles les futurs partenaires que seront les parents, les enseignants, les collectivités et l'État développeront le système éducatif selon trois principes, ou plutôt trois «valeurs» : la liberté, la responsabilité locale et la qualité.

★

L'accroissement de la liberté doit être le premier signe distinctif du nouveau système. Il répond à deux besoins : la liberté de choix et l'adaptabilité constante de nos moyens éducatifs.

La liberté de choix concerne assurément les parents d'élèves mais aussi les établissements d'enseignement eux-mêmes et les collectivités locales devenues responsables du dispositif.

L'image du nouveau système d'éducation qu'il faut avoir à l'esprit, puisqu'elle éclaire les dispositions pratiques à prévoir, est celle d'un réseau d'établissements composé de deux ensembles : des établissements publics décentralisés, placés sous la responsabilité des collectivités locales, et des établissements privés.

L'enseignement supérieur reposera sur des universités entièrement autonomes et concurrentielles, et sur des grandes écoles responsables de la conduite de leur propre évolution.

Les parents auront le libre choix de l'établissement où inscrire leur enfant. Il s'agit pour moi d'une liberté fondamentale, égale dans sa valeur aux autres grandes libertés démocratiques : la liberté de vote, la liberté de réunion, la liberté d'expression et d'information. C'est une faute capitale du régime socialiste que de s'être attaqué à cette liberté. Il a fait apparaître très vite, dès l'automne de 1981, sa tare fondamentale, qui est la contradiction entre les principes affichés et la politique suivie. Alors que l'opinion s'attendait à un assouplissement de la vie publique, à un accroissement des espaces de liberté, même au prix d'un certain désordre et d'une moindre efficacité, voici qu'on entreprend de réduire une des libertés fondamentales à un moment où le délabrement d'une grande partie du service public de l'éducation accroissait le désir des parents de garder cette option ouverte pour leurs enfants.

Devant l'ampleur de la réaction qu'il n'avait pas mesurée, le pouvoir actuel a esquissé un apparent mouvement de recul, mais il ne désarmera pas et poursuivra sa tentative d'asservissement.

Dans l'avenir, la liberté d'enseignement devra être confirmée au nombre des libertés fondamentales, et assortie des garanties dont celles-ci bénéficieront. Les moyens administratifs et financiers du plein exercice de cette liberté seront rétablis et mis à jour, en dehors de toute polémique, parallèlement à l'effort de réorganisation de l'enseignement public.

L'avenir de l'enseignement public s'inscrira dans une décentralisation complète, où l'ensemble des attributions sera transféré aux collectivités locales — communes, groupements de communes et départements —, à la seule exception de compétences précises et limitées conservées par l'État, et qui concerneront le contenu de l'enseignement et la vérification de son niveau.

La responsabilité des établissements de base sera exercée par un conseil de direction, associant les parents d'élèves, sans doute majoritaires, les élus locaux et les chefs d'établissements.

Une instance de concertation devra être prévue, permettant de mettre l'école à l'écoute des désirs des parents et des besoins des enfants. Son avis serait recueilli plusieurs mois avant chaque rentrée scolaire. Sa composition, laissée à l'appréciation des collectivités locales, varierait suivant la taille des établissements. A côté des membres du conseil de direction, on y trouverait, dans les petites écoles, la totalité des enseignants, et des parents d'élèves de chaque classe, élus ou tirés au sort. Dans les établissements plus importants, des représentants des enseignants, élus au scrutin secret, uninominal ; des parents d'élèves de chaque classe, élus ou tirés au sort ; et des représentants du personnel de service.

Les parents d'élèves siégeant au conseil de direction devront avoir une représentativité authentique. On pourrait songer à un tirage au sort, comme pour les jurés d'assises, afin d'éviter des élections dénaturées par la proportion élevée des abstentions. On peut aussi rechercher le moyen d'assurer un vote quasi obligatoire, corollaire de la responsabilité des parents dans l'éducation de leurs enfants, dont ils ne peuvent ni se défausser ni s'abstenir. Par exemple, le vote s'effectuerait pendant une certaine durée : après le jour fixé pour le vote, des rappels seraient adressés aux parents abstentionnistes, sous le contrôle du tribunal administratif.

La notion de carte scolaire, telle qu'elle est pratiquée, serait supprimée. Les décisions de construction d'établissements, ou d'ouverture de classes, seraient prises par les collectivités locales responsables du financement, avec la possibilité pour elles de créer des structures de concertation permettant d'harmoniser leurs décisions, sans pouvoir contraindre les autres. De même les parents seraient libres d'inscrire leur enfant dans toute école de leur choix.

Le niveau de la collectivité locale compétente doit garder une certaine souplesse, et être fixé par chaque département. Là où il existe de très grandes villes, on peut concevoir que celles-ci soient responsables de l'ensemble des établissements — écoles, collèges et lycées — installés sur leur territoire. Ailleurs, la règle normale de compétence serait la commune pour l'école, et le département pour les collèges et les lycées. Mais on pourrait aussi prévoir pour les communes ayant une population scolaire trop faible la possibilité de regrouper leurs moyens, et pour les départements peu peuplés la faculté de créer une association interdépartementale, avec un ou deux de leurs voisins, pour gérer ensemble leurs lycées.

C'est volontairement que le rôle des régions n'est pas évoqué dans le dispositif scolaire, pour éviter que le corps de la malheureuse France ne soit écrasé sous le poids de quatre étages d'administration successifs — commune, département, région et État — et parce que les grandes régions sont elles-mêmes presque aussi éloignées de la réalité du terrain, et en particulier du terrain scolaire, que l'est l'État central.

Les régions, structures de concertation et d'animation financière, pourront, en revanche, apporter leur contribution en passant des contrats avec les universités autonomes.

★

Les établissements scolaires de tout niveau seraient responsables du recrutement de leurs enseignants. Celui-ci serait décidé par le conseil de direction de l'école, du collège ou du lycée.

Le statut des personnels enseignants deviendrait ainsi comparable à celui des personnels administratifs des départements et des communes. Les enseignants, avant de pouvoir être recrutés, seront soumis à un examen d'habilitation, dont le niveau sera contrôlé par l'État. L'habilitation ne donne pas droit à un emploi, pas plus d'ailleurs que tout autre examen de l'enseignement professionnel ou supérieur, mais permet à son titulaire d'être candidat à un des postes offerts par les établissements scolaires. Des dispositions spéciales devront viser les chefs d'établissement, pour tenir compte de leurs sujétions particulières et leur donner les moyens d'action nécessaires à l'exercice de leurs responsabilités.

L'autonomie concernerait également la pédagogie, en permettant de l'adapter aux cas particuliers de l'établissement. Cela concerne notamment les règles d'âge pour l'admission, les moyens mis en œuvre pour soutenir l'effort des élèves en difficulté, et le choix des manuels d'enseignement.

★

Le rôle de l'État change alors de nature. Son repli historique, qui libère le mouvement des forces d'évolution et d'adaptation à la base de la société, le rendrait comparable à celui des grands États modernes : Angleterre, États-Unis, Allemagne fédérale, où il n'existe même pas de ministère de l'Éducation.

Ce rôle consisterait d'abord à fixer les niveaux d'éducation, c'est-à-dire le contenu du savoir minimal dont doivent bénéficier les élèves au sortir de chaque niveau d'éducation. Cette fonction devient essentielle à un moment où s'observent dans toutes les démocraties industrielles, du fait de l'audiovisuel sans doute, une évolution mais hélas aussi un recul du niveau culturel. Par exemple la sortie de l'école et l'entrée au collège seraient soumises à une connaissance et à un maniement suffisants de la langue parlée et écrite.

L'État s'assurerait ensuite, par le moyen d'inspections, de la valeur et du fonctionnement des établissements d'éducation, pour fournir aux parents et aux différentes instances locales des critères objectifs d'évaluation. Ces rapports seraient établis sur le mode contradictoire, les chefs d'établissement disposant d'une « colonne » de réponse, selon la méthode qui a fait jadis la réputation des travaux de l'Inspection des finances.

Enfin l'État organiserait et surveillerait, comme on l'a dit, les examens d'habilitation des enseignants.

La conception traditionnelle de l'administration centrale, où sont réunies dans une structure napoléonienne les missions d'impulsion, de réglementation et de contrôle, serait modifiée par la création d'un Conseil supérieur de l'éducation, échappant aux changements ministériels et aux soudaines décisions bureaucratiques.

Composé d'hommes et de femmes familiarisés avec les problèmes d'éducation, ou issus des grands organismes intellectuels et culturels, il prendrait en charge la mission de surveillance du bon fonctionnement du système éducatif. Il publierait périodiquement un rapport sur « l'état de l'enseignement en France » et suggérerait les actions de nature à améliorer les résultats constatés.

★

Pour les universités, la démarche est plus simple. Elle revient à reprendre l'action engagée pendant mon septennat en direction d'universités entièrement autonomes, maîtresses de leur gestion, et soumises au seul contrôle concernant l'octroi des diplômes ayant une « valeur d'État ».

La recherche de la qualité nationale et internationale de notre enseignement supérieur doit devenir une véritable obsession. Il s'agit d'une nécessité, mais pas d'un « élitisme », car les filières d'accès doivent être entièrement démocratisées et accompagnées de moyens financiers suffisants mis à la disposition de ceux des étudiants auxquels ils sont nécessaires, et qui accomplissent un effort de formation soutenu.

Les universités autonomes seront « désectorisées », chaque étudiant devenant libre de présenter sa candidature dans l'université de son choix.

La répartition des ressources du budget de l'État sera rendue automatique et forfaitaire. Une partie tiendrait compte du nombre d'étudiants, sans pousser à la recherche systématique d'inscriptions. Une autre serait fixe, et liée au niveau des enseignements dispensés.

L'autorité et les pouvoirs des présidents d'université seraient renforcés.

Partout dans le monde, aux États-Unis, en Grande-Bretagne ou en Israël, on s'accorde à reconnaître la nécessité d'une forte impulsion au sommet des universités. Les structures de gestion devraient adopter des règles modernes, et être totalement séparées des activités enseignantes.

Enfin, on voit apparaître l'utilité de deux structures de délibération : l'une compétente pour les orientations intellectuelles où les enseignants de haut niveau doivent avoir une place prépondérante ; l'autre concernant la vie universitaire et les activités étudiantes, plus largement représentative.

★

Je ne veux pas quitter cet enjeu central, si vaste et si divers qu'on ne peut l'épuiser en quelques pages, sans ajouter quelques réflexions qui pourront servir au choix des mesures concrètes, et qui ne se prêtent pas à une présentation ordonnée et logique.

— Le système scolaire est un système copernicien : il ne tourne certes pas autour du soleil, mais il tourne autour de l'élève, qu'il soit écolier ou étudiant. Toute réforme doit pouvoir être «vue» dans l'optique de l'élève. Or celui-ci commence par recevoir de la réforme le bouleversement du schéma de vie qu'il s'était forgé. Les réformes de l'éducation doivent donc être effectuées «en continu» du point de vue de l'élève et de l'étudiant, de manière à ne jamais bouleverser un processus dans lequel il est déjà engagé. L'action sur les structures du système éducatif dispose au contraire d'un degré de liberté plus grand.

— Un problème clé est celui de l'accès à l'enseignement universitaire. C'est un des points faibles de notre dispositif. Des travaux comparatifs indiquent que la proportion des jeunes d'une même classe d'âge accédant à l'enseignement supérieur, de l'ordre de 23 % en 1983, est inférieure aux taux des États-Unis (50 %) et du Japon (40 %). Mais il est vrai que ces pays pratiquent des filières d'enseignement supérieur plus courtes pour un grand nombre de leurs étudiants. Il semble que la solution consistant à traiter la dernière année d'enseignement des lycées comme une année d'initiation à l'université présente de nombreux avantages, et mérite d'être étudiée.

— La fonction enseignante est de plus en plus assurée par des femmes. Cela est déjà vrai de l'école, mais aussi des collèges et des lycées. Cette évolution est appelée à se poursuivre, bien que l'on ne doive pas souhaiter une féminisation totale, mais plutôt le maintien d'une mixité répondant à celle de la population scolaire et étudiante. Cette féminisation va s'accompagner d'une montée des valeurs de la féminité dans le système éducatif, comme nous l'avons constaté pour la société elle-même. En même temps la fonction enseignante, conçue pour des maîtres masculins, et donc constituée par une carrière linéaire et à temps complet, devra s'adapter aux besoins féminins : possibilité d'un temps partiel, carrière interrompue puis reprise, distinction plus marquée entre les responsabilités du chef d'établissement et les tâches d'enseignement.

— Le succès d'un renouveau de l'éducation suppose une contribution active, et si possible enthousiaste, des enseignants, actuels et futurs, et leur adhésion au système mis en place. La plupart des enseignants sont actuellement catalogués comme soutenant le régime socialiste et approuvant son orientation en direction du « grand service public unifié de l'Éducation nationale ». C'est sans doute une vue simplifiée. Parmi eux, au hasard des rencontres, des conversations — et maintenant des élections locales —, on en trouve un grand nombre qui partagent les idées libérales. Et pourquoi ne pas penser qu'ils accompagneront l'évolution générale des esprits en France, et que les déçus du socialisme qui se comptent déjà dans leurs rangs deviendront disponibles pour une nouvelle approche du problème?

Pour rendre aux enseignants l'intérêt et la foi dans leur rôle, il y a sans doute des problèmes matériels à traiter. Sans doute faut-il aussi une meilleure reconnaissance de l'importance de leur fonction. Mais le fil directeur devra être de les encourager à se concentrer davantage sur leurs tâches éducatives, en les dégageant de l'atmosphère politisée et ultra-syndicalisée où beaucoup vivent contre leur gré, et en leur donnant le temps et les moyens de «professionnaliser» davantage l'exercice de leur métier.

— Enfin, cette structure souple et décentralisée, adaptée à la quasi-totalité des besoins éducatifs, devra être complétée, si nécessaire, pour couvrir les besoins de secteurs défavorisés ou négligés de la population scolaire : enfants du quart monde, élèves particulièrement retardés, zones en voie d'abandon. A cet égard, la notion de service public doit être maintenue. Elle pourra prendre la forme, suivant le cas, d'établissements spécialisés directement gérés par l'État, ou de conventions passées avec les départements et les villes pour les inciter à créer les moyens éducatifs nécessaires.

★

Quand on se laisse ainsi conduire par le fil de la pensée et de la plume, cette conception du système éducatif voit s'effacer à la fois les mérites de sa nouveauté et les obstacles à sa réalisation, tant elle finit par paraître évidente.

Pourtant elle se situe à l'antipode de l'action

en cours, et suppose une véritable conversion des esprits.

Cette situation n'est pas nouvelle. Pendant des siècles la Sorbonne, sanctuaire de l'Université, a été le centre d'opposition aux réformes les plus nécessaires : réforme de l'Église au XVIe siècle, modération de l'influence de la Compagnie de Jésus au XVIIe siècle, ouverture de la pensée philosophique au siècle suivant. Sans épiloguer sur les causes de cette attitude, qui tiennent sans doute au sentiment de supériorité de ceux qui détiennent le savoir, et aussi au fait que l'on vit sur une connaissance «antérieure» qui répugne à s'ajuster à la pression de la nouveauté, observons que les milieux scolastiques, puis scolaires, au lieu d'être les pionniers du changement, s'appliquent à en contenir les effets.

Au moment où la quasi-totalité des milieux politiques et économiques, pourtant taxés de conservatisme, s'accordent à reconnaître la nécessité de la flexibilité et de la décentralisation, le monde de l'éducation persiste dans son attachement à l'unité et au centralisme. Ce qui devrait être l'avant-garde du groupe mène un combat d'arrière-garde, stérile et perdu d'avance.

Mais comptons qu'une fois le détroit franchi les bonnes volontés et les capacités professionnelles se réuniront pour faire sauter le vieux carcan et fournir aux jeunes Français les meilleures chances éducatives qu'une société moderne puisse leur offrir.

CHAPITRE XII

LA RÉCONCILIATION HISTORIQUE
DES FRANÇAIS

Une France libérale et réconciliée.

Au XVIᵉ siècle, les peuples d'Europe vivaient dans l'attente d'années réputées fastes, et dans la crainte d'années néfastes. Les astrologues répandaient leurs prédictions. Et c'est ainsi que la France entière voyait venir avec terreur l'année 1588, annoncée comme redoutable : l'année terrible.

Les astrologues officiels se sont dispersés, bien que la tour où l'astrologue de Catherine de Médicis regardait le jeu des étoiles reste enchâssée dans le bâtiment de la Bourse de commerce de Paris. Mais l'idée, l'intuition qu'il existe des périodes fastes et néfastes subsiste chez nous. La France a conscience, dans sa profondeur, de vivre actuellement une période néfaste, même si elle a contribué à ce qu'elle survienne. Et sans doute ressent-elle aussi la crainte que l'avenir soit plus sombre qu'on ne veut le lui dire, que la prochaine alternance ne sache pas résoudre ses problèmes en profondeur, qu'elle ne lui apporte qu'un soulagement passager, par des remèdes mal choisis et insuffisamment préparés, et qu'elle demeure incertaine, changeante, doutant d'elle-même dans un monde menaçant et impitoyable.

La réponse à cette crainte existe. Elle court dans ce livre, depuis son titre jusqu'à sa conclusion : elle réside dans la chance, peut-être unique, offerte à la réconciliation des Français.

J'ai souvent parlé de leurs divisions. J'ai cherché, depuis mon départ de la présidence de la République, à mieux en connaître les racines culturelles, religieuses, politiques ou sociales. Visitant les grands États modernes, j'y ai observé que leurs divisions et les antagonismes, mis à part dans certains pays les antagonismes raciaux, étaient dans l'ensemble moins accusés et moins « vécus » que les nôtres. Et j'ai retrouvé le sillon de ce vieux rêve qui hante les dirigeants français depuis que notre nation a été constituée, et qui est de lui voir trouver son unité.

Bien entendu, ce rêve a pour ceux qui sont au pouvoir un caractère utilitariste! Il s'agit d'obtenir le soutien de toute la nation au profit de croyances, de conceptions, de décisions qu'ils entendent rester les seuls à définir. Mais, même en lui enlevant ce contenu d'opportunité, quiconque a dirigé notre pays a nécessairement souffert en lui-même de sa division, et a mesuré le handicap que représentait pour le succès de toute action nouvelle le fait qu'elle était a priori dénigrée et contestée par une moitié de la population. Dans les appels à l'unité, entendus depuis des siècles, même si la voix sonnait faux, l'ultime inspiration résonnait juste.

Or il se trouve que les circonstances nous offrent une chance exceptionnelle à saisir. Des deux causes de division qui ont affecté la société française — le choix du régime politique et la conception du système socio-économique —, la première vient de disparaître pour la première fois depuis la révolution de 1789 : plus de contestations entre républicains et bonapartistes, entre légitimistes et orléanistes, et même entre les partisans du régime d'assemblée et les défenseurs de la Ve République.

Un des rares avantages de la dernière alternance a été de consacrer le ralliement complet aux institutions de la Ve République de ses adversaires d'hier. Rien ne paraît même les décourager : le vote bloqué à l'Assemblée nationale, le recours aux ordonnances, que j'avais personnellement réussi à éviter. L'auteur du *Coup d'État permanent*[1], dont le livre a été opportunément raréfié dans les librairies, veille désormais au fonctionnement régulier des pouvoirs publics !

Mais laissons là l'ironie. C'est au total un grand bienfait que de voir les Français ralliés dans leur quasi-totalité à leur système politique. Même s'il reste à le faire évoluer progressivement (comme nous l'avons dit) pour accompagner les leçons du temps et de la vie, il est frappant d'observer qu'alors qu'en 1962, selon un sondage effectué à l'époque, on trouvait seulement 42 % des Français pour approuver l'élection du président de la République au suffrage universel[2] — véritable clé de notre régime, et seule protection possible contre la prépondérance des partis, qui piétinent constamment derrière la porte du pouvoir —, ils sont aujourd'hui 86 %, selon une enquête effectuée en 1983.

1. Livre polémique publié en 1964 par François Mitterrand, et où il attaque avec une extrême violence le général de Gaulle et les institutions de la Ve République (note de l'éditeur).
2. Les résultats du référendum de 1962 sur ce même sujet ont été différents, en raison de la signification politique dont s'était chargé le vote.

Quant à la seconde cause de division, c'est-à-dire l'opposition entre les tenants de deux modes d'organisation de la société, affrontement qui oppose depuis cent cinquante ans les partisans d'une société libérale et les adeptes d'une société étatisée et socialiste, selon des phases et à des époques qui ont coloré différemment les arguments des uns et des autres, cette seconde cause de division peut, elle aussi, être désormais éliminée.

Nous avons vécu, depuis les années 1970, c'est-à-dire depuis la signature du «Programme commun de gouvernement» entre les dirigeants socialistes et communistes, la dernière phase du rêve socialiste dans une société industrielle.

Ce rêve avait été encouragé par l'extraordinaire période d'expansion des années 60, qui avait fait croire à beaucoup de gens que, la machine tournant toute seule et l'accroissement des richesses produites allant de soi, le seul problème était de répartir ce surplus, ce que le socialisme ferait d'une manière plus juste que le libéralisme. Pour que le rêveur ne s'éveille pas, il était indispensable de lui masquer l'existence de la crise économique, qui faisait crouler le château de ses illusions. C'est pourquoi la négation de la crise par les dirigeants socialistes, depuis 1973 jusqu'à leur arrivée au pouvoir, ne répondait pas uniquement à un intérêt électoral tactique. C'était une nécessité pour prolonger le rêve, devenu somnambulique, d'une société de distribution, et ne pas se heurter aux réalités dures et contraignantes d'une société de compétition.

Le somnambule s'est réveillé. Il observe, il écoute, il se cogne, il juge. Il constate l'inadaptation de la pensée étatiste et socialiste aux réalités d'une économie complexe, diversifiée, mouvante. Il voit monter la concurrence vigoureuse des sociétés bâties sur le modèle libéral, et mesure leurs performances.

D'un seul coup, l'habit socialiste dont on voulait vêtir la France ressemble à la mode masculine des années 30, rigide et étroite. La déception s'empare des esprits, et le doute, au lieu de grandir, fait place à une certitude : ce système n'est pas adapté aux besoins d'une société moderne. Il ne représentait pas un véritable espoir, mais seulement un vieux rêve, semblable à ceux qui prolongent les dernières heures de la nuit ! Il y a désormais place pour une interrogation nouvelle, intense : quel est le bon système pour nous, et pour la France ? Interrogation qui n'est pas partisane dans sa nature, mais qui est au contraire unitaire. Le système sur lequel on s'interroge, on ne le recherche pas pour un groupe, pas même exactement pour soi. La question peut alors se formuler autrement : « Dans quel système voulons-nous vivre ? »

★

Il n'existe que deux voies possibles pour les sociétés industrielles : le socialisme et le libéralisme. Ceux qui parlent parfois de troisième voie commettent un contresens historique : ils veulent dire, sans doute, qu'ils n'acceptent pas le libéralisme tel qu'il a été pratiqué à une autre époque. Mais il ne s'agit pas pour nous de choisir entre 1880 et 1936 ! Il s'agit d'orienter l'avenir de notre société en direction d'un des deux seuls modèles d'organisation existants.

L'échec du socialisme étatique, échec qui n'est pas encore constaté dans tous les esprits mais dont la prise de conscience s'étend chaque jour, peut permettre à la société française, prise dans son ensemble, d'opter pour un modèle libéral. Cela suppose que ceux qui suggèrent ce modèle prennent eux-mêmes en considération la société française tout entière et ne se contentent pas de la courte vue consistant à proposer le libéralisme à l'avantage des seuls libéraux.

Ce modèle doit être conçu, présenté, ressenti comme apportant la meilleure réponse aux besoins de tous les Français. Il peut alors rassembler autour de lui deux Français sur trois.

La circonstance à saisir est exceptionnelle : pour la première fois il n'y a pas contradiction, mais bien coïncidence, entre l'attitude qui permet de faire fonctionner une économie moderne et celle qui répond au besoin d'épanouissement personnel de chacun.

Si nous y réussissons — je ne dis pas moi, mais nous, voulant souligner qu'il s'agit d'une évolution et d'une création de tout le groupe social —, alors la France aura effacé en trente ans les deux causes historiques de sa division : la cause politique de 1958 à 1962 — depuis la mise en place de la Constitution de la Ve République jusqu'au choix de l'élection présidentielle au suffrage universel — et la cause économique et sociale de 1981 à 1986 — depuis le dernier rêve du socialisme jusqu'au rejet populaire du socialisme étatique. Il ne lui restera plus que sa diversité, source de richesse et facteur d'évolution. Les cicatrices se seront refermées.

Cette manière de poser le problème permet de comprendre la nature du débat en cours dans la société française. Nous assistons tous les jours à un débat « visible » entre les tenants de deux moitiés de la France : ceux qui ont gagné et qui veulent se maintenir le plus longtemps possible au pouvoir ; ceux qui ont perdu et qui veulent y revenir.

Entre beaucoup d'acteurs de ce débat, il y a un accord implicite sur la constatation suivante : il existe deux moitiés de la France, et chacune d'elles aspire à exercer la totalité du pouvoir et à imposer ses vues à l'autre.

Mais dans le même temps se poursuit un autre débat, celui-là moins visible, souterrain, au niveau de la conscience et de l'instinct. Un débat entre ceux qui sont habitués à tenir la France pour divisée et à agir en conséquence et ceux qui ressentent au fond d'eux-mêmes que la France est moins divisée qu'on le leur dit, que les « vrais problèmes » sont ailleurs, et qu'une autre approche serait préférable.

L'existence de ce second débat rend compte d'un phénomène aussi significatif que le rejet par l'opinion du milieu politicien, rejet qui est souvent teinté d'injustice, mais qui est dû au fait que ce milieu appartient « professionnellement » au premier débat ; elle explique aussi l'indifférence quasi totale manifestée par la jeunesse pour le débat du premier type, dont 80 % des jeunes interrogés n'attendent rien de positif.

L'action initiale de François Mitterrand consistait à ranimer, même au prix d'évocations désuètes, le débat fondé sur la division, d'où l'accent mis par lui sur la lutte des classes et l'évocation du peuple de gauche. Le choix de cette attitude explique, plus encore que les échecs techniques, la désaffection grandissante qui entoure son action.

Dans la perspective historique, c'est le second débat qui représente en réalité un enjeu significatif. Si le progrès des sociétés est largement déterminé par les tensions antagonistes existant en leur sein à un moment donné de leur histoire, on voit bien que, dans le monde tel qu'il est devenu, la tension entre les classes sociales de notre pays ne peut déboucher sur aucun mouvement créatif.

Au contraire, la tension qui oppose les «habitués de la division» aux «chercheurs d'unité» peut nous permettre de franchir une passe nouvelle de notre histoire, en prenant en considération un nouvel ensemble de problèmes tels qu'ils sont perçus dans la vie quotidienne, et en adoptant une méthode visant à les résoudre à partir des points d'accord réunissant la quasi-totalité de la population.

Ce résultat suppose que tous les Français puissent bénéficier d'un même système de valeurs. Nous avons longuement parlé de la liberté, de la responsabilité et de l'initiative. Mais il existe une autre valeur dont chacun doit pouvoir se dire qu'elle le concerne personnellement : c'est le couple propriété-sécurité.

La pensée marxiste fait une large place à l'analyse de la propriété. A la différence de Proudhon qui portait sur elle une condamnation d'essence morale — «la propriété, c'est le vol» —, Karl Marx ne se livre pas à une évaluation morale du droit de propriété. Considérant que les valeurs morales sont intimement liées à l'état historique de développement de la société, il se refuse à les juger en termes abstraits. «La seule manière de montrer qu'une chose est bonne ou mauvaise, vraie ou fausse, c'est de démontrer qu'elle est en accord ou en désaccord avec l'évolution historique, c'est-à-dire avec l'activité des hommes, qu'elle la facilite ou qu'elle la contrarie, et qu'elle est donc appelée à survivre ou à périr[1]. »

Marx annonçait que l'évolution économique et

---

1. *Karl Marx*, par Isaiah Berlin.

technologique aboutirait à concentrer la totalité de la propriété dans les mains des capitalistes, c'est-à-dire de la seule bourgeoisie. La caractéristique du prolétariat, dans son analyse, est d'être non seulement la classe au-dessous de laquelle il n'y a plus rien, mais celle aussi qui a été dépouillée de tout, sauf de sa simple humanité. Cette classe ne se bat donc pas pour obtenir sa part des droits tels qu'ils ont été définis par les autres pour assurer leur domination. Elle lutte pour réaliser le processus historique qui garantit sa victoire finale et définitive sur les groupes de domination et sur les systèmes justificatifs par lesquels ils ont cherché à se protéger.

Or l'observation sociologique des faits, celle sur laquelle Marx fondait sa démarche de pensée, nous conduit aujourd'hui à constater que le phénomène annoncé n'a pas eu lieu, tel qu'il l'avait décrit. La propriété ne s'est pas concentrée dans les mains de la seule bourgeoisie. Celle-ci, après en avoir reçu largement sa part à la fin du XIXe siècle, l'a vue se fractionner et se répartir sous l'effet des successions, de l'inflation, des crises, des nationalisations sur place ou à l'étranger, et des prélèvements fiscaux. Simultanément, d'autres formes de propriété se sont largement diffusées : propriété rurale, logement, acquisition de biens semi-durables tels que les automobiles.

La propriété, dont Marx affirmait qu'elle deviendrait une valeur d'exclusion, projetant le prolétariat hors du système bourgeois, doit constituer au contraire pour nous une valeur *générale* d'adhésion à la vie sociale. L'« avoir » doit apparaître non comme l'antagoniste de l'« être », justifiant une appropriation collective de l'avoir, mais bien comme un signe distinctif et une sécurité de l'être.

Si l'évolution des faits a contredit la prédiction de Marx, il reste en revanche à agir sur le plan psychologique. Le milieu ouvrier français et les groupes qui lui sont assimilés ont largement vécu dans un climat de dépossession depuis le début de l'ère industrielle. Venus pour la plupart du milieu agricole, où la notion de propriété leur était familière, ils se sont trouvés transportés dans un monde de louage : louage de l'effort de travail, rémunéré par le salaire horaire, logement locatif dans les H.L.M., colonies de vacances pour leurs enfants.

C'est la raison pour laquelle j'ai proposé comme objectif, dans *Démocratie française*, de rendre les Français propriétaires individuels de la France.

Ce n'était pas une intention secondaire, visant à diffuser dans les milieux populaires certains réflexes bourgeois. Dans mon esprit, il s'agissait de reconstituer, au moment où s'achève le premier âge industriel, l'unité psychologique et sociale de la société française, en permettant à chacun de ses membres, sans exception ni exclusion, de jouer sur un système complet de valeurs.

Pour reprendre un langage désormais vieillissant, le but était de désaliéner la classe ouvrière en effaçant les effets sur elle de la dépossession engendrée par l'ère industrielle.

Cette volonté devra se marquer fortement à propos de trois sujets à traiter lors de l'alternance, et dont il faudra faire de grands enjeux politiques : l'encouragement à la possession de la maison individuelle, la diffusion de la propriété industrielle rendue possible par les dénationalisations, et les facilités données à la transmission du patrimoine entre parents et enfants.

★

Au nombre des sujets de consensus figure le puissant désir de posséder sa propre maison. C'est une conséquence de l'origine terrienne de la France. Par rapport à des peuples marchands, à des peuples nomades ou à des peuples marins, la France reste marquée par sa tradition paysanne. Chacun souhaite sentir sous ses pieds un bout de terre qui lui appartienne.

A la fin de mon septennat, nous avions inversé la proportion antérieure des logements construits en France : au lieu de construire deux logements collectifs pour un individuel, on bâtissait deux maisons individuelles pour un logement collectif. Depuis, la tendance s'est de nouveau inversée en proportion contraire.

Le redressement de l'économie devra faire une large place à la construction de maisons individuelles, puissant levier pour assurer la reprise du secteur du bâtiment, aujourd'hui cruellement sacrifié. Les mécanismes de garantie et d'épargne seront ajustés pour l'encourager. En même temps, afin d'éviter un enracinement excessif de la population, qui risquerait de lui faire perdre toute mobilité et de rendre impossible la recherche d'une seconde carrière, la fiscalité sur les ventes de maisons « d'occasion » sera très allégée et simplifiée.

Cet objectif doit être traité non comme une mesure technocratique, mais comme un véritable choix politique. On parle encore de la poule au pot qu'Henri IV souhaitait aux familles françaises de trouver sur leur table le dimanche ! Pourquoi ne pas faire de la possession d'une maison par chaque famille le symbole de l'accession de chacun à la propriété individuelle de la France ?

★

La dénationalisation des grandes entreprises industrielles et bancaires est à la rencontre d'une nécessité et d'une chance.

La nécessité est celle de soumettre ces entreprises aux règles de gestion décentralisée, qui caractérisent une économie de marché, et de leur rendre la responsabilité directe et complète de leurs investissements et de leurs financements en rompant la «ligne d'autorité» qui les fait dépendre du pouvoir central. Leurs difficultés, et la croissance massive de leurs déficits d'exploitation après deux ans de nationalisation, ne doivent pas être mises seulement sur le compte de la «mauvaise gestion», car certains de leurs dirigeants sont des hommes capables. C'est le système lui-même par lequel les décisions sont prises et l'exigence d'un lien direct de financement avec l'Etat qui doivent être modifiés.

Quant à la chance, c'est celle de pouvoir diffuser beaucoup plus largement la propriété des entreprises dans le corps social français, en utilisant habilement la technique de la dénationalisation.

L'objectif assigné à l'organisme chargé de cette dénationalisation serait explicitement d'associer le plus grand nombre de personnes possible à la propriété des entreprises ex-nationalisées. L'objet de mes réflexions n'est pas d'entrer ici dans le détail des mesures à prendre qui devra être étudié avec soin; il est de marquer des orientations. Les actions pourront être soit distribuées pour partie au personnel des entreprises selon un barème simple, soit attribuées dans le public en complément d'un effort d'épargne (épargne-logement par exemple), soit cédées à des organismes dont on souhaite développer la capitalisation (caisses de retraite), soit offertes aux cadres dans des conditions d'acquisition avantageuses, soit introduites directement sur le marché, ce qui pose le problème de la situation financière de ces entreprises. Les attributions ou les cessions ne seraient faites qu'au profit de personnes de nationalité française, et pour un nombre d'actions limité par attributaire ou par acheteur. Au bout d'un court délai, un an par exemple, les transactions sur ces titres deviendraient libres.

Les nationalisations effectuées en 1981 portant sur plus de cent quatre-vingts millions de titres, on voit que l'occasion de créer en France un véritable capitalisme populaire est exceptionnelle.

J'ai mentionné l'existence d'un organisme spécialisé chargé de conduire cette opération. Qu'on ne s'en effraie pas ! Il s'agit non d'instituer une administration supplémentaire, mais de répondre à la constatation qu'un gouvernement, pris dans le réseau des obligations quotidiennes, n'a ni le délai ni toujours la volonté de conduire une opération aussi minutieuse qui requiert une ténacité et une sérénité exemplaires.

Une agence à durée de vie limitée, utilisant des agents dégagés par la suppression des activités de contrôle, qu'il s'agisse de celui des prix ou de celui des changes, devra mener cette action à son terme dans les toutes premières années de la législature et être alors supprimée. Très vite sa mission sera comprise moins comme une action de dénationalisation se contentant de reconstituer le passé que comme une occasion de diffusion de la propriété industrielle de la France, ouverte sur l'avenir. Son titre devrait traduire sa vocation : Agence de diffusion de l'actionnariat populaire.

On peut vérifier à propos de ce problème la réalité des deux débats dont j'ai parlé tout à l'heure :

Si l'on se contente d'annoncer la dénationalisation, sans se préoccuper des futurs attributaires des titres, on participe au débat classique des habitués de la division, puisqu'on ne vise qu'à restaurer en apparence une situation antérieure qui concerne une partie minoritaire de la population.

Si au contraire on cherche à la fois le bienfait économique de la dénationalisation, valable pour l'économie tout entière, et la manière de mieux associer le corps social à la propriété individuelle des outils de production, on se situe dans le deuxième débat, et on y marque un avantage.

On s'identifie en effet à la démarche vers le futur, et on propose une solution qui la facilite.

★

La transmission du patrimoine n'est pas une activité spéculative. Elle est l'expression d'une solidarité verticale entre les générations d'une même famille. Qui, lorsqu'il ou elle travaille, et qu'il ou elle a des enfants, ne se préoccupe pas quasi quotidiennement de pouvoir leur transmettre une large part des fruits de son effort ?

Lorsqu'on parle du problème des successions, les «fiscaux» pensent toujours au patrimoine «reçu». Mais le fait moteur, celui qui correspond à un ressort psychologique profond et créatif, c'est le désir de constituer et de transmettre un patrimoine «futur».

Dans la province canadienne de l'Alberta, l'abondance des ressources fiscales tirées du gaz et du pétrole a conduit le parlement local à en affecter une partie, s'élevant à plusieurs milliards de dollars, à un «Heritage Fund» chargé de financer des projets assurant la prospérité des générations futures qui ne disposeraient plus des richesses naturelles évanouies. Les gestionnaires du Fonds ont trouvé que son meilleur emploi était de racheter à l'État fédéral le montant des droits de succession, afin que les générations à venir puissent recevoir leur patrimoine indemne de tout prélèvement. L'état de nos ressources naturelles ne nous permet pas de telles libéralités! Mais je me souviens que, dans les années 1960, un débat passionné s'était instauré autour des avantages que procurerait à la France la suppression totale des droits de succession!

Pensant qu'un prélèvement modéré était justifié lors de la transmission directe du patrimoine entre parents et enfants, nous avions proposé d'en fixer les taux à 10 %, 15 % et 20 % suivant suivant les tranches, accompagnés d'une exonération à la base. Le Parlement avait accepté ce barème, et je n'en ai jamais suggéré depuis le relèvement, ni comme ministre des Finances ni comme président de la République.

Nous devrons revenir à ces taux modérés, d'autant plus que l'impôt sur la fortune aura exercé dans l'intervalle son prélèvement annuel.

La transmission du patrimoine en ligne directe devra également bénéficier de mécanismes de crédit évitant le morcellement des petites entreprises. L'outil de travail constitué par une génération ne doit pas être disloqué lors de sa transmission à la génération suivante, à charge pour celle-ci de montrer sa capacité de le gérer.

★

L'antidote à la division des Français est assurément la recherche d'un consensus.

Quand on observe la manière dont un problème évolue dans le temps, on voit qu'il part d'une situation de fort antagonisme pour entrer progressivement dans le cercle du consensus. Il suffit de se souvenir de questions telles que la séparation de l'Église et de l'État, le vote des femmes, l'attitude vis-à-vis du divorce, ou la manière dont la société traite les enfants naturels.

Lorsque j'évoque la possibilité pour la société libérale de bénéficier de l'adhésion de deux Français sur trois, certains y voient un vœu utopique, généreux ou irritant selon leur propre tempérament.

Pourtant nous observons, année après année, que des valeurs ou des attitudes nouvelles entrent dans le champ du consensus. J'en ai dénombré plus de vingt, dont je citerai quelques-unes : l'attitude antipauvreté (il ne devrait plus y avoir de gens démunis dans une société occidentale évoluée) ; l'antisexisme (nous avons eu tort de placer la femme dans une situation inférieure et de limiter systématiquement ses possibilités d'action) ; l'attitude profamille ; l'attitude pro-entreprise, pro-initiative et antiréglementation ; le consensus protolérance ; l'attitude antiviolence et antidésordre ; le consensus sur la liberté de l'éducation ; l'antiracisme ; le besoin de vérité de l'information ; la convivialité proche ; et depuis quelques mois le consensus antiétatique.

Sur beaucoup de ces sujets, les esprits ont été jadis très partagés. Les enquêtes faites aujourd'hui montrent que le jugement ou les attitudes deviennent communs à deux Français sur trois, et parfois même davantage.

Nous pouvons en conclure que la recherche de

solutions concrètes aux «vrais» problèmes de notre temps doit partir de ces attitudes de consensus, en cherchant à les traduire dans la réalité ou dans la législation, au lieu de s'inspirer des postures idéologiques opposées situées à l'origine de ces débats.

La démarche devient totalement différente. En agissant ainsi, le cercle du consensus s'élargira, et le débat démocratique, au lieu de s'enfiévrer sur l'irritant «quoi faire?», se concentrera sur une question qui exprime déjà la vie commune : «Comment allons-nous le faire?»

★

Ce rapprochement des attitudes au sein de la société française s'explique largement par la progression, en nombre et en étendue, du groupe central que l'on voit se constituer progressivement, à partir d'attitudes culturelles et de modes de vie semblables.

J'en ai suffisamment parlé pour ne pas y revenir. Mais je voudrais souligner un aspect de cette évolution qu'il faut bien comprendre si l'on ne veut pas se tromper sur son sens.

On pourrait croire que le développement du groupe central de la société française se réalise par l'absorption au sein de la classe moyenne existante de catégories voisines, ou même lointaines. Ainsi, peu à peu, une part croissante des ouvriers, des petits employés, des professions libérales aisées, des cadres supérieurs viendrait rejoindre les anciennes classes moyennes, et partager leurs valeurs culturelles et sociales et leur manière de vivre.

Cette vision est fausse. Le développement du groupe central se réalise au contraire par l'émergence d'une catégorie entièrement nouvelle, faite des apports de l'ensemble des catégories voisines. Ce n'est pas un phénomène d'«embourgeoisement», où l'on vient emprunter le langage, les vêtements, la façon de vivre d'un groupe déjà existant. Le signe caractéristique de cette évolution tient à ce que tout le monde, ou du moins le plus grand nombre, adopte simultanément une attitude ou un mode de vie à la fois nouveau et semblable.

C'est dans la jeunesse que le phénomène est le plus visible. Les jeunes ne se rallient pas en plus grand nombre au système de valeurs qui était jusque-là celui de quelques-uns d'entre eux. Ils élaborent ensemble des goûts, des modes, des façons de vivre nouveaux. La musique du groupe central de la jeunesse n'est pas celle de l'ancienne jeunesse bourgeoise. Les vêtements d'étude ou de sport évoluent en commun. L'attitude vis-à-vis des relations sexuelles ou des cellules sociales est recherchée et définie par l'ensemble du groupe.

Cet aspect de l'émergence d'un groupe central nouveau est fondamental. Il montre qu'il s'agit non d'une réduction des tensions latérales, où les uns accepteraient de venir adopter la manière d'être des autres, mais d'une évolution du plus grand nombre projetée vers le futur. Il faut donc raisonner par rapport à cette évolution, et s'adresser à elle, quand on lui parle, en termes d'avenir.

Cette observation nous fait également mesurer la vigueur des changements culturels qui provoquent ou alimentent cette évolution. On a cru pouvoir expliquer celle-ci, hâtivement, par les effets de la société de consommation. Or, l'apparition de la crise économique, longue et sévère, n'en a pas ralenti le mouvement.

Ces changements culturels vont bien au-delà des

données économiques. Ils tiennent avant tout aux changements technologiques des dernières décennies, et en particulier à la diffusion des moyens audiovisuels.

L'apparition de ces moyens exerce un effet aussi révolutionnaire que l'invention de l'imprimerie, et il s'accompagne, à sa différence, d'un déplacement de la perception, jadis exprimée sous forme de mots, vers une perception manifestée en images. C'est sans doute la transformation cérébrale la plus puissante que l'espèce humaine ait subie, depuis l'adoption du langage.

★

L'atténuation des divisions au sein de notre société suppose aussi que nous soyons capables d'élaborer une politique, claire, juste et ferme de la nationalité française, qui définisse les droits et les devoirs respectifs des nationaux et des étrangers.

Cette question a été brouillée par l'arrivée de nombreux travailleurs immigrés, qui a changé en apparence la nature du problème. Il faut se souvenir que la venue de ces travailleurs a été longtemps jugée souhaitable. Du temps de la période d'expansion, les pressions qui s'exerçaient sur le pouvoir et sur l'administration visaient à assouplir leurs conditions d'entrée, et non à les rendre plus difficiles.

De ce fait, l'habitude a été prise de raisonner en termes de travailleurs immigrés, insérés dans la vie économique et sociale, et d'oublier la distinction pourtant fondamentale entre les Français et les étrangers, reposant sur la nationalité. Cette attitude a abouti, à la limite, à une proposition aussi aberrante que celle de conférer aux étrangers le droit de vote dans les élections locales, alors que nos propres nationaux ne peuvent voter dans aucun autre pays, même dans ceux où ils ont eu une présence centenaire!

L'arrivée de la crise et du chômage a progressivement, et lentement, inversé la situation. Un pays comptant en permanence plus de deux millions et demi de chômeurs a commencé à s'interroger sur les conséquences de la présence de ces travailleurs étrangers devenus pour beaucoup demandeurs d'emploi. Simultanément la concentration de ceux de ces travailleurs provenant d'Afrique accroissait les tensions au sein d'une population sensibilisée par les différences culturelles quotidiennes, telles qu'elles apparaissent dans la vie scolaire ou la cohabitation dans le même grand ensemble de logements.

Autant il était normal, s'agissant de travailleurs venus participer à notre activité économique, de veiller à ce qu'ils soient traités à l'image des autres travailleurs et à ce que leurs problèmes soient réglés d'une manière conforme à nos soucis de justice et d'humanité, autant, lorsqu'il s'agit d'étrangers venant chercher en France un travail que celle-ci n'est plus à même de leur offrir, convient-il de retrouver la distinction universelle entre les nationaux et les étrangers.

Les étrangers ont en effet des devoirs précis. Le premier est d'être en situation régulière vis-à-vis de la législation locale. On se souvient, par exemple, de la campagne de protestation déclenchée en 1979 contre la proposition du ministre de l'Intérieur, pourtant parfaitement normale, consistant à les munir d'un titre de séjour qui ne puisse pas être facilement falsifié. De même la régularisation automatique de la situation des étrangers en position irrégulière, décidée au printemps de 1981, et qui a porté, semble-t-il, sur deux cent mille personnes, est une faute grave commise contre la citoyenneté française.

Parmi les travailleurs venus dans notre pays, certains se sont assimilés à nos propres citoyens. Dès lors, leurs droits et leurs devoirs deviennent semblables aux nôtres, qu'ils soient au travail ou au chômage. Ils doivent être traités dans des conditions identiques à celles de leurs camarades français, dont leur vie quotidienne continue de les rapprocher.

D'autres ont souhaité au contraire conserver leurs attaches nationales. C'est leur droit légitime. Ils sont alors des étrangers à la recherche d'un travail dans notre pays. Cela entraîne des conséquences concrètes. La législation d'aide aux travailleurs privés d'emploi doit distinguer désormais entre les nationaux et les étrangers. Pour les nationaux, l'effort vise à leur assurer des ressources pendant la période, souvent longue, où ils cherchent un nouvel emploi. Pour les étrangers, s'il est juste de leur donner les moyens de franchir la période de transition entre deux emplois, c'est agir à contresens que de vouloir les maintenir en posture permanente d'attente.

L'aide qui leur est fournie, et dont le niveau doit rester raisonnable au regard des ressources des travailleurs nationaux, doit servir à financer leur retour dans leur pays de citoyenneté et, si possible, à y faciliter leur réinsertion. L'objectif que nous devons nous fixer est de réduire sensiblement le nombre d'étrangers à la recherche d'un travail en France, et de veiller à ce que tous ceux qui s'y trouvent soient effectivement en situation régulière.

D'ailleurs, l'accord signé à Alger le 18 septembre 1980 par notre ministre des Affaires étrangères et son homologue algérien reconnaissait cette nécessité. Cet accord était précédé d'un échange de lettres dans lequel il était dit : « Les négociations ont été conduites en tenant compte de la politique du gouvernement algérien en matière de réinsertion de ces travailleurs immigrés et du souhait du gouvernement français de voir diminuer la population active étrangère en France. »

Là encore deux remarques, ou plutôt deux éclairages, avant de quitter ce sujet.

L'une s'adresse à certains milieux spirituels, qui ressentent profondément et personnellement la condition humaine des immigrés. Cette perception, foncièrement respectable, vient du temps où la France avait fait venir, pour satisfaire à ses besoins, une main-d'œuvre mal payée et dont la situation, souvent désastreuse, laissait un trop grand nombre de gens indifférents. Mais on ne peut pas en conclure que la France, pays de dimension moyenne et placé désormais devant un difficile ajustement économique, pourra accueillir sans limites tous ceux qui souhaiteraient, dans le monde, venir en partager les ressources.

Les solutions aux problèmes de développement doivent être recherchées sur place, comme elles sont déjà trouvées dans le Sud-Est asiatique où le taux de chômage est inférieur de moitié à celui de l'Europe, et elles peuvent être facilitées par un transfert d'aide publique. Mais ce serait accroître dangereusement les tensions sociales et culturelles de notre époque que de chercher à résoudre les difficultés du développement grâce à des migrations de populations dirigées vers des pays qui ont eux-mêmes à résoudre le problème immédiat, mais aussi permanent, de l'emploi de leurs citoyens.

L'autre remarque est de nature économique. Notre société s'est trompée en recherchant dans les années 1960 le desserrement des goulets d'étranglement qu'elle rencontrait sur la voie de sa croissance en faisant appel à une main-d'œuvre extérieure et à bon marché. Cette formule prenait le relais de l'utilisation dans les mêmes conditions des travailleurs venus de l'agriculture lors de la période d'industrialisation.

Une telle solution déformait les structures d'avenir de notre économie et de nos entreprises en faisant une place trop large aux techniques de production fondées sur la main-d'œuvre non qualifiée, au détriment d'une évolution tournée vers une qualification croissante du travail.

Or l'effort de formation de notre jeunesse, surtout s'il est amélioré, va nous conduire à disposer d'une main-d'œuvre de haute qualification, qui devra trouver devant elle des emplois d'un niveau correspondant.

Le recours à l'immigration massive a été une fuite en arrière, alors que la prescience de l'avenir aurait dû nous faire rechercher une fuite en avant.

★

Comment pour moi quitter ce chapitre, ouvert sur le mot superbe de réconciliation, sur cette espérance si forte qui changerait d'un seul coup la tonalité de la vie quotidienne en France, bien davantage que tous les triomphes électoraux, comment le quitter sans laisser parler cet élan intérieur, inassouvi, qui m'a porté pendant les premières années de ma présidence ?

Était-ce vraiment une faute que de vouloir la décrispation des relations politiques entre nous tous ? Cet effort était-il à ce point condamné à l'échec qu'il ne méritait que des sarcasmes de la part des sceptiques dont les déceptions accumulées et les cupidités acides ont raviné et glacé le visage, et qui relèguent au rang des songeries tout ce qui est chaud, ardent, porteur de foi et de bien-être ?

Plutôt que de manœuvrer dans le dédale des ambitions, jalonné de reniements discrets et de calculs pour le profit de soi-même, je préfère servir cette cause nécessaire et désespérante, cette attitude qui ne devrait être après tout qu'un simple déclic, cette cause de la réconciliation dont je sais, autant que quiconque, qu'au fond de nous-mêmes une vieille sagesse raisonnable nous la fait classer comme une cause perdue — oui, perdue d'avance —, à moins qu'un malheur national ou, beaucoup mieux, une de ces détentes dont le cœur humain abrite le mystérieux ressort nous la fasse redécouvrir, et alors vivre pour longtemps.

CHAPITRE XIII

LA VIE DES SOCIÉTÉS SANS OBJET

Souvent, à l'occasion des réunions ou des rencontres de la vie quotidienne, plus libres pour moi à présent, une même demande m'est formulée : il faut nous proposer quelque chose, un programme, un projet, un grand dessein pour la France !

Au-delà du besoin normal de connaître les objectifs que doit se fixer la prochaine alternance libérale, et qui constituent un des moyens de mobilisation de l'opinion publique, cette demande exprime une interrogation fondamentale : Quel est l'avenir de notre société, quels objectifs poursuivons-nous en commun ? Et d'ailleurs ces objectifs existent-ils, ou bien vivons-nous dans une société devenue sans objet ?

Les sociologues ont classé les objectifs que toute société humaine s'efforce d'atteindre : la survie ; la protection de son territoire de chasse, puis de production agricole ; l'agrandissement de ce territoire ; la solution des grandes « demandes » internes : liberté politique et justice dans la répartition des ressources.

L'histoire de notre société française s'est déroulée le long de ce parcours : recherche de l'unité territoriale, puis des frontières naturelles; tentatives d'agrandissement; défense de notre territoire contre les emprises anglaise, espagnole ou germanique; actions réformistes ou convulsions révolutionnaires destinées à répondre aux grandes attentes internes. Chacune de ces situations ou chacun de ces actes était ressenti comme un enjeu de la vie de la société, même si tel groupe social ou tel individu n'était que faiblement concerné par lui. La société avait le sentiment de concentrer son effort sur cet enjeu, et parfois même, en cas d'invasion ou de défaite, d'y jouer son sort.

C'est par rapport à des situations de ce type que nous avons pris l'habitude de penser que la France avait une «capacité exceptionnelle à se redresser». Il est vrai que l'instinct de révolte du paysan dont l'étranger vient piétiner la terre, ajouté au caractère impulsif des Latins et à la vigoureuse détermination des Francs, a donné lieu à des réactions rapides qui ont permis à la France de faire front, souvent avec succès, et parfois avec un exceptionnel mérite comme pendant la guerre de 1914-1918, à des menaces qu'elle apercevait clairement.

Or la plupart de ces risques ont disparu. Nos frontières sont fixées d'une manière que chacun considère comme définitive. Aucun des États voisins n'est soupçonné d'intentions guerrières. Les grandes demandes intérieures de droits politiques ou de justice sociale ont été assez largement satisfaites. Les besoins résiduels qui subsistent sont perçus davantage comme des compétitions entre groupes que comme des réformes fondamentales à apporter à l'ensemble de la société.

La seule exception demeure la sécurité extérieure lointaine, menacée par la puissance des moyens militaires de l'Union soviétique. Il est remarquable que cet enjeu se soit imposé à tous ceux qui ont eu la charge de la société française. Spontanément pour le général de Gaulle, qui a eu la force de caractère de trouver la réponse à cette menace par la construction de notre force nationale de dissuasion, et la puissance d'imagination de l'insérer dans le couple sécurité-paix, appelé à l'époque dissuasion-détente. Passivement par l'actuel président de la République qui, après avoir combattu et dénigré cette force de dissuasion, en a reconnu la nécessité lorsque, arrivé enfin au pouvoir, il lui a fallu chercher une réplique à la pression de cet enjeu.

Là où la différence se marque, c'est dans le fait qu'il ait éludé jusqu'ici toutes les décisions, pourtant urgentes, de modernisation de nos moyens de dissuasion. C'est un ralliement qui reste passif : le doigt est posé sur un bouton légué par d'autres et derrière lequel, lentement, l'instrument se rouille.

★

La vie dans une société sans objet apparent est nouvelle pour l'opinion française. Celle-ci a connu de grandes «causes» jusqu'à la dernière génération : la plus récente, il y a quarante ans, étant encore la résistance à l'occupation, et la libération du territoire.

On a vu ensuite notre opinion chercher des enjeux de substitution, aperçus d'abord par les groupes de pointe, notamment les jeunes, et largement justifiés en eux-mêmes, tels que la pollution et l'écologie. Puis, faute sans doute de les ressentir comme vitaux, elle les a abandonnés avec une désinvolture excessive par rapport à un sujet qui garde toute son importance.

Cette opinion continue de raisonner avec les habitudes de pensée d'une société dominante, comme si le sort du monde, la paix ou la guerre dépendaient encore assez largement de sa propre attitude; comme si ses évolutions ou ses secousses étaient les plus significatives de l'histoire contemporaine («le monde a les yeux fixés sur nous»); comme si enfin sa puissance économique et l'importance de sa population la mettaient toujours, comme au XVIIIe siècle, à l'abri de la compétition des autres États, et l'assuraient d'une sorte de matelas protecteur vis-à-vis des conséquences des erreurs qu'elle pourrait commettre.

Ces attitudes expliquent le vide et le caractère irréel de certains de nos débats politiques.

L'opinion publique se rend-elle compte, par exemple, que les déclarations de nos principaux dirigeants, y compris maintenant le premier d'entre eux, ne se trouvent que dans les pages intérieures des grands journaux du monde où elles occupent quelques modestes paragraphes? Et que l'exemple d'un «socialisme à la française» n'intéresse aucun éditorialiste en dehors de nos frontières?

La même opinion serait stupéfaite d'apprendre qu'alors que le taux du chômage dépasse chez nous 10 %, il n'est que de 2,5 % au Japon, et de 2,3 % dans la fourmilière humaine de Singapour; et, pendant que nos dirigeants se glorifient d'une victoire consistant à ramener le taux d'inflation à 9,3 % en 1983, en pleine période de baisse des prix du pétrole, ce même taux d'inflation est inférieur à 2,5 % dans tous les pays, que nous avions l'habitude de juger de second ordre, du Sud-Est asiatique. Il existe un rideau de verre fumé qui laisse mal passer l'information ou qui la déforme, en nous coupant à notre insu du reste du monde!

Si le choix effectué en 1981 était empreint d'irréalisme, ce n'était pas l'effet d'un moment de distraction, vite achevé et vite oublié, mais la conséquence de l'attitude d'une société qui appréciait mal les réalités économiques, et qui était abusée par les conceptions déformantes dont on l'avait imprégnée. Je pense à l'interrogation de Butler : «Les choses et les actions sont ce qu'elles sont, et leurs conséquences seront ce qu'elles doivent être : pourquoi alors aspirons-nous à être trompés?»

★

Il nous faut revenir au débat central, authentique, de notre société.

Il n'est pas exact de croire que nous vivons dans une société devenue sans objet. L'objet s'est déplacé; il n'est plus extérieur, comme une province à conquérir. L'enjeu, c'est le devenir de la société elle-même.

C'est pourquoi l'idée dominante de notre débat politique doit être de savoir ce que deviendra l'ensemble de notre société, d'agir pour orienter la vie de cet ensemble. L'unité de notre société s'est réalisée périodiquement, jusqu'en 1945, sur des menaces extérieures à elle : le salut public de 1791 contre la coalition des souverains d'Europe ; l'union nationale de 1914 contre l'envahisseur allemand.

Désormais l'unité de notre société doit se faire, si je puis dire, sur l'idée d'unité de notre société.

Surtout, qu'on n'y voie pas un appauvrissement ! C'est au contraire le signe du passage à un état supérieur d'organisation sociale : le groupe va pouvoir consacrer la totalité de ses forces à la vie et au progrès du groupe, au lieu de les disperser contre des périls venus de l'extérieur, ou de les diviser sur des transformations à opérer pour franchir des niveaux d'organisation primitive. Ce que nous ressentons confusément, c'est qu'il est plus difficile, parce que plus élaboré et nécessitant davantage d'efforts, de rassembler les gens en vue de quelque chose que contre une menace ou contre quelqu'un.

Ce qui devient important désormais dans la vie de la société, c'est l'itinéraire que nous allons suivre. C'est le parcours futur de l'ensemble du groupe : où irons-nous, comment allons-nous vivre ? Le mot « nous » vient spontanément sous la plume. On n'imaginerait pas d'utiliser le « je » ou le « ils » !

L'indication à en retenir est la situation désormais unitaire de notre société. Ce n'est pas une conclusion abstraite et sans portée pratique, puisqu'elle contredit la totalité du langage des dirigeants actuels et une bonne partie des déclarations qui visent à exciter l'esprit de revanche !

C'est aussi le sens à donner à la recherche de l'adhésion de deux Français sur trois. L'objet de cet effort n'est pas de convaincre deux Français sur trois de la manière dont une moitié de la France doit gouverner contre l'autre ; il est de faire progresser la perception de l'unité de l'ensemble : unité de destin, large similitude des problèmes, entrés dans le champ du consensus d'un nombre grandissant de solutions.

Le livre *Démocratie française* était centré sur une observation et une proposition : l'observation était celle du développement d'un groupe central dans la société française, et la proposition celle d'organiser notre société sur une base pluraliste. Ces deux idées ont cheminé et le temps, de son côté, a fait son œuvre. Nous les retrouvons plus loin, sur la même voie : le groupe central annonce la perception d'une société réunie, et le pluralisme est un moyen souple de rechercher et de vivre le consensus.

★

Puisque son propre devenir devient le premier souci de la société, elle doit se préoccuper naturellement des rapports qu'elle entretient avec le monde extérieur. Rapports de toute nature : culturels, économiques, et aussi politiques.

Il est frappant de constater que certaines attitudes sont les signes précurseurs d'un changement dans le caractère de ces rapports. Par exemple le mouvement pacifiste, même s'il a été visiblement manipulé à l'occasion du déploiement des fusées américaines en Europe, et même si ses manifestations sont inspirées par une analyse fausse des données du problème, comme l'ont montré avec justesse les évêques français, ce mouvement permet d'apercevoir la manière dont seront graduellement traités certains problèmes du futur. Au lieu d'être abordés sous l'angle des relations bilatérales ou multilatérales entre États, ils seront posés en termes de grands enjeux de l'espèce : la survie face au nucléaire, le développement économique, et peut-être les migrations.

L'action extérieure de la société française, son «objet» extérieur, doit être de jalonner et de faciliter cette évolution. C'est ce que j'ai fait en proposant l'ouverture du dialogue Nord-Sud. Je ne me faisais pas d'illusions sur ses résultats concrets, mais il avait le mérite d'entraîner les esprits dans une voie nouvelle, en les éloignant de la classique confrontation entre les riches et les pauvres, ou de l'irritant débat postcolonial.

A l'inverse, les dirigeants actuels de l'Europe ont manqué de l'imagination et de la vision nécessaires en 1983 lorsqu'ils se sont volontairement enfermés dans le débat du déploiement ou du non-déploiement des fusées américaines, sans être capables d'insérer la décision à prendre dans une perspective d'avenir qui aurait associé la recherche de la sécurité à une démarche cohérente visant à réduire la tension entre l'Est et l'Ouest, et à limiter le danger nucléaire.

★

L'objet de notre vie en société n'a pas disparu. Il s'est seulement déplacé, comme il n'a jamais cessé et ne cessera jamais de le faire au long de l'histoire.

Il porte désormais sur le choix du trajet à venir de notre organisation sociale, considérée comme constituant un même ensemble;

sur le bond technologique à effectuer pour permettre aux générations futures d'assurer leur avenir face à la dégradation des ressources naturelles et aux conséquences de la surpopulation du globe; sur la mondialisation de certains problèmes décisifs pour notre survie.

Toutes choses qui rejoignent les aptitudes naturelles de l'esprit français.

CHAPITRE XIV

L'ATTENTE
D'UNE NOUVELLE CIVILISATION

De même que l'opinion publique éprouve une certaine difficulté à discerner les buts vers lesquels tendent nos sociétés contemporaines, autres que le bien-être et la sécurité immédiate, de même elle souffre de l'absence d'une référence d'ensemble : une civilisation qui puisse servir de critère aux valeurs et aux attitudes fondamentales, et qui ait un pouvoir d'orientation, une sorte de champ magnétique permettant de situer ses propres efforts, ses recherches, ses aspirations. Une référence, et un code.

Bien entendu, l'évolution des mentalités et le besoin d'autonomie personnelle font que cette civilisation n'est pas attendue comme un dogmatisme contraignant, imposant à chacun le détail de ce qu'il doit faire et penser, mais davantage comme une lumière baignant et éclairant l'ensemble.

La civilisation existe aujourd'hui à l'état de creux, c'est-à-dire de besoin.

Ce n'est pas à partir d'un projet politique, quel qu'il soit, que naîtra une civilisation. Le cœur se serre à la pensée de la pauvreté qui serait alors la sienne : un catalogue de désirs et de complaisances. Or, une civilisation est un ensemble multiple et fort, dominé par la culture, accompagné d'un mode de vie, éclairé par une réflexion philosophique et religieuse, et fortement marqué par la technologie.

Les grandes civilisations — gréco-latine, chinoise, arabe, et celle de la Renaissance — ont fait une large place aux valeurs esthétiques, à la beauté des êtres et des objets, à l'harmonie des relations sociales, et surtout à la dignité de l'homme, toutes choses que nous apporte faiblement le débat politique du monde contemporain. Mais, s'il ne peut pas engendrer une civilisation, notre projet politique doit être compatible avec son attente et sa venue. Il doit être tourné dans le même sens qu'elle et, si possible, en favoriser l'épanouissement.

C'est le motif pour lequel mon projet souligne la nécessité d'agir pour affirmer un ensemble de valeurs. Certaines de ces valeurs appartiennent au domaine politique : la liberté, l'initiative, la responsabilité. D'autres se situent à la frontière de la politique et de la civilisation : la qualité, qui englobe la recherche du travail bien fait, mais aussi la beauté et l'harmonie ; la solidarité, où s'expriment le besoin de justice et la conscience d'appartenir à un groupe ; l'unité, qui pressent l'unité de la civilisation à venir.

C'est aussi la raison pour laquelle nous avons choisi l'attitude du pluralisme. Le pluralisme facilite les cheminements. Il ne décide pas *a priori* de ce qui doit être encouragé ou exclu. C'est une posture de curiosité, d'attente et de compréhension face aux recherches en cours, à l'ensemble des tentatives dont l'une, la plus forte et la plus lucide, finira par s'imposer.

C'est aussi le moyen de s'associer aux autres

mouvements civilisateurs, sans empiéter sur leur identité, et notamment la démarche que poursuit l'Église catholique, sous l'inspiration la plus éclairée, la plus humaine et la plus proche des besoins du monde contemporain.

Peut-on, à partir de ce que nous ressentons, de ce que l'évolution nous a fait perdre et gagner, de l'attention que nous portons à l'histoire de la pensée et aux interrogations qui s'expriment aujourd'hui, peut-on avancer quelque idée sur la nature de cette civilisation ? Peut-on apercevoir le côté de l'horizon d'où elle finira par surgir ?

Il me semble qu'elle présentera trois caractères.

Elle sera centrée sur l'homme, sa nature, ses besoins et ses aspirations. Ce sera un humanisme.

Elle prendra ensuite en considération l'espèce humaine tout entière. Elle se décantonnera peu à peu des colorations « provinciales » des civilisations précédentes. Elle y perdra une part de son originalité, mais répondra mieux à la pression des interrogations désormais portées au niveau de l'espèce.

Enfin elle sera marquée par l'acceptation du mouvement. A cet égard, ce ne sera pas la Renaissance italienne, exhumant des langues mortes depuis des siècles et recherchant ses admirables modèles dans l'Antiquité. Ce ne sera pas davantage un confucianisme fondé sur l'idée que, la perfection ayant existé dans le passé, il faut s'en éloigner le moins possible, et si nécessaire y revenir ! Elle ressemblera plutôt à la plus inventive des civilisations, celle de l'interrogation et de la projection en avant, qui était la civilisation grecque de la période classique. Elle ne se contentera pas d'accepter le futur, elle sera le futur. Ce sera une civilisation humaniste du mouvement. Et si elle était elle-même le mouvement ?

Le mouvement de deux Français sur trois.

★

Le temps déchiffrera lentement l'avenir. Il nous fera traverser soit de nouveaux déchirements, dans lesquels continuera de s'épuiser au bout de notre péninsule euro-asiatique notre civilisation déclinante, soit une période où nous verrons émerger des capacités et des volontés, une poussée de la vie permettant de franchir une nouvelle étape du progrès de l'espèce humaine.

Il est clair que nous n'avons aucune chance d'atteindre ce second résultat par la division de nos forces. Nous n'en aurons ni les moyens humains ni les ressources matérielles.

Mais si nous rassemblons nos efforts, si nous acceptons de nous considérer comme un ensemble unique aux prises avec l'extérieur et avec le futur, nous faisons grandir la possibilité de progresser à nouveau et de devenir un espace inventif, créatif, heureux du progrès de l'humanité.

J'ai écrit intentionnellement «heureux». Ce mot est absent des grands débats conceptuels. Et peut-être est-il celui qui exprime l'appel le plus lancinant, le cri timide qui monte aux lèvres de ceux qui cherchent à dire simplement ce qu'ils attendent de la vie quotidienne et des responsabilités confiées à leurs lointains dirigeants : ce qu'ils attendent et craignent de ne jamais recevoir.

Deux Français sur trois acceptant de parler, dans le soir devenu paisible, du sort commun de leur pays.

11 février 1984.

**Si vous souhaitez réagir
sur ce projet, vous pouvez m'écrire :
19, rue François-Ier, 75008 Paris**

DÉMOCRATIE FRANÇAISE, 1976, Fayard.
L'ÉTAT DE LA FRANCE, 1981, Fayard.

Composition réalisée par COMPOFAC - PARIS

IMPRIMÉ EN FRANCE PAR BRODARD ET TAUPIN
58, rue Jean Bleuzen - Vanves - Usine de La Flèche.
LIBRAIRIE GÉNÉRALE FRANÇAISE - 14, rue de l'Ancienne-Comédie - Paris.

ISBN : 2 - 253 - 03714 - 1   ◈ 30/6085/2